kritik & utopie ist die politische Edition im mandelbaum *verlag*.
Darin finden sich theoretische Entwürfe ebenso wie Reflexionen aktueller sozialer Bewegungen, Originalausgaben und auch Übersetzungen fremdsprachiger Texte, populäre Sachbücher sowie akademische und außeruniversitäre wissenschaftliche Arbeiten.

Robert Foltin

DIE LINKE IN ÖSTERREICH

Eine Einführung

mandelbaum *kritik & utopie*

Gedruckt mit Unterstützung von

Lektorat: Paul Beer
Satz: Bernhard Amanshauser
Umschlag: Martin Birkner
Druck: Primerate, Budapest

Inhaltsverzeichnis

7 Vorwort

9 Einleitung

14 Die frühe Sozialdemokratie

24 Austromarxismus – Das Schaf im Wolfspelz

30 *Die Avantgarde aus dem Seegraben*
Exkurs von Leo Kühberger

51 Die Österreichische Revolution.

69 Der Kampf um die Macht

84 In der Illegalität

97 Die Große Koalition

115 Die antiautoritäre Bewegung und ihr Ende

128 Neue Soziale Bewegungen

146 Wendezeit

163 Das neue Jahrtausend

175 Vom „Gastarbeiter“ zur „postmigrantischen“ Linken

188 *Die Linke in Vorarlberg*
Exkurs von Thomas Schmidinger

194 Sachzwänge durchbrechen

215 Von einem Krieg zum nächsten

233 Literatur

Vorwort

> „… *alle Verhältnisse umzuwerfen, in denen der Mensch ein erniedrigtes, ein geknechtetes, ein verlassenes, ein verächtliches Wesen ist.*“ (Karl Marx, 1844, Zur Kritik der Hegelschen Rechtsphilosophie, MEW 1, S. 385)

Ja, die Linke organisiert sich, um alle Verhältnisse umzuwerfen! Aber stimmt das für die Sozialdemokratie? Stimmt das für die heute noch bestehenden kommunistischen Parteien?

Die erste Phase bis zum Zweiten Weltkrieg ist die Geschichte der revolutionären Sozialdemokratie, die den Kapitalismus überwinden will. Zumindest theoretisch. Und es ist eine Geschichte der linken Kritik an dieser Sozialdemokratie, anarchistisch und kommunistisch. Danach ist die große Partei der Arbeiter_innenbewegung nur noch „rechts“. Aber es gibt eine marginale Linke in der Partei. Auch die sich kommunistisch nennenden Parteien orientieren sich an ihrer Einpassung ins Weltsystem, weshalb sie von den Parteien der chinesischen Revolution, dem Maoismus, als revisionistisch kritisiert werden.

Die Weltrevolte 1968 leitete das Ende der großen Organisationen der Arbeiter_innenbewegung ein, die Sozialdemokratie verzichtet selbst auf reformerische Ambitionen, zwanzig Jahr später bricht der „reale Sozialismus“ zusammen.

Gibt es nach der revolutionären Phase in den 1960er- und 1970er-Jahren noch eine programmatische Linke, die die „Verhältnisse umwerfen will“? Es wird demonstriert, es gibt Organisationen, die sich als links verstehen, die den Kapitalismus kritisieren und sich gegen ausbeuterische und diskriminierende Verhältnis richten. Erniedrigt, geknechtet, verlassen und verächtlich gemacht wird das weibliche Proletariat, das kolonisierte und rassistisch ausgegrenzte Proletariat – und es führt auch die Kämpfe. In der zweiten Hälfte des Textes werde ich mehr über Bewegungen als über Organisationen berichten.

Dieser Text ist nicht mehr als eine Zusammenfassung existierender Literatur. Die Beschreibung und Diskussion bestimmter Strömungen der Arbeiter_innenbewegung ergänze ich durch „spontane“ Bewegungen und Ausbrüche sowie die Beschreibung lebensweltlicher, nicht nur reformerischer, Veränderungen, die in linken und linksradikalen Theorien nur am Rande behandelt werden.

Mein Text ist auf Wien bezogen. Zwei Beiträge erlauben kurze Einblicke auf die Linke in Bundesländern. Leo Kühberger beschreibt die Durchsetzung des Acht-Stunden-Tags in der steirischen Bergbauindustrie als Teil einer Welle von Kämpfen Anfang der 90er-Jahre des 19. Jahrhunderts. Thomas Schmidinger befasst sich mit den Kämpfen türkischer „Gastarbeiter“ in Vorarlberg als Teil einer internationalen Linken, migrantisch oder „postmigrantisch“.

Robert Foltin, 10. März 2023

Einleitung

Wer ist die oder eine Linke, die die kapitalistischen Verhältnisse umwerfen will? Einige Strömungen rechne ich sicher nicht dazu, wie den Individualanarchismus, eine Modebewegung um 1900, oder die neoliberal gewendete Sozialdemokratie im 20. und 21. Jahrhundert. Eine Sozialdemokratie wird und muss trotzdem viel Platz einnehmen. Ich wollte mich aber auf keinen Fall auf sie beschränken, nicht nur, weil es eine Linke außerhalb gab und gibt, die Anarchist_innen, die Kommunist_innen, sondern auch, weil die parlamentarische Linke sehr oft eine Antwort auf soziale, auch revolutionäre Bewegungen war. Insofern haben mich nicht nur politische Positionen interessiert, sondern auch gesellschaftliche, die oft mehr darüber aussagen, warum eine „Linke" Zuspruch fand oder nicht.

Soll ich mich auf die Arbeiter_innenbewegung beschränken? Antiparlamentarischen und „unpolitischen" Syndikalismus, der einen „nur" gewerkschaftlichen Kampf führte, gab es in Österreich kaum, nur einen in der Frühphase bedeutenden „Arbeiteranarchismus" (Brandstetter 1977). Eine Beschränkung auf die Auseinandersetzung zwischen Kapital und Arbeit greift aber auch zu kurz. Emanzipatorische Forderungen wie Antikolonialismus oder die „Frauenfrage" waren immer ein mehr oder weniger beachtetes (Rand-)Thema der Arbeiter_innenbewegung. Die wichtigste Tätigkeit der „Arbeiter- und Soldatenräte", der Selbstorganisation der Arbeiter_innen im Umbruch nach dem Ersten Weltkrieg, war in einem von Marxist_innen als Reproduktion definierten Bereich: Versorgung von Kindern und Invaliden, Beschlagnahme und Zuteilung von Wohnraum, Organisation der Nahrungsmittelversorgung. Das Rote Wien wurde wegen der Verbesserung der Reproduktionsbedingungen berühmt, im Wohnbau, in der Kinder- und Babyversorgung, in der Gesundheitsversorgung, in Kultur und Bildung ...

Noch größere Probleme für eine Einteilung und Abgrenzung der Linken bedeuten die emanzipatorischen sozialen Bewegungen und Gruppen nach 1968, mit dem Hilfsbegriff „Zivilgesellschaft" bezeichnet. Sie arbeiten nicht auf eine Machtübernahme durch den Parlamentarismus (oder gegen den Parlamentarismus) hin, sondern wollen die Gesellschaft und erst in zweiter Linie die parlamentarischen Parteien beeinflussen. Ich bin natürlich von meiner Arbeit zu sozialen Bewegungen (Foltin 2004, 2011) und meiner autonom-anarchistischen Position beeinflusst. Der Feminismus ist für mich links, auch die Ökologiebewegung, obwohl darin auch Rechte aktiv waren und sind. Emanzipatorisch würde manchmal näher liegen.

Ein weiteres Abgrenzungsproblem ist das des Territoriums. Bis 1918 beschränke ich mich auf Cisleithanien, die österreichische Hälfte der Monarchie. Nach 1918 erscheint es einfacher, weil Österreich in den heutigen Grenzen bereits besteht. Im Widerstand gegen den Nationalsozialismus stellt sich aber neuerlich die Frage: Was war österreichischer Widerstand und was war international?

Nach 1968 wird es noch schwieriger. Manche politische Entwicklungen laufen international parallel, soziale Bewegungen beschränken sich selten auf nationale Grenzen. Aber ich kann mich auf Ereignisse „bei uns" beziehen. Internationale linke Politik beschränkte sich nicht mehr auf den Nationalstaat, was den Einfluss „von außen" betrifft, durch internationale Bewegungen, aber auch durch die Bedeutung politisch aktiver Migrant_innen oder Menschen „mit Migrationshintergrund“, auch in ihrem Kampf um Anerkennung und gegen Ausbeutung und Diskriminierung!

Ab wann gibt es eine Linke in Österreich? Der Begriff „links“ stammt aus der Position im Parlament der Französischen Revolution. Fange ich bei den Jakobinern (nur männlich) zum Ende des 18. Jahrhunderts an? Näher läge der „Völkerfrühling“ von 1848! Die österreichische Arbeiter_innenbewegung gedachte der Märzgefallenen bis ins 20. Jahrhundert hinein. Erste Arbeiter_innenvereine entstanden, und die Radikalen Demokraten forderten Ähnliches wie ein halbes Jahrhundert später die Arbeiter_innenbewegung.

Die Linke waren in den 1860ern die Deutsch-Liberalen im Reichsrat der Habsburger-Monarchie, für Demokratie und Konstitution und gegen die Konservativen, aber manchesterliberal, für einen uneingeschränkten Kapitalismus. Die kann ich wohl nicht dazu zählen.

Seit 1867 ist die Geschichte der Linken eine Geschichte der Sozialdemokratie und der Ursprünge der organisierten österreichischen Arbeiter_innenbewegung in Cisleithanien. Die SDAP (Sozialdemokratische Arbeiterpartei) entstand als Kompromiss mit den vor dem Hainfelder Einigungsparteitag 1889 dominierenden Radikalen und stand weiter links als die SPD in Deutschland. Weil der Kampf um das allgemeine Wahlrecht „die vornehmste Aufgabe“ der SDAP war – das Frauenwahlrecht stellte sie aus taktischen Gründen zurück –, passten andere soziale Auseinandersetzungen wie die Teuerungsunruhen nicht in den sozialdemokratischen Kanon. Aber die österreichische Sozialdemokratie war gerade erfolgreich, weil sie sich auch „unpolitisch“ organisierte, etwa in viele Aspekte des Lebens organisierenden Vereinen.

Die internationale Sozialdemokratie zerfiel durch Nationalismus und Krieg. Das Ziel der SDAP war immer die Einheit der Partei, sie konnte die linken Kritiker_innen integrieren, damit eine Spaltung verhindern und gegen Ende des Krieges linke und Anti-Kriegs-Positionen einnehmen. Als einzige Partei konnten sie mit dem nationalen Zerfall der Österreichisch-Ungarischen Monarchie umgehen.

Die „österreichische Revolution" 1918/1919 (Otto Bauer) erkämpfte nicht nur die parlamentarische Demokratie, sondern fand in den Arbeiter- und Soldatenräten eine autonome basisdemokratische Organisation, die für eine kurze Zeit über den normalen Kapitalismus hinauswies. Die Sozialdemokratie konnte auf Grund dieses revolutionären Drucks emanzipatorische Verbesserungen in vielen Lebensbereichen, vom Wohnen bis zur persönlichen Lebensgestaltung, gegen die bürgerliche Hälfte der Gesellschaft durchsetzen. Austrofaschismus und Nationalsozialismus räumten diesen „revolutionären Schutt" weg. Der illegale Widerstand gegen diese Faschismen war die einzige Phase, in der Linksradikale ... in Österreich in Gestalt der KPÖ (Kommunistische Partei Österreichs) ... eine größere Bedeutung erringen konnten.

In der Zweiten Republik nach dem Zweiten Weltkrieg dominierten die Große Koalition zwischen ÖVP und SPÖ und ein lebensweltlicher Konservativismus, übrigens auch in der KPÖ und der Sowjetunion. In der SPÖ (Sozialistische Partei Österreichs) bestimmte von Anfang an die rechte Sozialdemokratie, aber mit einer (kleinen) Linken in der Partei. Unter Bruno Kreisky wurde sie von einer proletarischen zu einer echten Volkspartei, die in der Alleinregierung soziale, kulturelle und gesellschaftliche, sogar feministische Verbesserungen durchsetzen konnte.

Diese Reformen waren ein Produkt der gesellschaftlichen Linksentwicklung durch die antiautoritäre Bewegung der 1960er. Spätestens jetzt zerfiel der soziale und kulturelle Zusammenhang der SPÖ, und es veränderte sich das, was links und emanzipatorisch ist. Es beginnt mit kurzlebigen linken und linksradikalen Organisationen und verändert sich mit den Neuen Sozialen Bewegungen (Ökologie, Feminismus …) in ein soziales Feld aus Projekten, Einpunkt-Organisierungen, Bewegungen, die nur Monate oder Jahre sichtbar sind, sowie mit dem breiten Feld der Unorganisierten – manchmal „Zivilgesellschaft" genannt, manchmal „Bewegungslinke". Programmatische Linke spielen nur am Rand eine Rolle, wie die Grazer KPÖ, die seit 2021 die Bürgermeisterin stellt.

Die frühe Sozialdemokratie

Nach der Niederschlagung der Revolutionen von 1848, einer Reihe von Niederlagen in Kriegen, dem Aufstieg eines Bürger_innentums und dem schwelenden Nationalismus in Ungarn wurde im Zuge einer Konstitutionalisierung ein Reichsrat mit Kurienwahlrecht[1] eingeführt. Am 21. Dezember 1867 verabschiedete die neu entstandene Doppelmonarchie Österreich-Ungarn die „Dezemberverfassung" (*Staatsgrundgesetz über die allgemeinen Rechte der Staatsbürger für die im Reichsrathe vertretenen Königreiche und Länder)*. Mit der darin festgeschriebenen Durchsetzung von Staatsbürger_innenrechten konstituierte sich die Arbeiter_innenbewegung erstmals legal.

Von den ersten Arbeiterbildungsvereinen zum Neudörfler Parteitag

Schon seit 1863 suchten immer wieder Arbeiterbildungsvereine um Genehmigungen an, aber erst 1867 erlaubte das Versammlungsrecht einen ersten Wiener Arbeiter-Bildungsverein, an dessen Gründungsversammlung sich am 15. Dezember in Schwenders Kolosseum in Wien-Fünfhaus an die 3000 Personen beteiligten.[2] Im Anschluss konstituierten sich in den

1 Beim Kurienwahlrecht sind die Wahlberechtigten nach Steueraufkommen in Gruppen eingeteilt (Adel, Geistlichkeit, Bürger etc.).

2 Schwenders Kolosseum war vor dem Ersten Weltkrieg ein wichtiger Veranstaltungs- und Versammlungsort, der immer wieder von der Sozialdemokratie genutzt wurde.

Städten und Industriegebieten der Alpenländer, in Böhmen, Mähren und Schlesien weitere Arbeiterbildungsvereine. Ab 1868 fanden Versammlungen auch im Freien statt, Arbeiter_innen mancher Branchen gründeten erste Kranken- und Invalidenkassen. Am 13. Dezember 1869 beteiligten sich Zehntausende an einer Massendemonstration für das Koalitionsrecht, die Gründung von Fachvereinen. Ab dem 7. April 1870 waren Gewerkschaften erlaubt. In diesen Jahren der Hochkonjunktur erlaubten erfolgreiche Arbeitskämpfe Lohnerhöhungen und bessere Arbeitsbedingungen. 1869 erschienen erstmals auch Arbeiterzeitungen, die gemäßigte *Volksstimme* und die radikalere *Gleichheit* in Wiener Neustadt.

Die bedeutendsten Proponenten der österreichischen Sozialdemokratie, Andreas Scheu und Heinrich Oberwinder, beteiligten sich am Eisenacher Parteitag, der Gründung der Sozialdemokratischen Arbeiterpartei, und brachten die Positionen von Ferdinand Lassalle und Karl Marx und der Ersten Internationale nach Wien.

Versammlungen und Fachvereine (Gewerkschaften) waren zwar erlaubt, das bedeutete aber nicht das Ende von Repression und Verfolgung. Andreas Scheu, Heinrich Oberwinder, Johann Most und andere wurden festgenommen und im Sommer 1870 des Hochverrats angeklagt, weil sie die Demonstration im Dezember 1869 organisiert hätten. Im Juli 1870 löste die Schließung der Arbeiterbildungsvereine in Wien zehntägige Krawalle aus. Untersagungen konnten den Aufbau von Arbeiter_innenorganisationen nicht wirklich verhindern, die Aktivität verlagerte sich oft in die nicht verbotenen Fachvereine.

Nachdem die Angeklagten des Hochverratsprozesses im Rahmen eines Regierungswechsels im Februar 1871 amnestiert worden waren, jubelten ihnen Tausende Sympathisant_innen vor dem Gefängnis zu. Johann Most, als in Wien nicht heimatberechtigt, wurde aber ausgewiesen. Er gründete in London die radikale, später anarchistische Zeitschrift *Freiheit*.

Wegen deutschnationaler Positionen, besonders aber, weil er die Arbeiterbewegung unter den Einfluss der Deutschliberalen bringen wollte, verstärkte sich die Kritik an Oberwinder. Fast überall setzten sich die sogenannten Radikalen, die „Roten" Andreas Scheus durch. Deren wichtigstes Organ wurde die Wiener Neustädter *Gleichheit*, die auf die Zusammenarbeit mit den liberalen Parteien verzichtete. Ab dem Frühjahr 1873 mussten sich die Anhänger_innen Oberwinders auf einige kleinere Vereine beschränken, schließlich gaben die Gemäßigten sogar ihre Zeitungen auf, obwohl sie von bürgerlichen Liberalen finanziert wurden.

Die Wirtschaftskrise in Folge des Börsenkrachs vom Mai 1873 traf auch die Arbeiter_innenbewegung. Streiks wurden schwieriger, die Organisationen verloren Mitglieder. Im Frühling 1874 planten Gemäßigte und Radikale einen Einigungsparteitag in Baden bei Wien, allerdings ohne den diskreditierten Oberwinder. Der polizeiliche Druck zwang die Delegierten dazu, nach Neudörfl in Transleithanien (Ungarn, heute Burgenland) auszuweichen, einem Vorort von Wiener Neustadt.

Die programmatischen Grundsätze von Neudörfl bildeten in den nächsten Jahren die Grundlage der österreichischen Arbeiter_innenbewegung:

> „Die österreichische Arbeiterpartei erstrebt im Anschluss an die Arbeiterbewegung aller Länder die Befreiung des arbeitenden Volkes von der Lohnarbeit und der Klassenherrschaft durch Abschaffung der modernen privatkapita-

listischen Produktionsweise. Stattdessen soll die gemeinschaftliche Produktion der Güter organisiert werden."[3] Inhaltlich gingen die Agitationsforderungen dieser Sozialdemokratie vom Wahl- und Versammlungsrecht über den Normalarbeitstag, die Einführung von Fabrikinspektoren bis hin zur Trennung von Staat und Kirche. Die österreichische Sozialdemokratie betonte die eigenständige Politik der Arbeiter_innenbewegung. Ein „Selbstbestimmungsrecht der Völker" richtete sich gegen deutschnationale Tendenzen (zum Nationalismus vgl. unten).

Die Radikalen

Die Neudörfler Beschlüsse wie das Eisenacher Programm wurden immer wieder zum Vorwand genommen, „sozialdemokratische Umtriebe" zu erkennen. Im Oktober 1874 folgte der nächste Hochverratsprozess gegen exponierte Personen wie den in Neudörfl zum Vorsitzenden gewählte Dr. Hippolyt Tauschinsky.

Oberwinder, Tauschinsky und andere hatten sich als Intellektuelle der Arbeiter_innenbewegung angeschlossen, gerieten aber schnell in den Verdacht, von der Polizei bezahlt zu werden. Aufgrund dieser Erfahrungen konnten sich in den folgenden Jahren kaum Personen profilieren, die keine Arbeiter_innen waren.[4] Das Fehlen von Bürger_innen und Intellektuellen

3 http://atlas-burgenland.at/index.php?option=com_content&view=article&id=187:1874-guendungsparteitag-der-oesterreichischen-sozialdemokratie-in-neudoerfl&catid=25&Itemid=101

4 Karl Kautsky schreibt, dass es 1875, als er der österreichischen Sozialdemokratie beitrat, nur einen weiteren Studenten gegeben habe (Kulemann 1982, S. 67).

war wohl mit ein Grund, warum die Bewegung der 1870er und 1880er nicht so wichtig genommen wurde. Die Zeit vor 1889 wird von Sozialdemokrat_innen, aber auch in der kommunistischen Geschichtsschreibung häufig nur als fruchtloser Streit zwischen Radikalen und Anarchist_innen auf der einen Seite und den Gemäßigten auf der anderen abgehandelt (vgl. Hautmann/Kropf 1972, S 76f, nicht aber Steiner 1964).

Sowohl die Gemäßigten wie die Radikalen versuchten, vom Ausland aus Einfluss zu nehmen. Die deutsche Sozialdemokratie gab ab 1879 in der Schweiz die Zeitschrift *Sozialdemokrat*

heraus.[5] Die kleindeutsche Einigung 1871 und der Ausnahmezustand in Deutschland 1878 behinderten diesen gemäßigten deutschen Einfluss. Im Gegensatz dazu war die in London erscheinende *Freiheit* Johann Mosts in Österreich relativ erfolgreich, weil die Wiener Arbeiter_innen Most kannten und sich der ebenfalls ausgewanderte Andreas Scheu an dieser Zeitung beteiligte. Während Zeitungsneugründungen der Gemäßigten in Österreich scheiterten, wurde die 1879 gegründete radikale *Zukunft* das wichtigste in Österreich erscheinende Blatt der Arbeiter_innenbewegung. Auch in den meisten Branchenfachblättern (der Metallarbeiter_innen, der Schuhmacher_innen, der Schneider_innen, der Hutmacher_innen) dominierte der radikale Einfluss (vgl. Staudacher 1988, S. 12ff).

Öffentliches Auftreten blieb in Österreich schwierig, praktisch alle „Arbeitertage" wurden von der Polizei aufgelöst oder zwangen zu komplizierten Manövern und Verschiebungen. Pressefreiheit hieß damals, dass Zeitungen nur nach einem

5 „Die langatmige, stark ‚deutschbetonte' Schreibweise des ‚Sozialdemokraten' hatte zur Folge, dass er von den meisten tschechischen Arbeitern in Österreich abgelehnt wurde." (Steiner 1964, S. 157)

„objektiven" Verfahren behandelt wurden. Die Behörden beschlagnahmten sie auf Grund der Inhalte („der Objekte"), beschränkten oder verhinderten die Verbreitung durch gesetzliche Maßnahmen (durch hohes Porto und das Verbot des Verschleißens, des Verkaufs in Trafiken). Spektakulär bekannt wurde der Schmuggel von Zeitungen in hohlen Bambusrohren. Immer wieder wurden Personen wegen Reden auf Versammlungen und Zeitschriftenartikeln des Hochverrats, der Majestätsbeleidigung oder dergleichen beschuldigt und angeklagt, viele als nicht heimatberechtigt abgeschoben.

Versammlungen mussten angemeldet und der Inhalt der Reden bekanntgeben werden, ein Polizeidetektiv war anwesend, der die Inhalte protokollierte, Sprecher_innen einer Anklage zuführte oder auch die Versammlungen auflöste. 1880 diskutierten Gemäßigte wie auch Radikale, auf Anmeldungen von Versammlungen zu verzichten, um Festnahmen und Verurteilungen zu verhindern und sich im Gegensatz dazu in Clubs mit geladenen Gästen zu organisieren.

Die Radikalen waren dem Anarchismus gegenüber offene Sozialrevolutionäre. Der Hauptunterschied zu den Gemäßigten lag wie schon früher (Andreas Scheu) auf dem Verzicht auf bürgerliche Unterstützung und Einflussnahme sowie der Ablehnung der Beschränkung auf gesetzliche Mittel. Die enttäuschende Wahlrechtsreform 1882, als in der Kurie der Städte und Landgemeinden die Zensusgrenze (Mindeststeuerleistung) von 10 auf 5 Gulden herabgesetzt wurde,[6] verringerte das Interesse am allgemeinen Wahlrecht.

6 Es bestanden vier Kurien: 1) Großgrundbesitzer, 2) Städte, Märkte und Industrieorte, 3) Handels- und Gewerbekammern, 4) Landgemeinden. Diese „Fünf-Gulden-Männer" bildeten die Basis für den Aufstieg der

Der Aufschwung der Arbeiter_innenbewegung zeigte sich nicht nur in der Zahl der Leser_innen von radikalen Zeitungen, sondern auch in der zunehmenden Bedeutung der Fachvereine. Neuerliche Arbeitskämpfe um Löhne und Arbeitsbedingungen, wie 1882 der Streik der Bergarbeit_innen in Böhmen und der monatelang andauernde Streik der Buchdrucker_innen 1882 und 1883, waren Ausdruck besserer Organisierung und nicht allein der Hochkonjunktur geschuldet. Spektakulär waren die zehntägigen „Schusterkrawalle", nachdem die Behörden den Fachverein der Schuhmacher im Oktober 1882 aufgelöst und die Kasse beschlagnahmt hatten.

Am 4. Juli 1882 wurde der Schuhmachermeister Josef Merstallinger überfallen, chloroformiert und ausgeraubt, um damit die radikale Bewegung zu finanzieren. Die Behörden nahmen in den Wochen darauf Dutzende Sozialdemokraten fest, 29 von ihnen blieben bis zum Prozess im März 1883 in Untersuchungshaft und wurden wegen Hochverrats angeklagt. Das Gericht verurteilte nur die direkt am Überfall Beteiligten, und die nicht als Hochverräter, alle anderen wurden freigesprochen. Durch die öffentliche Prozessführung gewannen die Angeklagten die Sympathie vieler Arbeiter_innen.

Repression und Reform

Anarchisten erschossen im Dezember 1883 und Jänner 1884 zwei Polizeidetektive, im Jänner 1884 wurden der Wechselstubenbesitzer Eisert und seine beiden Kinder ermordet und beraubt (was von seinem angeblichen Mörder Hermann Stellmacher ab-

kleinbürgerliche Christlich-Sozialen, die bis zum Ersten Weltkrieg die Wahlen dominierten.

gestritten wurde).[7] Diese Aktionen nutzte die Verwaltung, um am 30. Jänner 1884 den Ausnahmezustand über Wien, Korneuburg und Wiener Neustadt zu verhängen. Neben Dutzenden Verhaftungen bedeutete das die „Abschaffung" Hunderter radikaler Aktivist_innen in ihre Heimatorte, der größte Aderlass für die Wiener Arbeiter_innenbewegung (allein in der ersten Februarwoche 1884 waren es 238).[8] Der Versuch, die *Zukunft* illegal herauszubringen, gelang nicht. Die Wiener Arbeiter_innenbewegung war beinahe zerschlagen. In den Bundesländern blieb der Einfluss des Anarchismus durch die während des Ausnahmezustandes dorthin Verwiesenen größer als in Wien.

Die Christlichsozialen konnten durch ihre soziale „Fortschrittlichkeit" auf manche Arbeiter_innen Einfluss nehmen, als entstehende Massenpartei entwickelten sie sich zum Hauptgegner der Sozialdemokratie.

Die von Karl von Vogelsang propagierte christliche Soziallehre beschäftigte sich mit der Arbeiterfrage, den elenden Arbeits- und Lebensbedingungen der Menschen. Der Seelsorger Rudolf Eichhorn untersuchte die sozialen Verhältnisse und veröffentlichte einiges davon in christlichsozialen Zeitschriften: „Die weißen Sklaven der Wiener Tramway-Gesellschaft" (1885)

7 Anton Kammerer wurde wegen des Mordes an Polizeidetektiv Franz Hlubek, Hermann Stellmacher wegen des Mordes an Polizeidetektiv Ferdinand Blöch und anderer Delikten, wie dem Mord an Eisert, zum Tode verurteilt und hingerichtet.

8 „Abschaffung" aus Wien bedeutete den „Schub" in die Orte, in denen die Person heimatberechtigt war, häufig Böhmen oder Niederösterreich. Eine Verschärfung war seit dem Ausnahmezustand die „Konfinierung", das Verbot, den entsprechenden Aufenthaltsort zu verlassen. Die Arbeitslosigkeit und fehlende Zukunftsperspektiven veranlassten viele Radikale, in die USA oder anderswohin auszuwandern.

und „Über die Sklavennot der Fabrikarbeiterschaft von Floridsdorf und Umgebung“ (1886). Die Regierung von Graf Eduard Taaffe war von dieser christlichen Soziallehre beeinflusst, konservativ und gegen den Liberalismus,[9] aber bereit, auf die sozialen Probleme der Arbeiter_innen einzugehen.

Handwerker_innen und kleine Unternehmen forderten eine Veränderung der Gewerbeordnung. Die Regierung von Graf Eduard Taaffe holte in der Frage um eine Reform auch die Position der Gewerkschaften (der Fachvereine) ein. Die daraus entstandene Gewerbeordnungsnovelle vom Oktober 1883 brachte Verbesserungen für kleine und mittlere Unternehmen, aber auch ein Gewerbeinspektionsgesetz, wonach die Arbeitsbedingungen in den Unternehmen und die gewerbliche Ausbildung jugendlicher Hilfsarbeiter kontrolliert werden sollten. Eine Gewerberechtsnovelle im März 1885 brachte weitere Verbesserungen, sie verbot die Fabrikarbeit für Jugendliche unter 14 Jahren und die Nachtarbeit für Frauen, der Maximalarbeitstag wurde auf 11 Stunden fixiert, das Trucksystem, die Entlohnung durch Waren statt durch Lohn, verboten, technisch-sanitäre Anlagen wurden in den Fabriken vorgeschrieben. Die Regierung Taaffe beschloss weitere Sozialleistungen, 1887 ein Unfallversicherungsgesetz, 1888 ein Krankenversicherungsgesetz. Die Reformen in Österreich gingen viel weiter als die Bismarckschen Sozialgesetze in Deutschland.[10] Öster-

9 Für die Sozialdemokratie stellte sich bis zum Ende der Monarchie nie mehr die Frage eines Bündnispartners aus bürgerlichen Kreisen. Die aus der 1848er-Revolution kommenden bürgerlichen Liberalen waren für einen das Elend produzierenden schrankenlosen Kapitalismus verantwortlich, die Christlich-Sozialen der Hauptfeind.

10 Reichskanzler Otto von Bismarck führte erste Kranken-, Unfall- und Rentenversicherungen ein, zur gleichen Zeit (1878 bis 1890) verbot ein

reich habe das beste Arbeiterschutzgesetz abgesehen von der Schweiz und England, sagte Victor Adler auf dem Brüsseler Kongress der II. Internationale 1891, „… freilich, alle diese schönen Bestimmungen stehen hauptsächlich bloß auf dem Papier." (Kulemann 1982, S. 65f)

Sozialistengesetz die sozialdemokratischen Aktivitäten außerhalb des Reichstags.

Austromarxismus – Das Schaf im Wolfspelz

Am 3. April 1887 protestierten Gemäßigte und Radikale in Schwenders Kolosseum gegen ein angedachtes Sozialistengesetz, den Ausnahmezustand für ganz Österreich. Eine breite Bewegung richtete sich gegen die Senkung des Pflichtschulalters. Bildung war sowohl für die Radikalen („Durch Freiheit kommt Bildung“) wie auch für die Gemäßigten („Durch Bildung kommt Freiheit“) von entscheidender Bedeutung. Es war aber Victor Adlers Einsatz, der entscheidend war für den Erfolg des Einigungsparteitags der Sozialdemokratie vom 30. Dezember 1888 bis zum 1. Jänner 1889 in Hainfeld in Niederösterreich.

Der Arzt Victor Adler war bis 1886 deutsch-liberal, entwickelte sich aber zum Sozialdemokraten und brachte eine neue, von seinem Erbe finanzierte Zeitung heraus, die *Gleichheit*.[11] Dort schrieb er über die schrecklichen Arbeitsbedingungen der Ziegelarbeiter_innen in Favoriten. Sein Ansehen gewann er durch seine Opferbereitschaft für die Arbeiter_innenbewegung, einschließlich von Kerkeraufenthalten, aber auch durch seine vermittelnde Art. Zum Hainfelder Parteitag lud er ausdrücklich den Grazer Anarchisten Johann Rissmann von der dort immer noch starken radikalen Gruppe ein, der dann als einer der wenigen Teilnehmer gegen das Hainfelder Programm stimmte.

11 Diese *Gleichheit* hatte nichts mit der oben erwähnten Wiener Neustädter *Gleichheit* zu tun.

Hainfeld

Hainfeld wurde als Tagungsort gewählt, weil die Organisatoren erwarteten, dass der zuständige Bezirkshauptmann von Lilienfeld, Graf Leopold Auersberg, als Gegner des Ausnahmezustands kein behördliches Veranstaltungsverbot erlassen würde.

Das Hainfelder Programm, die Grundlage für die SDAP (Sozialdemokratischn Arbeiterpartei) der nächsten Jahrzehnte, zeigte einige Zugeständnisse an die Anarchist_innen (Leser 1985, S. 45). Es zerfällt in zwei kaum verbundene Teile (Kulemann 1982, S. 75 ff), einen, der die reformerischen Forderungen von der Arbeiterschutzgesetzgebung bis hin zum 8-Stunden-Tag aufstellt und sich für das Wahlrecht einsetzt, „ohne sich über den Parlamentarismus, einer Form moderner Klassenherrschaft, irgendwie zu täuschen". Durchgesetzt werden sollten diese Reformen durch alle „zweckdienlichen und natürlichem Rechtsbewusstsein des Volkes entsprechende Mittel" (S. 76). Ein Satz gegen den „individuellen Terror" wurde gestrichen.

Zugleich war die Maximalforderung nach einer Revolution allgemeiner Konsens. Die historischen Gesetze würden zu einer anderen Gesellschaft führen, eine Revolution, was immer das heiße, sei unvermeidlich. Die Kluft zwischen den Minimalforderungen von Reformen, die sogar innerhalb der Monarchie zu verwirklichen wären, und den Maximalforderungen des Umsturzes war nach Kulemann (S. 81) das Problem aller Parteien der Zweiten Internationale.

Auch wenn die programmatischen Zugeständnisse an die Radikalen am nächsten Parteitag 1901 abgeschwächt wurden: Die Verbindung des reformerischen Realismus mit einer revolutionären Erwartung eines Endes des Kapitalismus bestimmte den Austromarxismus der nächsten Jahrzehnte. Victor Adler wehrte sich gegen das Fallenlassen des Revolutionsbegriffs durch die Revisionisten mit dem Argument, dass das die reformerische Praxis schädigen würde. Die Arbeiter_innen wären nur bereit, für Reformen zu kämpfen, wenn es weitergehende Ziele wie die Revolution gäbe. Außerdem müssten sich die Herrschenden fürchten, damit die Sozialdemokratie überhaupt Zugeständnisse erreichen könne. In einer Antwort an Eduard Bernstein, der die Revolutionsrhetorik der SDAP kritisierte, schrieb Victor Adler: „Du stellst uns als Schafe im Wolfspelz hin und willst uns das Fell rauben!“ (Kulemann 1982, S. 113, Leser 1985, S. 31) Victor Adler war immer Reformist, hatte aber genug Realitätssinn, um

zu erkennen, dass eine radikale, auch revolutionäre Drohung zur Durchsetzung von Reformen notwendig ist. Das widerspricht keinesfalls dem andauernden Zurückweichen; aus diesem Zitat wird nur offensichtlich, dass es um eine Drohung geht, nicht um eine Verwirklichung revolutionärer Ansprüche.

Kämpfe der Arbeiter_innen

Als Teil einer internationalen Welle von Arbeitskämpfen streikten zu Ostern 1889 die Tramwaykutscher wochenlang für bessere Arbeitsbedingungen. Sie mussten 16 bis 21 Stunden am Tag arbeiten und hatten dabei kaum Zeit zum Essen. Als die Organisation der Fahrten der Pferdetramways noch mehr zerstückelt werden sollte, trat ein Großteil dieser „weißen Tramwaysklaven“ in den Streik. Mit dem Einsatz von Streikbrechern häuften sich Tumulte, Frauen, Kinder und Halbwüchsige unterstützten die Streikenden auf den Straßen. Begleitet waren diese Auseinandersetzungen von antijüdischen Ausschreitungen.[12]

12 In späteren sozialdemokratischen Historien wird dieser Antisemitismus entweder verschwiegen oder mit der damaligen „Unreife“ der Arbeiter_innen erklärt.

Ein Kompromiss mit der Tramwaygesellschaft beendete nach einigem Hin und Her und einem neuerlichen Streik im Oktober den Streik (vgl. Maderthaner/Musner 1999, S. 167ff, Koller 2009, S. 238ff). Anwalt der Tramwaykutscher war ein gewisser Dr. Karl Lueger, Antisemit und späterer Wiener Bürgermeister.

Dieser Streik war der erste große Arbeitskampf nach dem Hainfelder Parteitag. Die *Gleichheit* unterstützte die Streikenden, deren Redakteure wurden wegen „Anarchismus" verurteilt, Victor Adler zu vier Monaten Kerker. Die Behörden verboten die *Gleichheit*, die aber schon einen Monat später, im Juli 1889, durch die *Arbeiterzeitung* ersetzt wurde.

Es gebe „planmäßig vorbereitete und unversehens losbrechende Arbeitsniederlegungen", schreibt die *Gleichheit* (19. 4. 1889, zitiert nach Koller 2009, S. 250), zu letzteren gehören „in der Regel Streiks unorganisierter Arbeitermassen, die noch nicht bewusst in den Klassenkampf eingetreten sind", wie eben die Tramwaykutscher. Es gehe darum, die Arbeiter_innen gewerkschaftlich und sozialdemokratisch zu organisieren, um Streiks diszipliniert und geplant zu gewinnen. Diese Disziplin führte später zu dem berühmten „Gewehr-bei-Fuß-Stehen", dem (disziplinierten) Zurückweichen aus Angst vor der Konfrontation.

Der „Despotismus, gemildert durch Schlamperei" der Habsburgermonarchie, die „gesetzliche Gesetzlosigkeit" (Victor Adler am Internationaler Sozialistenkongress in Paris 1889/ Maderthaner 1996, S. 23), war nach dem Ende des Ausnahmezustands am 8. Juni 1891 keineswegs zu Ende. Versammlungen mussten weiter halblegal organisiert werden (nur für geladene Gäste). Die Repression machte dabei wenig Unterschied zwischen Gemäßigten, Radikalen und Anarchist_innen und war wohl auch ein Grund, warum sich Radikale einer Mittelposition Adlers annäherten.

Die SDAP war in den ersten Jahren durchwegs radikaler als ihr deutsches Pendant, die SPD. Der Internationale Arbeiterkongress im Juli 1889, die Gründung der Zweiten Internationale, beschloss, für den Achtstundentag „Kundgebungen in der Art und Weise, wie sie ihnen durch die Verhältnisse des Landes vorgeschrieben wird, ins Werk zu setzen." (zitiert nach Kulemann 1982, S. 81) Die österreichische Sozialdemokratie feierte am 1. Mai 1890 mit Streiks und Kundgebungen. In Wien beteiligten sich über hunderttausend Menschen an Demonstrationen, viele Arbeiter_innen riskierten durch die Arbeitsniederlegung ihren Arbeitsplatz. Im Gegensatz dazu rief die deutsche SPD nur zu Feiern am Abend auf. Victor Adler kritisierte die Herangehensweise der SPD: „Wir Österreicher sind durch das Verhalten […] der Deutschen, schwer geschädigt worden in unserer Agitation." (Am Zürcher Sozialisten-Kongress im August 1893, nach Kulemann 1982, S. 83).

Mit dem Ende des Ausnahmezustandes und unter dem Einfluss der breiten Bewegungen entstand ab 1891 eine neue radikale Opposition innerhalb der SDAP. Sie richtete sich gegen den Zentralismus, der schon Ansätze einer Bürokratie zeigte, und kritisierte die Fixierung auf die Wahlrechtsforderung. Victor Adlers Taktik konnte ein Zusammengehen dieser Radikalen mit tschechischen Gruppierungen verhindern, die ebenso den Zentralismus der Partei kritisierten (vgl. Brandstetter S. 40f).[13] Die radikale Opposition blieb am Parteitag im Juni 1892 in der Minderheit und schloss sich danach den außerhalb der Partei agierenden Anarchist_innen an. Diese belebten im August 1892

13 Interne Streitereien in der SDAP um Rudolf Hanser, einen ehemaligen Radikalen, der eine eigene Zeitschrift, die *Volkspresse*, gründete, begünstigten die oppositionelle Strömung.

neuerlich die *Zukunft* als antiautoritäres Organ und gründeten den Verein *Unabhängigkeit*.

Die oppositionellen und anarchistischen Strömungen verloren aber bald an Einfluss, die *Zukunft* musste 1894 wieder eingestellt werden, 1896 konnte die Staatspolizei berichten, dass nur noch in Böhmen ein organisierter Anarchismus existiere (Brandstetter 1977, S. 49).[14] Anarchistische Texte machen vor allem die Repression für ihren abnehmenden Einfluss nach 1893 verantwortlich, die sich besonders gegen die Anarchist_innen und weniger gegen die sich etablierende Sozialdemokratie richten würde (vgl. Krcal 1985). Die Repression alleine war es aber sicher nicht. Die neuerliche Zunahme der Kämpfe um Reformen, wie jener der Textilarbeiterinnen um eine Verkürzung der Arbeitszeit, besonders aber die stürmische Bewegung für das Wahlrecht begünstigten die Sozialdemokratie, die Aktionen bis hin zum Generalstreik für diesen von den Anarchist_innen genannten „Wahlrechtshokuspokus" forcierte. Auch wenn die Anarchist_innen immer für den Klassenkampf eintraten, ihre völlige Ablehnung aller erhofften oder erreichten Reformen isolierte sie von den Arbeiter_innen. Außerdem setzten sich in Österreich die Autonomisten um Josef Peukert mit einem bedingungslosen Kampf gegen die Sozialdemokratie durch und nicht die Vertreter_innen um Johann Most, die als Anarchist_innen und Antiautoritäre gemeinsam mit der Sozialdemokratie kämpfen wollten (vgl. Brandstetter 1977, S. 31). Anfang der

14 Gerade in Nordböhmen waren anarchistische Strömungen stark (N.N. 1976, S. 126). Über einen Streik der Kohlearbeiter_innen in Nordböhmen im Oktober 1896: „Die direkte Aktion wirkte: die Schächte wurden demoliert, Revolverschüsse auf provokatorisch auftretende Gendarmerie abgegeben." (Krcal 1985)

1890er war es das letzte Mal, dass sich eine bedeutendere Abspaltung von der SDAP entwickeln hätte können. Spätere anarchistische Strömungen (vgl. unten) organisierten sich von vornherein außerhalb der großen Partei der Arbeiter_innenklasse.

Die Avantgarde aus dem Seegraben
Exkurs von Leo Kühberger

Die Durchsetzung des Achtstundentags gilt als *die* große Errungenschaft der Arbeiter*innenbewegung im 20. Jahrhundert. Die revolutionären Umbrüche nach dem Ersten Weltkrieg öffneten auch in der zerfallenden Habsburgermonarchie das Möglichkeitsfenster, um eine ganze Reihe von Forderungen, die über Jahrzehnte im Zentrum der Agitation und der Kämpfe gestanden hatten, durchzusetzen, und so wurde im Dezember 1919 das Gesetz zum Achtstundentag von der Provisorischen Nationalversammlung beschlossen.

Die Arbeiter*innen des Kohlebergwerks im Seegraben, unweit der obersteirischen Montanstadt Leoben, hatten diesen jedoch schon 30 Jahre früher, im Juli 1889, durch einen wilden Streik erkämpft. Der Bergbau im Seegraben, dessen Anfänge in das 17. Jahrhundert zurückreichen und der 1964 eingestellt wurde, hat wenige Spuren hinterlassen. In der zweiten Hälfte des neunzehnten Jahrhunderts schufteten dort jedoch mehr als tausend Männer und Frauen. Im Jahr 1912 wuchs die Belegschaft gar auf 2227 Arbeiter*innen an und förderte die Rekordmenge von 475.560 Tonnen Kohle zu Tage. Die Arbeit war hart, und in der unmittelbaren Umgebung waren Arbeitskräfte schwer zu finden. So war die Alpine Montan Gesellschaft, die in den 1880er-Jahren nach und nach alle Stollen übernommen hatte, gezwungen, Arbeiter*innen aus anderen Teilen der Monarchie anzuwerben. Laut der Historikerin Luise Koch kamen zwischen 1820 und 1920 rund 72 Prozent der Belegschaft aus der Untersteiermark, dem heutigen Slowenien. Dazu gesellten sich noch Bergleute aus Böhmen, Russland, der Türkei und Ägypten. Es war also eine hochgradig migrantische Arbeitskraft, die 1889 Geschichte schreiben sollte.

„... und wer einfährt, den erschlagen wir!"

Im Frühjahr 1889 fand im Ruhrgebiet der große Bergarbeiterstreik statt, was auch in der Steiermark mit großem Interesse verfolgt worden sein dürfte. Am 10. Juni gab es beispielsweise in Leoben eine Versammlung, bei der von der Streikbewegung in Deutschland berichtet wurde und an der laut Medienberichten auch Victor Adler teilnahm.

Am 7. Juli beendeten die Arbeiter*innen ihre Schicht eine Stunde früher und zogen gemeinsam vor das Werkhaus und verlangten beim Werksdirektor mehr Lohn und die Verkürzung der Arbeitszeit auf acht Stunden. Dieser bot ihnen eine Lohnerhöhung von zehn Prozent an, betonte aber, wie die *Steierische Alpenpost* berichtete, dass „die achtstündige Schicht als unannehmbar für österreichische Verhältnisse bezeichnet werden mußte".

Damit wollten sich die Arbeiter*innen indes nicht abspeisen lassen, sondern trafen Vorbereitungen für den Kampf. So kam es in den darauf folgenden Tagen zu mehreren Einbrüchen am Werksgelände, und es wurden Dynamit und Schwarzpulver entwendet.

Am 14. Juli 1889 – just an dem Tag, als sich in Paris die Zweite Internationale zusammen fand, die am Ende ihrer Beratungen eine Resolution beschließen sollte, am 1. Mai 1890 für den Achtstundentag auf die Straße zu gehen, und damit den Internationalen Kampftag der Arbeiter*innenklasse begründete – fuhren die Bergleute nicht ein und zeigten sich wenig kompromissbereit: „Wir wollen das haben, was wir verlangen; wenn das nicht geschieht, so fahren wir nicht ein und wer einfährt, den erschlagen wir!", werden sie in der *Neuen Freien Presse* zitiert.

Der Streik breitete sich rasch aus. In der Hütte Donawitz traten die Arbeiter*innen zeitweilig in einen Solidaritätsstreik. In den weststeirischen Bergbaugebieten rund um Köflach, und nur durch die Gleinalpe vom Seegraben getrennt, wurde ebenfalls gestreikt. Wobei hier die Forderung nach einer Arbeitszeitverkürzung eine geringere Rolle spielte, aber sehr schnell Lohnerhöhungen durchgesetzt werden konnten.

Die staatlichen Behörden, die den Streik im Ruhrgebiet mit Sorge verfolgt hatten, reagierten entsprechend konsequent. Versammlungen wurden verboten, die tatsächlichen oder vermeintlichen Rädelsführer verhaftet, und aus Graz wurden zwei Kompanien der Infanterie in die Obersteiermark beordert, die für Ruhe sorgen sollten und auch die Brücken zu bewachen hatten, weil man befürchtete, dass die Arbeiter*innen diese in die Luft jagen könnten. Unter den Verhafteten ist auch ein Arbeiter namens Kreidelmeier, der ob seiner „aufregenden Reden" als einer der Anführer galt und bei dem auch Schwarzpulver gefunden wurde. Es kam zu Hausdurchsuchungen, und schon in den ersten Streiktagen wurden 90 Arbeiter und ihre Familien aus den Werkswohnungen geworfen. Als 500 Arbeiter*innen durch Leoben marschierten und „Wir arbeiten nicht!" skandierten, zogen die Soldaten ihre Bajonette auf. Die Stimmung war aufgeheizt. In Köflach, wohin ebenfalls Militär beordert worden war, ging das Gerücht um, dass die Seegrabler schon zur Unterstützung über den Berg marschieren würden.

A Gulasch und a Seitl Bier

Die Streikenden ließen sich nicht beirren, und nur eine Handvoll Streikbrecher konnte unter Militärschutz einfahren. Als die Behörden versuchten, einige der Verhafteten abzuschieben, solidarisierten sich sogar die Geschäftsleute der Stadt Leoben. Viele von ihnen wohl nicht ganz uneigennützig, denn die Abschiebung bedeutete ja auch, dass die Arbeiter*innen ihre Schulden nicht mehr begleichen würden. Wobei die Unterstützung der nahe gelegenen Gösser Brauerei, die jedem Streikenden ein Glas Bier und ein Gulasch ausgab, wohl Anklang gefunden hat. Nach mehr als einer Woche des Streiks, der Demonstrationen und Auseinandersetzungen musste die Werksführung klein beigeben und mit 1. September desselben Jahres die achtstündige Arbeitszeit einführen. Am 24. Juli war der Streik beendet, und die Arbeit wurde wieder aufgenommen.

Der Streik hatte auch ein Nachspiel vor Gericht. Rund ein Dutzend der Streikenden wurde zu Haftstrafen von mehreren Monaten verurteilt. Durch die Gerichtsprozesse erfahren wir auch etwas über die Beteiligung von Frauen am Streik, die zwar nicht unter Tage arbeiteten, aber beispielsweise auf den glosenden Halden die Kohlereste aufsammelten und diese verkauften. So wurde das „Bergarbeiterweib" Josepha Winkler, die sich, wie die *Neue Freie Presse* schreibt, „in sehr agitatorischer Weise" am Streik beteiligt hatte, verurteilt, weil sie die Streikbrecher*innen beschimpft und mit Steinen beworfen hatte.

Für das allgemeine Wahlrecht

Die belgische Arbeiter_innenklasse erkämpfte im April 1893 in einem Generalstreik das allgemeine Wahlrecht für Männer. „Belgisch reden!" war jetzt eine Parole auf den Demonstrationen in Österreich. Die Sozialdemokrat_innen diskutierten einen Massenstreik, den Begriff Generalstreik vermieden sie, er war zu sehr mit Anarchismus und Syndikalismus verbunden. Unter dem Eindruck dieser mächtigen Demonstrationen brachte Ministerpräsident Eduard Taaffe im Oktober 1893 eine Wahlrechtsreform mit einem allgemeinen, aber nicht gleichen Männerwahlrecht in den Reichsrat ein. Den bürgerlichen und feudalen Parteien ging das bereits zu weit und sie stürzten die Regierung Taaffe. Die im Kampf um das Wahlrecht siegreich erscheinende SDAP geriet in ein Dilemma. Sollte sie ihren bisherigen agitatorischen Hauptfeind, den Reaktionär Taaffe, verantwortlich für jahrelange Repression gegen Sozialdemokrat_innen, unterstützen? Die SDAP brach ihre Kampagne für das Wahlrecht ab. Victor Adler rechtfertigte das damit, dass der Massenstreik nur ein „letztes Mittel" sein dürfe (Leser 1985, S. 61ff, Kulemann 1982, S. 91ff).

„Daß das Zurückschrecken vor der Tat, die Angst vor dem eigenen Mut, das eigentliche Motiv für das Unterbleiben der Unterstützung Taaffes gewesen sein dürfte, wird auch durch den Umstand wahrscheinlich gemacht, daß die Partei zwei Jahre später die weniger weitgehende Wahlreformvorlage Badenis […] als Etappe auf dem Weg zum vollen Wahlrecht bejahte …" (Leser 1985, S. 63)

Ministerpräsident Kasimir Badeni leitete 1896 eine Wahlrechtsreform mit einer fünften allgemeinen Wählerklasse für alle über 24 Jahre alten männlichen Staatsbürger ein und fand damit die Unterstützung der Sozialdemokratie. Die SDAP zog zwar nach den Wahlen im März 1897 das erste Mal mit 14 Mandaten in den Reichsrat ein, erlitt aber eine Niederlage; fast alle Mandate gewann sie in Böhmen, kein einziges in Wien. Dort triumphierten die Christlichsozialen.[15]

Die Erringung des gleichen Wahlrechts blieb weiter die „vornehmste Aufgabe" der SDAP (Resolution auf dem Parteitag 1903, Kulemann 1982, S. 93). Am Parteitag am 30. November 1905 warfen tschechische Genoss_innen der Parteiführung vor, keine konsequente Haltung zum Massenstreik für das Wahlrecht einzunehmen. Diese für die Führung schwierige Situation löste sich schließlich durch einen „historischen Zwischenfall" auf. Unter allgemeinem Jubel wurde das Oktobermanifest des russischen Zaren verlesen. Als Antwort auf die schon das ganze Jahr andauernde Russische Revolution gewährte das Manifest einige Grundrechte und stellte ein allgemeines Wahlrecht in Aussicht (Kulemann 1982, S. 95). Dieses Ereignis mo-

15 Durch das im Gemeinderat von Wien noch immer geltende Kurienwahlrecht dominierte dort von 1895 bis 1918 der christlichsoziale Bürgerklub.

bilisierte die Partei und die Arbeiter_innen. Am 28. November 1905 demonstrierten Hunderttausende in Wien und Prag für das Wahlrecht, 1906 wurde endlich mit dem Massenstreik gedroht. Bestärkt wurde die Bewegung für das Wahlrecht von einer Streikwelle um soziale Forderungen. Die wochenlange passive Resistenz der Eisenbahner_innen legte große Teile des Wirtschaftslebens lahm (vgl. Koller 2009, S. 279ff).

Die SDAP trat aus taktischen Gründen dafür ein, nur das Männerwahlrecht zu fordern. Die organisierten Frauen in der Partei engagierten sich für dieses Männerwahlrecht und beteiligten sich an der Vorbereitung des Massenstreiks (im „Generalausschuss zur Vorbereitung des Massenstreiks"). Die bürgerliche Frauenbewegung griff die sozialdemokratischen Frauen an, umgekehrt warfen diese jenen Scheinheiligkeit vor, weil sie nie für das allgemeine Wahlrecht eingetreten seien (was sicher nur für einen kleinen Teil der bürgerlichen Frauenbewegung stimmt, vgl. unten). Als durch die Bewegung für das Männerwahlrecht der Druck auf den Reichsrat zu stark wurde, entdeckten konservative Abgeordnete das an Privilegien gebundene „Damenwahlrecht" des konservativen Flügels der Frauenbewegung. Für die sozialdemokratischen Frauen wurde nach diesen Wahlen das aktive und das passive Frauenwahlrecht zum zentralen Thema.

Am 7. November 1906 gaben die Abgeordneten des Reichsrats nach und beschlossen die Wahlrechtsreform mit dem allgemeinen und gleichen Wahlrecht für Männer. Die Sozialdemokratie war (neben den Christlichsozialen) die große Gewinnerin der Wahlen im Mai 1907: 29%, eine halbe Million der abgegebenen Stimmen und fünfzig Abgeordnete. Die SDAP war jetzt sichtbar eine Massenpartei.

Bis zu diesen Wahlen wusste die Partei nicht, wie groß ihr Einfluss tatsächlich war. Funktionär_innen klagten, dass sich die Arbeiter_innen nur wenig an den politischen Organisationen beteiligten. Die sozialdemokratischen Freien Gewerkschaften hatten wesentlich mehr Mitglieder als die SDAP. Die Organisation in halblegalen Geselligkeitsvereinen[16] aus den Zeiten der Verfolgung setzte sich nach 1900 fort, obwohl die damalige Regierung Ernest von Koerber praktisch alle Einschränkungen für die Sozialdemokratie beendete. Durch die Bildungsvereine und diese Freizeitorganisationen entstand so etwas wie eine „(gegen)kulturelle Bewegung" (Maderthaner 1996, S. 29), eine Grundlage für das spätere Rote Wien (vgl. unten). Es entstanden Freizeitvereine wie die Naturfreunde und Sportorganisationen, von Linken in der Partei als „unpolitisch" kritisiert, die trotzdem eine Grundlage für die entstehende sozialdemokratische Kultur waren.

Sichtbar wurde der Masseneinfluss jenseits der Wahlergebnisse am Begräbnis des bei einem Attentat getöteten „Volkstribuns aus Ottakring", des sozialdemokratischen Abgeordneten Franz Schuhmeier, am 16. Februar 1913, an dem sich Hunderttausende beteiligten, freiwillig, wie bürgerliche Zeitungen betonten.

Frauenbewegung

Die gegen Ende des 19. Jahrhunderts entstehenden Frauenvereine stießen von Anfang an auf das Problem, dass sich Frauen nicht politisch organisieren durften. Manche Vereine enthielten in ihren Statuten ausdrücklich die Phrase „… un-

16 Franz Schuhmeier, Abgeordneter aus Ottakring, war in der Zeit der Illegalität in einem als Raucherclub getarnten politischem Arbeiterverein aktiv und musste in Haft, als dieser ausgehoben wurde (Maderthaner/Musner 1999, S. 194).

ter Ausschluss jeder politischen Tätigkeit". Die sozialdemokratischen Frauen definierten sich als Teil der Männerorganisation SDAP. 1892 erschien erstmals die *Arbeiterinnenzeitung*, anfangs noch als Beilage der *Arbeiterzeitung*, die zu dem wichtigsten Diskussions- und Organisationsorgan der sozialdemokratischen Frauenbewegung wurde.

1893 gründeten Lehrerinnen den Allgemeinen Österreichischen Frauenverein (AÖF), dessen Arbeitsbereich die Zulassung zu allen Bildungsstätten, die Schaffung gleichberechtigter Berufsmöglichkeiten für Frauen und natürlich auch das Frauenwahlrecht war. Am 5. Mai 1902 konstituierte sich nach dem Vorbild des amerikanischen *International Council of Women* der Bund Österreichischer Frauenvereine (BÖF) als Dachorganisation der bürgerlich-liberalen Frauenvereine, dem anfangs 13 Frauenorganisationen angehörten, auch der AÖF. Schon 1906 traten letztere, die „Freiheitlichen", und einige prominente feministische Mitstreiterinnen aus. Damit vollzog sich die Spaltung in einen radikalen und einen gemäßigte Flügel der bürgerlichen Frauenbewegung. Der AÖF wollte sich ausdrücklich nicht auf Rechte beschränken, die nur bürgerliche Frauen betreffen, und war offen für eine Zusammenarbeit mit den Sozialdemokratinnen.

Die internationale Frauenbewegung organisierte am 19. März 1911 erstmals den Internationalen Frauentag in Österreich, Dänemark, Deutschland und der Schweiz. Auf der Wiener Ringstraße demonstrierten zehntausende Frauen, die meisten Sozialdemokratinnen, für das Frauenwahlrecht. Auch in vielen anderen Städten Österreichs besuchten an diesem Frauentag Tausende Menschen Veranstaltungen und Kundgebungen für das Frauenwahlrecht. Diese riesigen Frauendemonstrationen im März wurden zur Regelmäßigkeit, 1914 fiel der Frauenkampftag das erste Mal auf den 8. März.

Der Kampf um das Frauenwahlrecht, die Kampagne gegen das Vereinsverbot für Frauen und die Betroffenheit durch die Nahrungsmittelteuerungen mobilisierten so viele Frauen wie nie zuvor. Mobilisierend wirkte in diesen Jahren sicher auch der militante Kampf der britischen Suffragetten, obwohl die bürgerliche Frauenbewegung damit Probleme hatte und sich auch die sozialdemokratischen Frauen davon distanzierten.

„Straßenexzesse"

Die Erwartungen des Proletariats in die parlamentarische Vertretung durch die SDAP erfüllten sich nicht. Die Kampagne für die Wahlen führte in der eigenen Wählerbasis zu einer Überschätzung des Parlamentarismus.[17] Die Abgeordneten der Sozialdemokratie hatten praktisch keinen Einfluss auf soziale und gesellschaftliche Entwicklungen. Durch die Obstruktion, die Störung der Reden anderer Abgeordneter und des gesamten Parlamentsablaufes,[18] 1897 durch deutsche Abgeordnete, später durch tschechische (zum Nationalismus vgl. unten) verstärkte sich die Fragwürdigkeit der parlamentarischen Arbeit. Bei den Wahlen im Juni 1911 verlor die Sozialdemokratie einige Mandate.

17 „Mit dem Grimm der enttäuschten Hoffnung wenden sich die Massen angewidert von dem Treiben des Parlaments ab. (…) Wir haben sie ja in den Kampf um das Wahlrecht geführt; wir haben weniger häufig, als nützlich gewesen wäre, von der bürgerlichen Parlamentsmehrheit geredet und uns zuweilen gar zu sehr mit dem bald so erniedrigten und entwürdigten Hause identifiziert." Otto Bauer: Die Lehren des Zusammenbruchs. In: Der Kampf 11. Heft, August 1909, zitiert nach Leser 1985, S. 85)

18 In Österreich durch Rasseln, Ratschen, Kindertrompeten, Absingen von Liedern, aber auch durch überlange Reden in nicht übersetzte Sprachen der Österreichisch-Ungarischen Monarchie.

Wohnungsnot und Lebensmittelteuerung und keine Ergebnisse des „Volksparlaments“ ließen die Menschen wieder auf Kampfformen wie Tumulte und Demonstrationen zurückgreifen. In Wien protestierten Mieter_innen mit ihren Nachbar_innen immer wieder auf der Straße. Die Märkte mussten polizeilich überwacht werden, um Unruhen zu verhindern. In vielen Städten Österreichs eskalierte ein „Fleischkrieg“, durch Boykotte wurden Fleischhauer zur Reduzierung ihrer Preise gezwungen. Am 2. Oktober 1910 riefen sozialdemokratische Organisationen zu einer Demonstration gegen die Fleischteuerung auf. „Selbst bürgerliche Zeitungen schätzen die Teilnehmer an der Demonstration auf 300.000 Menschen.“ „Nie noch hat eine Arbeiterdemonstration so viele Frauen als Teilnehmerinnen gehabt.“ (Arbeiterinnenzeitung Nr 21, 11.10.1910, S. 1)

„Es wäre an der Zeit, diesen wiederholten Straßenexcessen energisch ein Ende zu machen“, soll Kaiser Franz Joseph Anfang September 1911 einem Tagesrapport hinzugefügt haben (Maderthaner 1986, S. 122).

Die Sozialdemokratie rief für den 17. September 1911 neuerlich zu einer großen Demonstration auf. Ungeheure Massen waren auf der Ringstraße. Nachdem die Fenster des Rathauses mit Steinen eingeworfen worden waren, griffen Berittene die Demonstrant_innen an und eskalierten die Situation, beim Justizpalast unterstützte das Militär die Polizei. Die Flüchtenden zogen durch Neubau und die Josefstadt nach Ottakring. Am Gürtel wurde ein Straßenbahnwagen umgekippt und angezündet, in Neu-Ottakring mit den im letzten Jahrzehnt an geradlinigen Straßen gebauten Zinskasernen demolierten Jugendliche alle Gaslaternen und devastierten einige Schulen des Bezirks. In Ottakring konnte das Militär erst in der Nacht die Ruhe wiederherstellen. Drei Menschen starben durch den Einsatz von Polizei und

Militär, Hunderte wurden meist schwer verletzt. Die Sozialdemokratie behauptete, die „Excedenten" wären unverantwortliche Elemente außerhalb der Partei gewesen. Hunderte wurden angeklagt, oft willkürlich beschuldigt (Maderthaner 1986, S. 135ff). Trotz der Distanzierungen seitens der SDAP verteidigten Rechtsanwälte der Partei einen Großteil der Angeklagten, es waren ja die sozialdemokratischen Arbeiter_innen auf der Straße.

Diese Teuerungsunruhen bedeuteten keine organisatorische Weiterentwicklung für die SDAP, eher eine Krise. In der Geschichte der Arbeiter_innenbewegung werden sie wenig beachtet. Aufständische Ausbrüche in größeren Abständen, wie später der 15. Juli 1927 (vgl. unten), sind charakteristisch für die Partei des Austromarxismus, die radikale Positionen bis hin zu Forderungen nach Revolution und Diktatur des Proletariats vertritt, trotzdem auf der Disziplin, dem Parlamentarismus sowie der Autorität der Partei beharrt. Von linken, meist leninistischen Kritiker_innen wie Peter Kulemann wird beobachtet, dass die Arbeiter_innen unzufrieden mit der Rolle der Partei waren, sich dies aber nur in spontanen Ausbrüchen, aber keinen organisatorischen Alternativen zeigte.[19]

> „Eine kleine Gruppe anarchistischer und syndikalistischer Wirrköpfe, die in Wien seit einigen Jahren ihr Unwesen treibt, predigte den Arbeitern den Segen der ‚direkten Aktion'. In den Organisationen drängten die Genossen nach der Veranstaltung einer großen Straßendemonstration. In

19 Eine vergleichbare Kritik an der österreichischen Sozialdemokratie in ihrem Widerspruch zwischen radikaler Phrase und gemäßigter Praxis leistet auch der rechts-sozialdemokratische Sozialphilosoph Norbert Leser (1985, dieses Buch ist ein Nachdruck eines Teiles seiner Dissertation von 1968).

> einigen Bezirken wurde unter den organisierten Arbeitern eine Strömung bemerkbar, die erklärte, da die friedlichen Demonstrationen nichts genutzt hätten, müsse man einmal ‚energischer', ‚radikaler' vorgehen. Man müsse ‚englisch' oder ‚französisch' reden". (Otto Bauer in Die neue Zeit , Jg 52, Nr. 52, 29. September 1911, S. 916, zitiert nach Maderthaner/Mattl 1986, S. 122)

Die Anarchist_innen hatten sich im deutschsprachigen Österreich ab der Mitte der 1890er auf kleine Gruppen mit wenig Einfluss reduziert. Parallel zur bürgerlichen, gegen das verkrustete System gerichteten Nietzsche-Begeisterung wurden um 1900 der individualistische Anarchismus eines Max Stirner wie die mit dem Anarchismus verwandte Ideen der Lebensreform-Bewegung zu einer Modeerscheinung (vgl. Brandstetter (1977, S. 53f). „Um diese Zeit kam auch der stürmische Individualismus nach Wien, und durch die falsche Auffassung seiner Ideenwelt richtete er großen Schaden an in der Bewegung." (Krcal 1985). Dieser Individualismus fand keinen organisatorischen Ausdruck und verzichtete auf revolutionäre Praxis. Ab 1905 stieg die Bedeutung des Arbeiteranarchismus als kommunistischer Anarchismus. Die Schuhmacher_innen waren traditionell anarchistisch beeinflusst, in einigen Kämpfen von Arbeiter_innen konnten Anarchist_innen und Syndikalist_innen eingreifen (bei ausgesperrten Bauarbeiter_innen 1904 bis 1905, vgl. Krcal 1985, Brandstetter 1977, S. 70, im Buchdrucker_innenstreik 1913 und 1914, vgl. Haumer 2016).

1907 kehrte Pierre Ramus (Rudolf Großmann) aus den USA und Großbritannien, wo er als Anarchist und Publizist Bekanntheit erlangt hatte, nach Österreich zurück. Sein 1907 erstmals und im Laufe der Jahre in mehreren Auflagen und Übersetzungen erschienenes *Anarchistische Manifes* lasen sicher auch viele in Österreich. Die von Ramus gegründete Zeitschrift *Wohlstand für Alle* war in den nächsten Jahren ein wichtiges Informations- und Diskussionsorgan für viele Anarchist_innen.

Nationalismus

In den Auseinandersetzungen auf dem Balkan zeichneten sich bereits die Konfliktlinien des Ersten Weltkrieges ab. Österreich-Ungarn annektierte 1908 das 1878 besetzte Bosnien-Herzegowina und provozierte durch diese imperialistische Ausdehnung Russland. Im ersten Balkankrieg 1912 kämpften Bulgarien, Montenegro, Griechenland und Serbien gegen das Osmanische Reich und konnten große Gebiete befreien. Im zweiten Balkankrieg 1913 kämpften Serbien, Griechenland, Rumänien und schließlich auch das Osmanische Reich gegen Bulgarien. Alle Parteien verübten Gräueltaten.[20] Ein von den Großmächten vermittelter Friedensvertrag garantierte ein unabhängiges Albanien und verhinderte den Zugang Serbiens zur Adria. Bis auf das erst nach dem Weltkrieg entstehende Jugoslawien zeichneten sich bereits die zukünftigen Strukturen des Balkans ab. Die nationalen Auseinandersetzungen spiegelten aber auch die nationalen Probleme der Monarchie wider. Im „Zerfall der kleinen Internationale" (Löw 1984), dem Ende einer einheitlichen österreichischen

20 Im Ersten Weltkrieg wird immer das zaristische Regime als besonders grausam dargestellt. Österreich-Ungarn verübte Massaker an der Zivilbevölkerung in Serbien, aber auch unter der ruthenischen (ukrainischen) Bevölkerung in Galizien, die russischer Sympathien beschuldigt wurde. „Tagelang hingen die echten und vermeintlichen Verräter an den Bäumen, auf den Kirchplätzen, zur Abschreckung der Lebenden." (Joseph Roth)

Sozialdemokratie, zeichnete sich schon das Ende des multinationalen Habsburgerreiches ab.

In der Phase vor Hainfeld war die Nationalitätenfrage kein großes Problem. Von Otto Bauer wurde das als „naiver Kosmopolitismus" bezeichnet.[21] Während einzelne gemäßigte Wortführer wie Heinrich Oberwinder deutschnationale Tendenzen aufwiesen, waren die Radikalen prinzipiell Repräsentant_innen aller Sprach- und Volksgruppen. Die radikalen Zeitschriften *Zukunft* und *Dělnické listy* (tschechisch: Arbeiterblätter) wurden im selben Lokal in der Wiener Gumpendorferstraße hergestellt, bei allen Versammlungen sprachen selbstverständlich deutsche und tschechische Redner_innen. Im Programm des Neudörfler Parteitages wurde ausdrücklich anerkannt, dass die tschechischen Arbeiter_innen zusätzlich unterdrückt werden, und es wurde deren Selbstbestimmungsrecht gefordert. Die Arbeiter_innenklasse in Wien war vielsprachig.

Nach Hainfeld blieben erste Konflikte mit den Tschech_innen relativ unbedeutend. Oberflächlich spielte der Nationalitätenkonflikt auch in den Wahlen im März 1897 noch keine Rolle, der Kandidat für ein Mandat in Wien war der Tscheche Antonín Němec. Im gleichen Jahr wollte Ministerpräsident Kasimir Badeni eine Sprachenverordnung einführen, die von allen Beamten in Böhmen Zweisprachigkeit (Deutsch und Tschechisch) verlangte. Die Deutschnationalen mobilisierten

21 Otto Bauer sah im naiven Kosmopolitismus das Verhalten „national gesättigter Völker" wie der Deutschen in Österreich, im Gegensatz zum „spontanen nationalen Föderalismus" der benachteiligten Völker wie der Tschech_innen. Otto Bauer galt bereits vor dem Ersten Weltkrieg als einer der wichtigsten Theoretiker der österreichischen Sozialdemokratie, besonders durch sein 1907 erschienenes Buch *Die Nationalitätenfrage und die Sozialdemokratie* (vgl. Löw 1984, S. 12f)

gegen Badeni auf der Straße und störten den Parlamentsalltag des Reichsrats durch Obstruktion. Die Sozialdemokratie organisierte am 5. September 1897 in Prag eine Demonstration „gegen nationale Hetze und für Völkerfriede“, an der sich zehntausende Deutsche und Tschech_innen beteiligten. Die SDAP kritisierte die Sprachenverordnung, weil sie von oben durchgesetzt werden sollte, wie auch die Obstruktion der Deutschnationalen.

Als die Regierung Badeni im November 1897 den Polizeieinsatz gegen randalierende Abgeordnete erlaubte (*Lex Falkenhayn*), stürmten die Sozialdemokraten mit den Deutschnationalen das Präsidium, Abgeordnete wurden durch die Polizei abtransportiert. Die Obstruktion im Parlament und Massendemonstrationen stürzten schließlich die Regierung Badeni. Das Gesetz für mehr Gleichberechtigung der tschechischen Bevölkerung in Böhmen konnte in der Zeit der Monarchie nicht mehr durchgesetzt werden.

Aus der Diskussion, ob tschechische Kandidaten bei den Wahlen 1907 für die SDAP mehr tschechische Stimmen gewinnen als deutschnationale verlieren würden, entstand ein erster gröberer Konflikt. In Wien-Favoriten setzte sich mit Victor Adler die deutsche Position gegen „die Tschechen“ durch.

Erste Branchen der Freien Gewerkschaften spalteten sich in deutsche und tschechische Fraktionen (die Maler_innen und die Metallarbeiter_innen). In Böhmen und Mähren wurde der Gewerkschaftskonflikt zu einer Auseinandersetzung zwischen den Autonomisten mit ihrem Schwerpunkt in Prag und den sich im April 1910 gründenden Zentralisten in Brünn, die sich in tschechischer Diktion der Zentrale in Wien unterwarfen.

Die österreichische Gewerkschaftsfrage wurde auf dem Internationalen Sozialistenkongress vom 23. August bis 3. September 1910 in Kopenhagen diskutiert. Die tschechischen Autonomisten erlitten eine Niederlage (222 gegen 5 Stimmen bei 7 Enthaltungen). Obwohl Victor Adler zu vermitteln versuchte, wofür er von deutschen und tschechisch-zentralistischen Gewerkschaftern angegriffen wurde, wurden im März 1911 die Beziehungen zu den tschechisch-autonomistischen Gewerkschaftler_innen abgebrochen.

Wenn es nach 1907 im Reichsrat um nationale Fragen ging, unterschied sich das Abstimmungsverhalten der tschechischen immer öfter von den deutschen Abgeordneten der SDAP. Besonders hoch gingen die Wellen, als die deutschen Sozialde-

mokraten gegen Subventionen für die tschechische Komenský-Schule in Wien stimmten.

Die Reichsratswahlen im Juni 1911 brachten einen Stimmen- und Mandatszuwachs in Niederösterreich (mit Wien), aber eine Niederlage in Böhmen, wo tschechische Kandidaten gegeneinander kandidierten. Die nach Wien orientierten Zentralisten erreichten nur 14.000 Stimmen im Vergleich zu 350.00 der Autonomisten.[22]

Am Innsbrucker Parteitag der österreichischen Sozialdemokratie Ende Oktober 1911 waren die Zentralisten als Gäste eingeladen, von den Autonomisten kam niemand. In der Öffentlichkeit wurden fast nur die deutschnationalen Positionen diskutiert,[23] obwohl ihnen Victor Adler und andere widersprachen. Schließlich verabschiedete der Parteitag eine Resolution,

22 Der einzige Erfolg für die Zentralist_innen war in Schlesien, wo ein bei den Pol_innen akzeptierter Bergarbeitersekretär für sie kandidierte.

23 Ludo Hartmann: „...sie [die Tschech_innen] sind soweit verwöhnt worden, daß sie übermütig geworden sind, und es hätte gewiß keinen Sinn, dieses verwöhnte Kind noch weiter zu verwöhnen. Auf diese Weise erzieht man nicht.“ (zitiert nach Löw 1983, S. 155)

die für die Aufnahme der zentralistischen Sozialdemokratie als gleichberechtigter Organisation eintrat. 1912 nahm die SDAP die Zentralisten mit Zustimmung der deutschen, der polnischen, der slowenischen, der ukrainischen und der italienischen Sozialdemokratie offiziell auf. Nach Ansicht der tschechoslawischen Partei wäre nur ein offizieller Parteitag zu so einem Schritt berechtigt gewesen.

Schon 1905 hatte sich unter dem Einfluss des Bundes (Allgemeiner jüdischer Arbeiterbund für Polen und Russland) in Galizien eine jüdische Sozialdemokratie konstituiert,[24] 1911 folgte eine ruthenische (ukrainische) Sozialdemokratie, die sich von der polnischen Partei Galiziens übervorteilt fühlte, zur gleichen Zeit formierte sich auch eine italienische. Dieser Zusammenbruch einer einheitlichen Sozialdemokratie ging dem Zusammenbruch der Monarchie voraus und war ein Vorläufer des Zusammenbruchs der Zweiten Internationale zu Beginn des Ersten Weltkrieges. (vgl. Löw 1983, S. 179)

Krieg

Als der Erste Weltkrieg ausbrach, schlugen sich fast alle Sozialdemokratien auf die Seite ihrer eigenen Nationen. Im Gegensatz zum Deutschen Reich ersparte es sich die österreichische Sozialdemokratie, den Kriegskrediten zuzustimmen. Ab

24 Der Bund wurde in den letzten Jahrzehnten des 19. Jahrhunderts als sozialistisch, antiklerikal und antizionistisch gegründet. In der Russischen Revolution 1905 trug er große Teile der Kämpfe im „Ansiedlungsrayon“, dem Gebiet, in dem es Jüd_innen erlaubt war, zu leben. Deren Einfluss wirkte sich auf die Jüd_innen im angrenzenden Galizien, aber auch in Wien aus. Der Bund vertritt einen jüdischen Nationalismus, der sich nicht auf ein Territorium bezieht. Der Bund berief sich auch auf die Thesen des Austromarxismus zum Nationalismus (vgl. Leser 1985, S. 104).

dem März 1914 war wegen der tschechischen Obstruktion der Reichstag bereits ausgeschaltet. Zwei Artikel des Chefredakteurs der *Arbeiterzeitung*, Friedrich Austerlitz, feierten die Zustimmung der deutschen Sozialdemokratie zu den Kriegskrediten (Titel: *„Der Tag der deutschen Nation“*). Die meisten österreichischen Sozialdemokrat_innen wollten nicht so begeistert für den Krieg auftreten, aber auch nicht dagegen sein. Das Wichtigste sei, wurde in internen Diskussionen gesagt, die Organisation aufrecht zu erhalten. Die sozialdemokratischen Freien Gewerkschaften als „siamesischer Zwilling“ der Partei befürworteten die „Burgfriedenspolitik“, alle Streiks, Demonstrationen, selbst kleinere gewerkschaftliche Forderungen wurden zurückgestellt. Die Kriegsgegner_innen, die Linke in der Partei um Friedrich Adler, Sohn des Parteigründers Victor Adler, konnte und wollte sich nicht öffentlich äußern.

In Zimmerwald in der neutralen Schweiz organisierten sich von 5. September bis 8. September 1915 und in einem Nachfolgetreffen in Kienthal vom 24. bis 30. April 1916 sozialdemokratische Kriegsgegner_innen. Das waren die pazifistischen Zimmerwalder Rechten oder Zentristen unter maßgeblicher Vertretung der Anhänger_innen der späteren USPD (Unabhängige Sozialdemokratische Partei), und die Zimmerwalder Linken, die den Krieg für eine Revolution nutzen wollten, prominent durch den russischen Exilanten Lenin vertreten. Die kleine sozialdemokratische Linke aus Österreich um Friedrich Adler hatte keinen Kontakt, vertrat aber Positionen, die den Zimmerwalder Rechten ähnelten (Kulemann 1982, S. 192).

Die Anarchist_innen blieben prinzipielle Kriegsgegner_innen, durch Repression und Zensur weitestgehend unsichtbar. Pierre Ramus konnte unter Hausarrest in Klosterneuburg überhaupt nicht auftreten. Erst in der revolutionären Endphase des Ersten Weltkriegs beteiligten sich Anarchist_innen und Anarchosyndikalist_innen an den sozialen Auseinandersetzungen, Streiks und Demonstrationen. Mit anderen Revolutionären wie dem Kommunisten Franz Koritschoner bildeten sie 1917 die Revolutionären Sozialisten, die als Linksradikale in den Jännerstreik 1918 eingriffen und nach Kriegsende die FRSI (Föderation Revolutionäre Sozialisten „Internationale") gründeten (vgl. unten).

Die Frauen des BÖF (Bund österreichischer Frauenvereine) unterstützten den Patriotismus Österreich-Ungarns.[25] Sie beteiligten sich wie die nicht ganz so patriotischen sozialdemokratischen Frauen an der „Frauenhilfsaktion im Kriege" zur Fürsorge für die Angehörigen Einberufener und durch den Krieg in Not Geratene. Im Gegensatz dazu verweigerte der AÖF (Allgemeiner Österreichischer Frauenverein) diese Unterstützung wegen seiner Gegnerschaft zum Krieg. Zwei Vertreterinnen des AÖF, Olga Misař und Leopoldine Kulka, vertraten die österreichische Frauenbewegung am Frauenkongress für den Frieden vom 28. April bis zum 1. Mai 1915 in Den Haag, an dem sich über tausend Frauen aus kriegführenden und neutralen Ländern beteiligten. In der ersten Phase war das die bedeutendste Friedensinitiative gegen den Weltkrieg. Die Frauen um die AÖF versuchten die dort beschlossenen Konzepte durch die Herausgabe von Friedensbroschüren umzusetzen. Sie schafften es aber später nicht, eine Verbindung zu den Unruhen der unorganisierten Frauen in der zweiten Kriegshälfte herzustellen (vgl. Frauen-Friedensbewegung 1982).

25 „Es wäre Verrat an dem Vaterlande und an unseren Männern, die es verteidigen, wenn wir jetzt für den Frieden eintreten würden", schrieben die BÖF zu Anfang des Krieges. (Frauen-Friedensbewegung 1982, S. 89)

An der von Clara Zetkin organisierten *Internationalen Konferenz sozialistischer Frauen gegen den Krieg* im März 1915 beteiligte sich keine Frau aus Österreich. Sozialdemokrat_innen fuhren erst zur Friedenskonferenz in Stockholm vom 2. bis 19. Juni 1917, nach der russischen Februarrevolution und einer vorsichtigen Änderung der österreichisch-ungarischen Politik.

Die Österreichische Revolution.

„Ich bin in diesen Kriegsjahren zur Überzeugung gekommen, daß eine Revolution in Österreich immer nur gegen den Parteivorstand stattfinden wird, daß der Parteivorstand ein Hemmungsorgan revolutionärer Bewegungen ist."
(Friedrich Adler vor dem Ausnahmegericht, S. 124, Leser 1985, S. 325)

Am 21. Oktober 1916 erschoss Friedrich Adler den österreichischen Ministerpräsidenten Karl Graf Stürgkh beim Mittagessen im Hotel Meissl & Schadn. Die Partei, insbesondere sein Vater Victor Adler, verlangte, um ein Todesurteil zu vermeiden, seine Psychiatrisierung, auch um die Distanz der SDAP zu diesem Attentat auszudrücken. Die Absicht Friedrich Adlers war es allerdings, in einem öffentlichen Gerichtsverfahren sowohl das Kriegsregime wie auch das (Nicht-)Agieren der eigenen Partei anzuprangern.

Verhinderte Aufstände

Im März 1917 war der russische Zar gestürzt worden. Ein angebliches Argument für den Krieg der Mittelmächte, der Kampf gegen die russische Despotie, war verschwunden. Der Hungerwinter 1916/1917 provozierte auf Märkten in der ganzen Monarchie Hungerkrawalle von über die hohen Preise und den Mangel an Lebensmitteln empörten Frauen. Ab dem Frühjahr 1917 kümmerten sich die meist unorganisierten Arbeiter_innen, auch viele zur Arbeit herangezogene Frauen nicht mehr um die

„Burgfriedenspolitik“, in der Obersteiermark, im Wiener Becken und in Steyr brachen im April und Mai spontane „Hungerstreiks“ aus, für eine bessere Ernährung, bessere Arbeitsbedingungen, aber auch gegen die Militarisierung der Fabriken.

Der Prozess gegen Friedrich Adler im Mai 1917 wurde in der Öffentlichkeit mit großem Interesse verfolgt, seine Kritik an der Monarchie und an der Partei zustimmend rezipiert. Alle erwarteten eine Verurteilung zum Tode; seine Bereitschaft, das Leben für den Kampf gegen den Krieg aufs Spiel zu setzen, machte ihn zu einem Idol vieler Arbeiter_innen. In vielen folgenden

Streiks und Revolten ergänzten die Arbeiter_innen ihre sozialen Forderungen und jene nach Frieden immer wieder um die nach der Freilassung Friedrich Adlers. Einige Wochen später begnadigte der Kaiser Friedrich Adler zu lebenslanger Haft, während des Zusammenbruchs der Monarchie Ende Oktober 1918 wurde er ohne weiteres Verfahren freigelassen. Der berühmteste Terrorist Österreichs war ein Sozialdemokrat! Friedrich Adler blieb nach dem Krieg in der Partei, ein Grund, dass sich 1919 keine linke Abspaltung durchsetzen konnte.

Ende Mai 1917, kurz nach dem Adler-Prozess, legten in einem „Hungerstreik“, beginnend mit Frauen aus der größten Waffenschmiede der Monarchie, dem Wiener Arsenal, 40.000 Metallarbeiter_innen die Arbeit nieder und erkämpften damit Lohnerhöhungen bis zu 20%.

1917 hatte sich die Situation nicht nur wegen der Russischen Revolution geändert. In Deutschland spalteten sich 1916 die Kriegsgegner_innen von der SPD ab und gründeten im April 1917 die USPD. Um das soziale Elend zu verwalten, wurde Karl Renner Mitarbeiter des Volksernährungsministeriums. Das kaiserliche Regime erlaubte vom 19. bis 24. Oktober 1917 den ersten Kriegsparteitag der SDAP in Wien. Eine „Erklärung der

Linken“ sprach sich für einen „Friedensschluss ohne Annexionen“ aus, für die Einheit der Partei, gegen eine Beteiligung an einer bürgerlichen Regierung, sowie für „energische Aktionen für den Frieden durch Massenversammlungen und -demonstrationen“. (Kulemann 1982, S. 197). Diese Resolution befürworteten zwar nur 51 der 283 Delegierten, wurde aber ein Jahr später zur Position der Gesamtpartei, ein „Resultat der gesteigerten Aktivität der Arbeiterschaft und der revolutionären Ereignisse in Russland“ (Kulemann 1982, S. 198)

„Der erste große Test der Praxis für die Linke wie die Partei insgesamt war der Jännerstreik.“ (Kulemann 1982, S. 200)

Der Sieg der Oktoberrevolution am 7. November, die Ausrufung eines sofortigen Waffenstillstands und der Beginn der Friedensverhandlungen in Brest-Litowsk mobilisierten Hunderttausende zu Friedenskundgebungen. Die Mittelmächte, besonders die deutschen Generäle, zeigten sich gegenüber dem neu gegründeten Sowjetrussland intransigent.

Am 14. Jänner 1918 legten die Arbeiter_innen der Daimlerwerke in Wiener Neustadt wegen angekündigter verringerter Lebensmittelrationen die Arbeit nieder. Noch am gleichen Tag schlossen sich die Beschäftigten der anderen Betriebe der Stadt an. Aus der Munitionsfabrik Wöllersdorf (40.000 Beschäftigte) marschierten Arbeiterinnen nach Wiener Neustadt. Am 15. Jänner begannen die Streiks in der Floridsdorfer Lokomotivfabrik, im Anschluss sprang die Bewegung auf alle Großbetriebe in ganz Wien über, aber auch in vielen kleineren Werkstätten und Geschäften wurde die Arbeit niedergelegt. Schließlich streikten Beschäftigte in fast allen Teilen der Monarchie. Überall wurden neben sozialen Verbesserungen, besserer Ernährung und der Entmilitarisierung der Betriebe konkrete Verbesserungen im eigenen Betrieb sowie ein sofortiger Frieden gefordert. Arbeiter_innen in vielen Betrieben gingen politisch noch weiter, sie verlangten die Beiziehung von Arbeiterdeputierten zu den Friedensverhandlungen in Brest-Litowsk, die Freilassung Friedrich Adlers und aller politischen Gefangenen und den Acht-Stunden-Tag. Am Höhepunkt (dem 19. Jänner 1918) streikten 550.000 Arbeiter_innen in der österreichischen und 200.000 in der ungarischen Reichshälfte der Monarchie.

Die Bewegung überraschte die Sozialdemokratie genauso wie die Regierung, sie reagierte aber schnell und berief für den 17. Jänner 1918 ihre Wiener Vertrauensleute aus den Betrieben zu Bezirkstreffen. Sie sollten die vom Parteivorstand zusammengefassten Forderungen vereinheitlichen: 1) Der Frieden von Brest-Litowsk darf nicht an territorialen Forderungen scheitern, 2) Reorganisation des Verpflegungsdienstes, 3) Gleiches und direktes Wahlrecht auf Gemeindeebene auch für Frauen, 4) Entmilitarisierung der Betriebe.

Die sozialdemokratischen Funktionär_innen setzten sich am gleichen Tag mit den zuständigen Ministern zusammen, um diesen „ehrliche und entschiedene" Zugeständnisse abzuringen. Danach trafen sich neuerlich die Vertrauensleute aus den Betrieben, jetzt schon „Arbeiterrat von Wien" genannt. Nach einer bis in die Morgenstunden gehenden Debatte beschlossen sie eine Resolution zur Einstellung der Streiks am Montag, den 21. Jänner. Diese Resolution musste in hunderte Bezirksversammlungen eingebracht werden und gelang erst gegen den massiven Widerstand „radikaler Elemente" und aufgrund von Tumulten nicht immer. Es dauerte weitere drei Tage, bis am 24. Jänner (fast) überall wieder gearbeitet wurde.

Die sozialdemokratische Geschichtsschreibung gab nach dem Krieg zu, dass die Zusagen nicht im Geringsten erfüllt worden seien, die Sozialdemokrat_innen aber durch das Abbrechen der Streiks einen Einsatz der Armee und damit ein Blutvergießen verhindert hätten (vgl. Bauer 1923/1965, S. 76 f.).

Das letzte Kriegsjahr war von Hunger und Mangel geprägt. In der Armee wuchsen die Ablehnung und der Hass auf die Offiziere, die brutal niedergeschlagenen Militärrevolten im Frühjahr 1918 deuteten bereits auf den Zusammenbruch der Disziplin am Ende des Krieges hin. Im Juni 1918 lenkte die Sozialdemokratie in Wien neuerlich einen allgemeinen Streik in eine geordnete Niederlage, Hungerunruhen dauerten aber bis zum Ende des Krieges an.

Am 28. Oktober 1918 erklärte sich die Tschechoslowakei unabhängig, die anderen Nationen der Habsburgermonarchie folgten, die Armee konnte nicht mehr eingreifen, weil sie Anfang November 1918 innerhalb von wenigen Tagen zerfiel. Vom 28. bis zum 31. Oktober 1918 vollendete sich die Auflösung des Vielvölkerstaates (vgl. Bauer 1923/1965, S. 108).

Am 3. Oktober 1918 beschloss der Klub der deutschen sozialdemokratischen Abgeordneten das von Otto Bauer entworfene Nationalitätenprogramm der Linken, welches das Selbstbestimmungsrecht der slawischen und romanischen Nationen Österreichs anerkennt und den Anschluss des deutschösterreichischen Staates an das Deutsche Reich forderte (Otto Bauer 1923/1965, S. 86 f.). Die Sozialdemokratie war mit ihren sozialen Forderungen in den letzten Monaten des Jahres 1918 die einzige Partei, die eine Perspektive für eine Gesellschaft nach dem Krieg hatte.

Am 30. Oktober bildeten die deutschsprachigen Abgeordneten des Reichsrats unter Karl Renner eine provisorische Regierung, am 3. November 1918 trat ein Waffenstillstand mit Italien in Kraft, am 12. November 1918 wurde vor demonstrierenden Massen der unabhängige Staat Deutschösterreich ausgerufen.[26] Selbst wenn Sozialdemokraten Bürgerlichen untergeordnet waren („Unterstaatssekretäre", Staatssekretäre waren damals so etwas wie Minister), waren sie die eigentlichen Gestalter, weil sie als einzige fähig waren, auf die Bedürfnisse und Wünsche der Massen einzugehen und damit Aufstände zu verhindern. Die andauernde revolutionäre Drohung zwang die bürgerlichen Parteien (Christlichsoziale und Deutschnationale) zur Zusammenarbeit mit der Sozialdemokratie. Sofort begann ein Reformprozess, schon am 19. November 1918 wurde ein Achtstunden-Tag in fabrikmäßig betriebenen Gewerbeunternehmen eingeführt, 1919 der allgemeine Achtstundentag, das Verbot von Nachtarbeit für Frauen, ein Urlaubs- und Invaliditätsgesetz, die Einrichtung von autonomen Arbeiterkammern, das Betriebsrätegesetz, Kollektivverträge, eine allgemeine Sozialversicherung, Frauenarbeits-, Mutterschutz- und Überstundenregelungen. Der schon im Krieg unter dem Druck der Verhältnisse eingeführte Mieterschutz wurde beibehalten.

Schon am Tag der Republikgründung am 12. November führte die provisorische Regierung das allgemeine Wahlrecht für Männer und Frauen ein. Die Wahlen am 16. Februar 1919 brachten einen Sieg der Sozialdemokratie (40,8%), aber keine absolute Mehrheit. Eine Koalitionsregierung zwischen der Sozialdemokratie und den Christlichsozialen löste im März 1919 die Konzentrationsregierung aller drei großen Parteien ab.

Am 21. März 1919 wurde die Ungarische, am 6. April die Bayerische Räterepublik ausgerufen. Hunger und Elend hatten mit dem Ende des Krieges nicht aufgehört, genauso wenig die Unruhen. Viele Arbeiter_innen, die Basis der Sozialdemokra-

26 Eine Schießerei mit der Roten Garde wurde später als kommunistischer Putschversuch interpretiert.

tie, waren für eine Revolution, aber mit der Sozialdemokratie, deren Funktionär_innen und Vertreter_innen jeden Aufstand vermeiden wollten. Deren Argumentation war, dass eine Revolution die Verschärfung der Hungerkrise bedeuten und die im Ersten Weltkrieg siegreiche Entente keine sozialistische Regierung akzeptieren würde. Die SDAP sei die eine Partei der Arbeiter_innenklasse, Kommunist_innen und andere radikale Gruppen würden die Klasse nur spalten.

Angebliche kommunistische Putschversuche am 17. April 1919 und am 15. Juni 1919 forderten Tote und Verletzte. Tatsächlich waren die Gründonnerstagsunruhen unorganisierte und spontane Demonstrationen von Arbeitslosen, Heimkehrern und Invaliden. Der 15. Juni war nach der Absage einer bewaffneten Demonstration gegen den Abbau der Volkswehr eine Kundgebung für die Freilassung von über hundert verhafteten Kommunist_innen, auf die die Polizei das Feuer eröffnete, was zwanzig Tote forderte (vgl. Foltin 2019, S. 27ff).[27]

Arbeiter- und Soldatenräte

Die Arbeiterräte (Hautmann 1986, kurze Zusammenfassung der ersten Phase Foltin 2019) wurden im Jännerstreik 1918 auf Veranlassung der Sozialdemokratie gegründet und fassten die vielen betrieblichen Streikkomitees zusammen. Radikale Linke und viele Arbeiter_innen sahen in diesen seit den Russischen Revolutionen entstandenen Räten die passende Organisationsform zur Bildung einer neuen Gesellschaft. Das Konzept war basisdemokratisch, Entscheidungen wurden von unten nach oben gefällt, Delegierte (Räte) waren jederzeit abwählbar und

27 Die aus der Haft entlassenen Kommunist_innen versuchten die empörte Menge zu beruhigen.

mussten die Position ihrer Basis vertreten („imperatives Mandat“). In Österreich stellten Sozialdemokrat_innen die meisten Räte, auch weil vorerst Bedingung war, Mitglied in den Gewerkschaften und in der Sozialdemokratie zu sein.

Im Herbst 1918 veränderte sich die Situation. Die kaiserliche Armee löste sich auf, die Sozialdemokratie rief zur Gründung einer Volkswehr auf, um „eine Konterrevolution zu verhindern“ und die kurz zuvor entstandene radikale Rote Garde zu integrieren.[28] In dieser neuen Armee wurden Soldatenräte gewählt, deren Entscheidungsfunktionen über der der militärischen Kommandanten standen.

Im Frühjahr 1919 wurden neue Wahlen zu den Räten notwendig, jetzt Arbeiter- und Soldatenräte genannt. Die Beschränkung auf die Sozialdemokratie fiel, die Gewählten mussten gegen den Kapitalismus sein, was bürgerliche Positionen ausschloss. An diesen Wahlen beteiligten sich in Wien mehr Arbeiter_innen, als die Sozialdemokratie bei den Landtagswahlen Stimmen bekam.

1919 hatten die Räte ihre größte Bedeutung, weil sie oft mit Unterstützung durch die Volkswehr Elemente der Reproduktion organisierten, die Herbeischaffung von Lebensmitteln, den Kampf gegen Wucher und Schleichhandel, Wohnungsanforderung und die Feststellung und Belegung von Leerraum, Verkehrs- und Waffenkontrolle sowie die Versorgung von Arbeitslosen und Kindern mit beschlagnahmten Gütern des Schleichhandels.

28 Julius Deutsch, 1918 Unterstaatssekretär für Heereswesen, war für die Organisation der Volkswehr verantwortlich. Er baute schon im Krieg eine geheime sozialdemokratische Organisation im Heer auf. Später wurde er der Kommandant des Schutzbundes (vgl. unten).

Die SDAP konnte sich nie sicher sein, ob ihr die Mehrheit der Arbeiter_innen in den Räten folgen würde. Das zeigte sich bei der Durchsetzung eines Solidaritätsstreiks für Sowjetrussland und Sowjetungarn am 21. Juli 1919. Der Vorsitzende des Zentralrats der Arbeiterräte, Friedrich Adler, wollte nur Demonstrationen am Sonntag, den 20. Juli, erlauben. Die Arbeiterräte aus den Betrieben und Bezirken verlangten aber einen Streik. Es waren die Räte der Basis, die trotz des Auszuges der Kommunist_innen aus der Delegiertensitzung den Vorstand absetzten und dadurch die Führung um Friedrich Adler zum Nachgeben zwangen. Am Montag, den 21. Juli 1919, wurde in Wien und einigen Industriegebieten für die Sowjetrepubliken gestreikt.

Die Bedeutung der Räte entstand nicht aus einer Beteiligung von Linksradikalen, bei den Arbeiterratswahlen erreichten sie selten mehr als 5%, die übermächtige Kraft blieb die Sozialdemokratie.

Die Kommunistische Partei (KPÖ, anfangs noch Kommunistische Partei Deutschösterreichs – KPDÖ) wurde am 3. November 1918 von einer relativ kleinen Gruppe gegründet. Im Gegensatz dazu war die Föderation Revolutionärer Sozialisten „Internationale“ (FRSI) in den ersten Monaten nach dem Umsturz um ein vielfaches einflussreicher, unter den Arbeitslosen und in einigen Fabriken wie der Waffenschmiede im Arsenal in Wien-Landstraße organisierte sie zahlreiche Arbeiter_innen, besonders viele aber in der Volkswehr und der inzwischen als Volkswehrbataillon 41 integrierten Roten Garde. Die FRSI organisierte die linksradikalen Aktivist_innen aus dem Jännerstreik und sah sich im Gegensatz zu den Kommunist_innen nicht als Avantgarde, sondern als (Einheits-)Organisation des Proletariats. Es beteiligten sich Anarchist_innen und

Anarchosyndikalist_innen, Kommunist_innen, aber auch Sozialdemokrat_innen, die die revolutionären Eckpunkte der Föderation anerkannten. Nach der Ausrufung der Ungarischen Räterepublik im März 1919 überflügelte die KPÖ als Partei der siegreichen Bolschewiki die Föderation. Nach einer Krise um die Gründonnerstagsunruhen löste sich die FRSI im Mai 1919 offiziell in die KPÖ auf.

Die Anarchist_innen, die zu Kriegsende ihre Bedeutung steigern konnten, spalteten sich in zwei Strömungen: eine, die über die FRSI in der KPÖ aufging und dort noch Jahre später linksradikale und syndikalistische Tendenzen verstärkte (vgl. Haumer 2018, S. 245ff). Der bedeutendere Teil sammelte sich um den Bund herrschaftsloser Sozialisten und die Zeitschrift *Erkenntnis und Befreiung* von Pierre Ramus. Diese vertraten eine bedingungslos gewaltfreie Position („Tolstoianismus") und lehnten die Rätebewegung ab, weil diese Macht ausüben wolle und dadurch Gewalt anwenden müsse. Das Bewusstsein der Arbeiter_innenklasse sei noch nicht bereit, sie müsse erst für eine freie Gesellschaft „erzogen" werden. In den ersten Jahren nach dem Krieg entstanden einige anarchistische, oft mit Pierre Ramus zerstrittene Zeitungen, verschwanden aber bald wieder. Längerfristig hielt sich der Bund herrschaftsloser Sozialisten mit der Zeitschrift *Erkenntnis und Befreiung*, blieb aber wie alle Gruppen links der austromarxistischen Sozialdemokratie eine marginale Minderheit.

Die wilde Siedelei

Die einzige größere soziale Gruppe unter anarchistischem Einfluss war die Bewegung der Siedler_innen. Im Gegensatz zu einigen deutschen Städten war eine konservativ-romantische Siedler_innenbewegung in Österreich vor dem Ersten Weltkrieg marginal. Hier wurde diese Bewegung aus der Not des Krieges geboren, sie war autonom und proletarisch (vgl. Weihsmann 2002, S. 100ff). Diese „wilde Siedelei“ entstand bereits im Krieg, als überall in den Wiener Außenbezirken und auf dem ehemaligen Truppenübungsplatz auf der Schmelz Kleingärten entstanden, auf denen Frauen Nahrungsmittel anbauten und Kleintiere züchteten, um die schlechten Versorgungslage zu verbessern. In der Revolutionsphase 1918/19 nahmen diese Besiedelungen einen weiteren Aufschwung. Aus provisorischen entstanden dauerhafte Strukturen, die „Bretteldörfel“, in denen die Menschen auch wohnten. Diese Massenbewegung der Siedler_innen (Weihsmann 2002, S. 102) nahm unterschiedliche Organisationsformen an: Vereine, Genossenschaften, Kooperativen, Selbsthilfen. Am 3. April 1919 forderte die Bewegung in einer großen Demonstration in Wien Grundstücke und Baumaterial. Die Bewohner_innen sahen im „gemeinsamen Bau einer Wohn- und Kleingartensiedlung [...] einen autonomen Versuch der Selbstverwirklichung und zur Errichtung proletarischer Gegenwelten, einen Schritt zum libertären (freiheitlichen) Sozialismus und zu einer wahrhaft basis-kommunistischen Lebensweise.“ (Weihsmann 2002, S. 102) Die Sozialdemokratie stand dieser Entwicklung skeptisch gegenüber, sie fürchtete bürgerlichen, aber auch anarchistischen Einfluss. Die SDAP nutzte Machtkämpfe zwischen bürgerlichen, radikalsozialistischen und anarchistischen Gruppen, um die Siedler_innen im Sinne der Partei zu organisieren. 1921 konstituierte sich zuerst der Hauptverband des Siedlungs- und Kleingartenwesens, im Oktober 1921 der formalisiertere österreichische Verband für Siedlungs- und Kleingartenwesen (ÖVSK) mit dem linken Sozialdemokraten Otto Neurath als Vorsitzendem.

Diese Siedlungsstrukturen beeinflussten den sozialen Wohnbau. Der südliche Teil der Mareschsiedlung (hinter der Schmelz) wurde zu einer Art Gartenstadt mit niedrigen Häusern und großen Gartenanlagen, während der später errichtete nördliche Teil mit den Mitteln der Wohnbausteuer (vgl. unten) bereits höher gebaut wurde.

Mitte der 1920er wurden viele Bretteldörfer geräumt, andere in geordnete Baustrukturen umgewandelt (wie die Maresch und die Freihofsiedlung) und so Teil des institutionalisierten Wohnbauprogramms, andere wurden legalisiert. Einzelne

Slumstrukturen existierten aber noch bis in die beginnende Zweite Republik.[29]

Konsolidierung des bürgerlichen Staates

Je mehr die österreichische Revolutionsdrohung verschwand und sich das politische System konsolidierte, desto weniger konnte die SDAP Reformen gegen den christlichsozialen Koalitionspartner durchsetzen. Die Räte waren immer stärkeren publizistischen Angriffen wegen angeblicher oder wirklicher Übergriffe gegen Bürger_innen ausgesetzt. Nach dem Vertrag von Saint-Germain, der die Grenzen Österreichs festlegte und den Anschluss an Deutschland verbot, trat Otto Bauer als Staatssekretär für Äußeres zurück, blieb aber unwidersprochener Vorsitzender der SDAP.

29 1925 wurde eine Räumung des „Bretteldorfs" auf dem Gelände des heutigen Donauparks im 22. Bezirk durch Proteste verhindert. Während der benachbarte Bruckhaufen legalisiert wurde, wurde dieses Bretteldorf im Austrofaschismus als „Anschüttungsfläche – Zukünftiges Grünland" der Ausdehnung einer Deponie gewidmet, aber erst in den 1950ern endgültig aufgelöst. https://www.geschichtewiki.wien.gv.at/Bretteldorf

Nach den Niederlagen der Bayerischen Räterepublik im Mai 1919 und der Ungarischen im August 1919 wurde erst 1920 die Stimmung unter den Arbeiter_innen wieder kämpferischer. In den Räten entstand die Sozialdemokratische Arbeitsgemeinschaft revolutionärer Arbeiterräte (SARA), die die abwiegelnde Position der sozialdemokratischen Vertreter_innen, besonders von Friedrich Adler, kritisierte.[30]

Am 13. März 1920 putschten in Deutschland bewaffnete konterrevolutionäre Milizen, die Freikorps, und Teile der Reichswehr gegen die demokratisch gewählte Regierung. Dieser Kapp-Lüttwitz-Putsch wurde in den folgenden Tagen durch einen Generalstreik verhindert. Aus Furcht vor ähnlichen Entwicklungen in Österreich demonstrierten schon am 14. März 40.000 Menschen in Wien. Sie wurden von Tausenden bewaffneten Volkswehrsoldaten begleitet.

Im Frühjahr 1920 forderten die Arbeiter_innen mit Hunderttausenden Demonstrierenden und einem Massenstreik eine Vermögensabgabe zur sozialen Absicherung der Menschen. Die Christlichsozialen in der Regierung wollten darauf nicht eingehen. Für die Arbeiter_innen brachte die Regierungsbeteiligung der SDAP an der Koalition nichts mehr, die Koalition hemmte jede reformerische Entwicklung.

Die Christlichsozialen nutzten ein von der Sozialdemokratie durchgesetztes Gesetz zur demokratischen Wahl der Soldatenräte und lösten im Juni 1920 die Koalition auf. Unter den

30 Das bekannteste Gesicht dieser Linksopposition war Josef Frey, Ende 1918 ein Mitbegründer der Roten Garde, dort sozialdemokratische Vertreter gegen den radikalen Flügel, 1921 der KPÖ beigetreten, wo er schließlich in den 1930ern zum Sprecher der wichtigsten „trotzkistischen" Opposition wurde.

Arbeiter_innen war die Begeisterung groß. Trotzdem verlor die SDAP bei den Wahlen am 17. Oktober 1920 (36%) Stimmen und Mandate und blieb damit für die restliche Zeit der Ersten Republik in Opposition. Es ist unklar, ob der Rückgang an Wählerstimmen Ausdruck der Unzufriedenheit mit der Koalition oder einer Enttäuschung über den Wegfall jeglichen Einflusses durch den feststehenden Rückzug war (Leser 1985, S. 201).

Die KPÖ konnte von den Verlusten der Sozialdemokratie nicht profitieren, die Funktionär_innen beklagten, dass sie nicht einmal von allen Parteigmitgliedern gewählt würden. In dieser Zeit vertrat ein großer Teil unter ihnen linkskommunistische Positionen.[31] Die KPÖ hatte ursprünglich zum Wahlboykott aufgerufen, wurde aber durch eine Intervention Lenins zu einer Teilnahme gedrängt, die offensichtlich nur wenig Erfolg zeitigte.

Das Rote Wien

In Wien erhielt die SDAP von den ersten Wahlen im Mai 1919 an eine absolute Mehrheit an Stimmen und Mandaten. Während sie auf der nationalen Ebene an Einfluss verlor, konzentrierte sich die reformerische Entwicklung auf das Rote Wien. Bekannt und vor allem sichtbar sind die in den 1920er und Anfang der 1930er entstandenen Gemeindebauten. Das Rote Wien bedeutete soziale Verbesserungen in vielen Bereichen. Das war erst möglich, als Wien ab 1922 als Bundesland

31 In Deutschland spaltete sich 1920 die antiparlamentarische und rätekommunistische KAPD ab und reduzierte die KPD auf einen Haufen Funktionäre. Erst durch den Zusammenschluss mit dem linken Teil der USDP im Jänner 1921 wurde die VKPD (Vereinigte Kommunistische Partei) wieder zu einer Partei mit Gewicht.

von Niederösterreich abgetrennt wurde und dadurch Steuerhoheit zugesprochen bekam (vgl. unten).

Die Struktur des Roten Wien hatte ihre Wurzeln bereits im „Gemeindesozialismus“ Luegers vor dem Ersten Weltkrieg. Die zweite Wiener Hochquellenleitung wurde angelegt, der Schienenverkehr und die Gasversorgung wurden ausgebaut, Krankenhäuser und Waisenhäuser errichtet, eine eigene Invaliditäts- und Krankenversicherung für die Arbeiter_innen sowie für die Angestellten ein städtisches Krankenfürsorgeinstitut eingeführt. Mit der Städtischen Versicherungsgesellschaft existierten erstmals Versicherungsschutz und eine Rentenversicherung für die „kleinen Leute“, die kleinbürgerliche Basis der Christlichsozialen.

Die Wohnungsnot änderte sich trotz einer forcierten Baupolitik kaum, im Krieg brach der Wohnungsbau schließlich ganz zusammen. Obwohl sich nach Kriegsende die Bevölkerung durch Abwanderung verringerte, blieb das Wohnungsproblem bestehen. Ab dem Frühjahr 1919 belegte die Gemeinde Wien öffentliche Gebäude mit Wohnungssuchenden, als erstes Hotels, Kasernen und Schulen, erst 1920 zogen die ersten Menschen in neu errichtete Wohnbauten ein.

Die Gemeinde belegte Gebäude wie den kaiserlichen Palast in Schönbrunn mit Kindern und Jugendlichen, sie richtete Kindergärten, Jugendhorte, Pflegeheime, Mutterberatungsstellen, Zahnkliniken und Kinderspitäler ein, führte Kinderübernahmestellen, Schulspeisungen, Freimilch und schulärztliche Betreuung ein, baute Schulgebäude aus, finanzierte kostenlose Lernmaterialien, und Sozialdemokrat_innen organisierten emanzipatorische Formen des Lehrens und Lernens.

Tuberkulose und Rachitis konnten durch Gesundheits- und Fürsorgeprogramme sowie durch Bäder, Sportanlagen und Erholungseinrichtungen erfolgreich bekämpft werden.

Sozialdemokratie bedeutete in Wien auch Kulturpolitik. Volksbibliotheken entstanden, Freizeitvereine organisierten das Leben, es entstanden die Kunststelle Wien, der Kiba Filmverleih, der Feuerbestattungsverein „Die Flamme", Kleintier-, Siedler_innen- und Kleinzüchter_innenverbände, der Arbeiterbund für Sport und Körperkultur, die Kinderfreunde, die Naturfreunde und einiges mehr.

Der Kern des Roten Wien war aber das Wohnbauprogramm mit dem Anspruch, alle Wiener Arbeiter_innen mit preiswerten Wohnungen zu versorgen. Es begann provisorisch mit der Unterstützung der Eigenhilfe der Arbeiter_innen, indem günstige (aber auch schlechte) Baumaterialien zur Verfügung gestellt wurden, wie in der Maresch-Siedlung (Siedlungs- und Wohnhausanlage Schmelz), sowie mit der Fortsetzung bereits begonnener Projekte wie dem Metzleinstaler Hof in Margareten. Viele kleinere Wohngebäude füllten bestehende Baulücken, über ganz Wien zerstreut entstanden Großbauten. Deren bekanntestes und spektakulärstes Objekt ist der etwa einen Kilometer lange Karl-Marx-Hof in Heiligenstadt. Die Wohnungen waren im internationalen Vergleich klein, verglichen mit den vorigen Wohnungen der Arbeiter_innen aber komfortabel und mussten vor allem hell und praktisch sein (billige Volkswohnungen statt „Sozialpaläste" mit bürgerlicher Lebensqualität).

Auch wenn die Bauten des Roten Wien im Vergleich zur Wohnumgebung zu erkennen sind, wurden sie nicht nach einem einheitlichen architektonischen Konzept errichtet. Architektonische Diskussionen wurden darüber geführt, ob eher Siedlungen mit Anklängen an Gartenstädte errichtet werden sollten oder Massenwohnbauten mit vielen Wohnungen. In der Praxis dominierten außerhalb vorgegebener Siedlungsstrukturen Letztere, trotzdem entstanden auch „Gartenstädte" wie der

George-Washington-Hof in Favoriten. Der Bau von Hochhäusern wurde diskutiert, aber nicht verwirklicht, der Reumannhof in Margareten war ursprünglich um einiges höher geplant.

Die Wohnungen wurden nach einem Punktesystem vergeben, das sich nach Bedürftigkeit, wie Kündigung oder Obdachlosigkeit, richtete (vgl. Weihsmann, S. 37). Bevorzugt wurden Wohnungssuchende mit zehn oder mehr Punkten, die Parteizugehörigkeit spielte offiziell keine Rolle.

Um den Wohnraum günstig zu halten, wurden für die Bauvorhaben keine Kredite aufgenommen und auf Amortisierung verzichtet, was jeder unternehmerischen Logik widerspricht, ein Schaden für kapitalistische Interessen, aber ein Nutzen für die Menschen. Durch die Fortsetzung des Schutzes der Mieter_innen aus dem Ersten Weltkrieg und die Besteuerung des Wohnraums hatten private Investor_innen kein Interesse an der Errichtung neuer Gebäude. Der Markt ermöglichte es so der Gemeinde, Grundstücke günstig zu erwerben, und verbilligte die Baumaterialien, beides Bedingungen für einen finanzierbaren Wohnbau.

Dieser Wohnbau sowie die Sozial- und Wohlfahrtsleistungen ermöglichten erst die vom Stadtrat für Finanzwesen Hugo Breitner[32] eingeführten Steuern. Sie trafen die Reichen und Besitzenden, nicht aber die „normale“ Bevölkerung. Die Finanzierung erfolgte durch progressive direkte Steuern, eine sozial gerechte Wohnbausteuer, die große bürgerliche Etagenwohnungen und Palais mit Personalräumen belastete, dazu Lu-

32 Hugo Breitner war nicht nur wegen der Finanzpolitik ein Angriffsobjekt der Konservativen, sondern auch weil er Jude war. Ernst Ruediger Starhemberg im Wahlkampf 1930: „Nur wenn der Kopf dieses Asiaten in den Sand rollt, wird der Sieg unser sein.“

xussteuern sowie der Verzicht auf Profit bei städtischen Betrieben und öffentlichen Unternehmungen. Durch diese Politik blieb die Gemeinde Wien selbst während der Weltwirtschaftskrise schuldenfrei.

Durch das Rote Wien entstand eine „Arbeiterbewegung als Gegengesellschaft" (Kulemann 1982, S. 324f). Die vor dem Krieg in Wien dominierenden Christlichsozialen verloren an Bedeutung. Selbst als die Sozialdemokratie Anfang der 1930er in Österreich an Einfluss und Wähler_innenstimmen verlor, blieb der Zuspruch in Wien stabil, gerade wegen der echten sozialen Verbesserungen. Der finanzielle Druck von Seiten des österreichischen Staates nahm zwar bereits Anfang der 1930er zu, die Reformpolitik endete aber erst mit dem Austrofaschismus.

Der Kampf um die Macht

Der Frau kann „eine scheinbare Gleichberechtigung nicht versagt werden. Eine scheinbare. Denn wenn die Frau auch reiten, Auto fahren, allein ausgehen und reisen darf, wenn man ihr gestattet Doktor und Abgeordneter zu werden, ihr erlaubt, ja sogar sie dazu zwingt, zu robotten und zu schuften wie der Mann, so bleibt sie doch seine Hörige, ist in ihren köstlichsten und lebenswichtigsten Funktionen von ihm abhängig, wird schuldbeladen und verflucht, wenn sie das Grundprinzip übertritt", schreibt Hugo Bettauer in der ersten Nummer der Zeitschrift *Er und Sie. Wochenschrift für Lebenskultur und Erotik* unter dem Titel „Die erotische Revolution".[33]

Die Zeitschrift *Er und Sie* wurde nach zwei Nummern verboten, fand aber kommerziell erfolgreich Nachfolgeprojekte, die „Erotik" im Titel führten, wie *Ich und Du. Wochenschrift für Kultur und Erotik*. Hugo Bettauer wurde im März 1925 von einem Nationalsozialisten ermordet, der „die deutsche Jugend vor dem sittenverderbenden Einfluss" Bettauers befreien wollte. Hugo Bettauer trat nicht nur für eine tatsächliche Gleichberechtigung der Frauen ein, sondern auch für die Entkriminalisierung der Abtreibung und die Legalisierung der Homosexualität.

Die Sozialdemokratie vertrat eine solche moderne Lebensweise, die sich bis in die Mode auswirkte: Die Frauen trugen Bubikopf und halblange, gerade geschnittene Kleider, vertra-

33 https://ghdi.ghi-dc.org/docpage.cfm?docpage_id=4767

ten eine „Kameradschaftsbeziehung" statt einer Zwangsehe und diskutierten Abtreibung und am Rande auch Homosexualität.

Es war diese kulturelle Ebene, auf der die Sozialdemokrat_innen von den Konservativen und den Christlichsozialen angegriffen wurden: gegen die Religionslosigkeit, gegen die Zersetzung der Autorität der Schule, gegen die angebliche Zerstörung der Familie. Auch dieser Kampf drückte sich bis in die Mode aus. Konservative Frauen trugen Zöpfe und lange Kleider.

Das konservative Lager zerschlug schließlich die Sozialdemokratie in Faschismus und Bürgerkrieg. Die allein oder in Koalitionen regierenden Christlichsozialen bauten die Macht, auch die bewaffnete, innerhalb und außerhalb des Staates aus. Die SDAP konzentrierte sich nach der Wahlniederlage 1920 auf zusätzliche Stimmen bei den nächsten Wahlen („Nur noch 300.000 Stimmen").

Von der Genfer Sanierung zum Linzer Parteitag

Am 7. Juni 1920 protestierten Grazer „Hausfrauen" gegen die hohen Preise auf dem Markt. Als die anwachsende Schar an Protestierenden durch den Einsatz mit Säbeln und Bajonetten nicht diszipliniert werden konnten, fuhr die Polizei mit Maschinengewehren auf und schoss scharf. Dieser „Kirschenrummel" forderte 15 Tote und viele Verletzte. Die rapid steigenden Preise lösten 1920 und 1921 Teuerungsunruhen in Wien und anderen Bundesländern aus. Preiskontrollen und Lebensmittelsubventionen sollten die Preiserhöhungen einschränken, was aber nicht wirklich gelang.

Im Herbst 1921 stellte die Regierung die Subventionierung von Nahrungsmitteln ein, am 1. Dezember 1921 verdoppelte sich der Brotpreis in Wien. In Floridsdorf und Stadlau legten Arbeiter_innen die Arbeit nieder und zogen vor das Parlament.

Menschen aus den anderen Bezirken schlossen sich an, sozialdemokratische Redner_innen versuchten im Stadtzentrum zwar, die Menge zu beruhigen, was ihnen aber nur teilweise gelang. Am Ring, in der Mariahilfer Straße und anderen Einkaufsstraßen wurden Scheiben eingeschlagen und Geschäfte geplündert. Hunderte Demonstrant_innen wurden verhaftet.

Als Antwort auf die Unruhen richtete die Regierung amtliche Teuerungsberechnungen ein, um die Löhne an die Preissteigerungen anzugleichen. Die Arbeiter_innen versuchten wegen der galoppierenden Inflation zu einer wöchentlichen Lohnerhöhung zu kommen.

Der österreichische Staat befand sich infolge von Kriegsschulden, Produktionsausfällen sowie Lebensmittelsubventionen zur Beruhigung der Bevölkerung in einer wirtschaftlich katastrophalen Situation, durch die Produktion „neuen Geldes“ stand die Währung unter enormem Druck. Für den Wiederaufbau gewährten Großbritannien, Frankreich, Italien und die Tschechoslowakei Anleihen nur unter der Bedingung, dass die Finanzen durch einen Generalkommissär des Völkerbundes überwacht würden. Diese am 4. Oktober 1922 unterzeichneten *Genfer Protokolle* bedeuteten ein Reform- und Sanierungsprogramm mit Beamtenabbau und Massenentlassungen, um den Staatshaushalts zu konsolidieren (neben einem Anschlussverbot an Deutschland und der Verpfändung der Zölle und des Tabakmonopols).

Die Sozialdemokrat_innen protestierten gegen die Genfer Protokolle als „neue Fremdherrschaft“ und „Schuldknechtschaft“. Die Partei hätte die Verträge verhindern können, eine Verfassungsänderung hätte eine Zwei-Drittel-Mehrheit im Parlament verlangt. Wahrscheinlich wollte die SDAP nicht für einen Staatsbankrott verantwortlich sein. Die vom Ausland gesicherten Kredite verhinderten eine Hyperinflation wie zur gleichen Zeit in Deutschland („mit einer Scheibtruhe voll Geld zum Einkauf"). Die Inflation wurde schließlich mit dem Wechsel von der Krone zum Schilling (1 Schilling = 10.000 Kronen) am 1. März 1925 beendet. Die Kredite des österreichischen Staates mussten noch bis in die Zweite Republik hinein zurückgezahlt werden.

Der Linzer Parteitag der SDAP am 3. November 1926 brachte die ersten programmatischen Diskussionen nach dem Ersten Weltkrieg und bestätigte die reformerischen Positionen des austromarxistischen Programms und den Kampf um eine demokratische Mehrheit. Im Gedächtnis blieb aber die defensive revolutionär-aufständische Position für eine Diktatur des Proletariats: „Wenn die Bourgeoisie den demokratischen Kampfboden sprenge, bliebe dem Proletariat nichts anderes übrig, als zur Form der Diktatur zu greifen." (Otto Bauers Parteitagsrede, nach Kulemann 1982, S. 335) Die Christlichsozialen und andere Reaktionäre nutzten diese verbale Drohung immer wieder, um vor der Diktatur eines „Austrobolschewismus" zu warnen; sie konnten sich nicht vorstellen, dass diese defensive Sichtweise ehrlich gemeint war.

Bewaffnete Organisationen

Der Vertrag von Saint-Germain verlangte den Umbau der Volkswehr in ein Berufsheer mit 30.000 Mann. Das Wehrgesetz vom 18. März 1920, noch unter Beteiligung der Sozialdemokrat_innen, begründete das Bundesheer. Die bisherige Rolle der Soldatenräte reduzierte sich auf eine gewerkschaftliche Organisierung der Mannschaften. Die Mannschaften des neuen Bundesheeres blieben lange mehrheitlich sozialdemokratisch. Wenn die bürgerlichen Parteien ein „unpolitisches Heer" forderten, meinten sie Kadavergehorsam statt sozialdemokratischem Einfluss. Erst 1927 bekam der christlichsoziale Wehrbund bei den Vertrauensmännerwahlen im Bundesheer eine Mandatsmehrheit gegenüber dem sozialdemokratischen Militärverband. Ein maßgeblicher Teil der Mannschaften blieb bis Anfang der 1930er sozialdemokratisch.[34]

Nach den ersten Schockmonaten des Umsturzes mit dem völligen Zerfall der monarchistischen Armee konstituierten sich 1919 antidemokratische Milizen, die faschistischen, deutschnationalen oder christlich-monarchistischen Heimatwehren gegen die in Wien sozialdemokratische, im übrigen Österreich zumindest demokratische Volkswehr. In Westösterreich vereinheitlichten sich diese Heimwehren schon 1920 unter der Beteiligung des aus Deutschland geflohenen Freikorps-Führers und Mörders Waldemar Pabst.[35] In Ostösterreich dominierte die monarchistisch orientierte Frontkämpfervereinigung aus ehemaligen Offizieren. Nationalsozialisten waren vorerst nur wenige.

Immer wieder wurden Arbeiter_innen und Linke von bewaffneten Reaktionären angegriffen, bis 1925 starben vier Arbeiter in solchen Auseinandersetzungen, die Verantwortlichen wurden nur zu Geldstrafen oder wenigen Monaten Gefängnis verurteilt. Anders war das bei Linken, die schon bei wesentlich kleineren Vorwürfen äußerst streng bestraft wurden.[36]

34 Im Februar 1934 wurden sicherheitshalber verlässliche Bundesheereinheiten und die Heimwehr aus den Bundesländern nach Wien geschickt.

35 Waldemar Pabst war der verantwortliche Kommandant des Freikorps, dessen Mitglieder Rosa Luxemburg und Karl Liebknecht in Berlin ermordeten. Er floh nach dem gescheiterten Kapp-Lüttwitz-Putsch nach Österreich.

36 Am 1. August 1925 wurde am Rand einer Demonstration gegen rechtsradikale Gewalttaten der 21-jährige Josef Mohapl erstochen, was zu einer massiven Hetze benutzt wurde: „Von Sozialisten hingeschlachtet.

Um der andauernden Bedrohung durch antidemokratische bewaffnete Gruppen etwas entgegenzusetzen, konstituierte sich im Mai 1923 – nach dem Mord an Franz Birnecker am 17. Februar 1923 durch rechtsextreme Paramilitärs – der Republikanische Schutzbund. Die Grundstruktur bildeten die Ordnerorganisationen der Arbeiterräte, viele Schutzbündler waren bei der Volkswehr gewesen und jetzt arbeitslos. Offiziell besaß der Schutzbund keine Waffen, tatsächlich lagerte unter der Kontrolle sozialdemokratischer Arbeiter_innen in vielen Fabriken Gerät aus dem Ersten Weltkrieg. Das Konzept als bewaffnete Organisation war prinzipiell defensiv: die Verteidigung der Errungenschaften der Demokratie und der Arbeiter_innenbewegung.

Unter der Kontrolle von Arbeiter_innen lagerten im Arsenal Waffen bis hin zu schwerem Gerät aus dem Weltkrieg. Eine Waffensuche der Polizei musste am 3. April 1927 abgebrochen werden, weil Arbeiter_innen des Arsenals, unterstützt durch Demonstrationen und Streiks der umliegenden Betriebe, die Beamten behinderten. Julius Deutsch, der Kommandant des Schutzbundes, verhandelte in der Folge die Auslieferung dieser Waffen. Sie blieben zwar weiter unter dem Zugriff sozialdemokratischer Führer (die „Schlüssel"), lagerten aber in einer Kaserne (vgl. Duczynska 1975, S. 101ff).

Republikanische Schutzbündler ermorden grausam einen christlichen Turner. Die Folge der Hetze jüdischer Blätter und sozialistischer Führer." (Reichspost, 2. August 1925) Der verantwortliche Kleinkriminelle wurde zu 12 Jahren Kerker verurteilt. Otto Rothstock, der Nationalsozialist, der den jüdischen Schriftsteller Hugo Bettauer am 10. März 1925 erschoss, kam in eine psychiatrische Klinik und wurde bereits nach zwei Jahren freigelassen.

Der 15. Juli 1927

Die Stimmen der Wähler_innen für die SDAP wuchsen von Wahl zu Wahl an – von 36% am 17. Oktober 1920 auf 39,6% am 21. Oktober 1923 auf 42,3% am 24. April 1927 –, waren aber noch immer weit weg von einer angestrebten absoluten Mehrheit.

Am 30. Jänner 1927 beschossen Frontkämpfer in dem kleinen burgenländischen Dorf Schattendorf eine Kundgebung der SDAP, ein Kind und ein Invalide starben. Der Freispruch der drei Verdächtigen am 14. Juli 1927 durch ein Geschworenengericht brachte nach einer Reihe milder Urteile gegen rechtsextreme Mörder und Gewalttäter das Fass zum Überlaufen.[37]

In der Früh des 15. Juli stellten die E-Werk-Arbeiter_innen als Zeichen für den Generalstreik den Strom ab. Tausende legten die Arbeit nieder, Zehntausende zogen in die Innenstadt. Als Demonstrant_innen den Justizpalast in Brand setzten, wurde die Polizei mit Gewehren bewaffnet. Funktionäre der SDAP, mit dem Wiener Bürgermeister Karl Seitz an der Spitze, versuchten die Menge zu beschwichtigen. Als sich die Demonstrant_innen bereits zu beruhigen schienen, schoss die Polizei, zuerst in die Luft und dann in die Menge. Parteimitglieder verlangten verzweifelt von Funktionären der Partei und des Schutzbundes die noch zur Genüge zur Verfügung stehenden Waffen (Leser 1985, S 252). Die Auseinandersetzungen dauerten an, Waffengeschäfte wurden geplündert, in der Nacht griffen Demonstrant_innen in den westlichen Bezirken Polizeikommissariate an. Die katastrophale Bilanz waren 85 Todesopfer auf Seiten der Demonstrant_innen, vier auf Seiten der Exekutive und zwischen 500 und 1000 Verletzte.

37 In der Hoffnung auf gerechte Urteile forderte die SDAP immer wieder Geschworenengerichte statt der bekannt reaktionären Berufsrichter.

In den SDAP-Organen wurde der Polizei die Hauptschuld gegeben, aber wie immer wurden „undisziplinierte Elemente" mitverantwortlich gemacht. Die Partei rief einen 24-stündigen Streik aus sowie einen unbefristeten Ausstand für die Verkehrsarbeiter_innen. Demonstrationen sollten auf jeden Fall vermieden werden. Nach zwei Tagen wurde der Verkehrsstreik ergebnislos abgebrochen. Die halbherzige Reaktion der SDAP auf den blutigen Polizeieinsatz betrachteten die bürgerlichen und reaktionären Politiker_innen als Sieg über die Sozialdemokratie.

Ein konsequentes, auch bewaffnetes Eingreifen der Partei und des Schutzbundes hätte keineswegs eine Revolution bedeutet. Aber die Staatsorgane und paramilitärische Milizen wie die Heimwehr hätten es aus Furcht vor einer bewaffneten Reaktion nicht gewagt, weiter so provokant gegen die Sozialdemokratie vorzugehen.

Die Heimwehren träumten von einem Marsch auf Wien und wagten es nach dem 15. Juli 1927 immer öfter, provokant in Hochburgen der Arbeiter_innenbewegung aufzumarschieren. Eine Parade der Heimwehr in der Arbeiter_innenhochburg Wiener Neustadt erschien als Beginn eines Bürgerkriegs, die Sozialdemokrat_innen verschoben ihre Demonstration unter dem Schutz bewaffneter Schutzbündler auf einen Zeitpunkt, an dem die Faschisten bereits abgezogen waren. Provokante Aufmärsche der Austrofaschisten und der Nationalsozialisten endeten aber in den folgenden Jahren immer öfter mit Toten, fast alle auf Seiten der protestierenden Linken.

Die durch die Weltwirtschaftskrise erhöhte Arbeitslosigkeit ab dem Herbst 1929 förderte bei den Wahlen den Nationalsozialismus zulasten anderer reaktionärer Gruppierungen. Die Heimwehren waren zerstritten und verloren an Einfluss, ein Teil unterstützte bereits den Nationalsozialismus. Der gescheiterte

Putschversuch des steirischen Heimwehrführers Walter Pfrimer im September 1931, von der christlichsozialen Regierung verhindert, trieb zwar interne Konflikte weiter, bedeutete aber nicht, dass die Heimwehr als Machtfaktor verschwunden wäre.

Die Sozialdemokratie verlor eine Machtposition nach der anderen, während ein Wahlerfolg dem nächsten folgte. Die Nationalratswahlen vom 9. November 1930 reduzierten die Stimmen der Christlichsozialen (von 48% auf 35,7%), die Sozialdemokratie wurde trotz Stimmenverlusten erstmals stärkste Partei (41,1%). Vom 12. bis 14. Juli 1929 beteiligten sich Zehntausende am größten Jugendtreffen der sozialistischen Bewegung in Wien, und die Arbeiterolympiade von 19. bis 26. Juli 1931 in Wien zog mehr Menschen an als jede bürgerliche Veranstaltung der Ersten Republik. Oberflächlich schien die sozialdemokratische Arbeiter_innenbewegung unbezwingbar.

1929 schloss die SDAP eine linke „Politische Arbeitsgemeinschaft" um Ilona Duczynska aus. Obwohl die Unzufriedenheit innerhalb und mit der Sozialdemokratie nach dem 15. Juli 1927 größer wurde, konnte die KPÖ kaum dazugewinnen. Ein Grund für die Nicht-Erfolge des Kommunismus war sicher die Verfolgung der Politik der Komintern (Kommunistische Internationale), die Sozialfaschismustheorie, wonach die Sozialdemokratie sozialfaschistisch und in Österreich die Parteilinke der SDAP der Hauptfeind des Kommunismus sei.[38] Zudem begleiteten die KPÖ seit den 1920ern Fraktionsstreitigkeiten und

38 „Wir halten es für notwendig, im Kampf gegen die Sozialdemokratie gerade im gegenwärtigen Moment das Hauptfeuer gegen diese ‚Linke' zu konzentrieren und ihre Rolle als Agenten Otto Bauers und als neuaufgerichtete Barriere zum Kommunismus zu entlarven." (ZK der KPÖ Jänner 1934, nach West 1978, S. 51)

Ausschlüsse. 1927 gründete Josef Frey mit anderen die KPÖ – Opposition. Ein Mitglied dieser oppositionellen Kommunist_innen wurde bei den Demonstrationen am 15. Juli getötet. War der Einfluss der KPÖ gering, so gewannen diese „trotzkistischen" Abspaltungen auch nur wenig Zuspruch,[39] erst recht, weil sie sich zerstritten und spalteten, sodass zu Beginn der 1930er drei Gruppen bestanden (die *KPÖ-O*, die *Kommunistische Opposition Österreichs – Linke Kommunisten* und die *Linke Opposition (Bolschewiki/Leninisten)*) (vgl. Keller 1978, S. 107ff).

Die Anarchist_innen um den Bund herrschaftsloser Sozialisten (BfS) zerstritten sich Ende der 1920er, eine Grazer Gruppe distanzierte sich von Pierre Ramus. Neue Zeitschriften (*Nebelhorn*, *Contra*) und eine Freie Arbeiterunion Österreich (Anarchosyndikalisten) grenzten sich von ihm ab. Anarchist_innen kritisierten den Personenkult um Pierre Ramus. Ein weiterer Streit eskalierte um die Vasektomie, die harmlose, chirurgische Sterilisierung des Mannes als Verhütungsmöglichkeit. Angeblich verlangte der BfS, die Gruppe um Ramus, von Anarchist_innen zu viel Geld dafür, außerdem wurde ihm vorgeworfen, bei seinem Prozess andere belastet zu haben. Die Verfolgung mit Gefängnisstrafen wegen der Vasektomie wie die Repression durch den Austrofaschis-

39 Trotzdem schwächten sie die KPÖ. Bei den Gemeinderatswahlen am 21. April 1929 in Graz gewann die Linke Opposition (Bolschewiki/Leninisten) 605 Stimmen, die offizielle KPÖ nur 182. Auch wenn die KPÖ behauptete, dass sich die Wähler_innen getäuscht hätten, sagt es einiges über die Bedeutung der Spaltung (Keller 1978, S. 69). Trotzkismus gab es zu dieser Zeit eigentlich noch nicht, nach den Ende der 1920er eskalierenden Fraktionskämpfen in der Sowjetunion wurde „Trotzkismus" zur Abqualifizierung aller Kritiker_innen Stalins benutzt. Die trotzkistische 4. Internationale wurde erst 1938 gegründet.

mus beendeten vorerst jede Aktivität des Anarchismus. Erst die Revolution in Spanien 1936 motivierte eine Grazer Gruppe zum neuerlichen Widerstand gegen das faschistische Regime (vgl. Müller 2016).

Das Ende der Demokratie

Anfang März 1933 streikten die Eisenbahner_innen für höhere Gehälter. Die Regierung beschloss Maßregelungen bis hin zu Entlassungen. Die SDAP- Parlamentarier_innen beriefen für den 4. März eine Sondersitzung des Parlaments ein, um die Führung der Eisenbahnen parlamentarisch zum Nachgeben aufzufordern. Im Laufe der Geschäftsordnungsdebatte traten alle drei Parlamentspräsidenten zurück. Bundeskanzler Engelbert Dollfuß erklärte daraufhin, das Parlament habe sich selbst ausgeschaltet, und setzte das *Kriegswirtschaftliche Ermächtigungsgesetz* von 1917 mit Versammlungsverboten und Pressezensur in Kraft. Der Parteivorstand der SDAP verkündete: „Falls man versuchen sollte, am Mittwoch [15. März] die Sitzung des Nationalrates mit Gewalt zu behindern, so ist das das Signal zum Generalstreik." (Kulemann 1982, S. 373)

Am 15. März 1933 eröffneten der sozialdemokratische und der deutschnationale Nationalratspräsident den Nationalrat vor der offiziell angesetzten Sitzung und schlossen sie, bevor die Polizei eintraf. Die *Arbeiterzeitung* erschien mit der Schlagzeile: *„Das Parlament hat getagt. Trotz Polizei! Der Kampf geht weiter!"* Nachträglich wird dieses Zurückweichen der Führung selbst von rechten Sozialdemokrat_innen als der größte Fehler der SDAP gesehen (vgl. Leser 1985, S. 311ff). „Die Parteibasis und die Arbeiterschaft waren zu diesem Zeitpunkt kampfbereit. Rechte wie linke Sozialdemokraten berichten, wie Parteivorstand und Spitzenfunktionäre von den Vertrauensleuten und Betriebsräten bestürmt wurden, das Signal zum offenen Kampf und Generalstreik zu geben.“ (Kulemann 1982, S. 374)

Eine autoritäre Maßnahme nach der anderen folgte, am 31. März 1933 wurde der Schutzbund verboten, aber illegal weitergeführt, Notverordnungen beschränkten Streiks. Die SDAP rief für den 1. Mai 1933 zu „Spaziergängen“ auf dem von Polizei und Heimwehr abgeriegelten Ring auf. Die KPÖ versuchte in einzelnen Bezirken Kundgebungen zu organisieren, was von der Polizei unterbunden wurde. Am 26. Mai wurde die KPÖ verboten, die Kolportage der *Roten Fahne* eingeschränkt und diese kurz darauf ganz verboten.

Die SDAP hoffte noch immer, Dollfuß durch Nachgiebigkeit und Verhandeln auf halbem Weg zum Faschismus aufzuhalten, fürchtete aber auch den Nationalsozialismus (Kulemann 1982, S: 375f). Die Nazis hatten gerade mit einer massiven Kampagne von Bombenanschlägen gegen das österreichische Regime begonnen, und Hitler führte die Tausend-Mark-Sperre ein, Tourist_innen mussten dem Deutschen Reich Geld überweisen, um nach Österreich einreisen zu dürfen.

1933 verloren die SDAP und ihre Unterorganisationen kontinuierlich Anhänger_innen, einige gingen zu den Kommunisten, andere zu den Nationalsozialisten, die meisten zogen sich resigniert zurück. Am 17. September 1933 wurden von den Vorständen von Partei und Gewerkschaft die vier Punkte formuliert, die einen Generalstreik mit einem – auch bewaffneten – Verteidigungskampf auslösen sollten: die Auflösung der Partei, die Auflösung der Freien Gewerkschaften, die Besetzung des Wiener Rathauses und die Absetzung des sozialdemokratischen Bürgermeisters oder die Verkündung einer faschistischen Verfassung.

Die Verschärfungen gegen die Linke gingen weiter. Die Todesstrafe wurde eingeführt, die Arbeiterkammern wurden aufgelöst, die *Arbeiterzeitung* durfte nur mehr an Abonnent_innen geliefert werden, wöchentlich suchte die Polizei nach Waffen des Schutzbundes. Im Jänner und Anfang Februar 1934 wurden der militärische Kommandant Alexander Eifler und eine große Anzahl regionaler Schutzbundführer verhaftet. Die SDAP-Führung wollte aber weiter „Gewehr bei Fuß" stehen bleiben.

Februar 1934

Richard Bernaschek, Schutzbundkommandant in Linz, kündigte dem Parteivorstand an, dass die Schutzbündler in Linz Widerstand gegen eine Waffensuche leisten würden. Am Montag, den 12. Februar 1934, schossen sie aus dem Parteilokal „Hotel Schiff" auf die eindringenden Polizisten. Nach dem Bekanntwerden dieser ersten Auseinandersetzungen trat das Exekutivkomitee der Partei zusammen, beschloss den Generalstreik und die bewaffnete Bereitschaft des Schutzbundes, die Bewaffneten sollten sich aber nur verteidigen. Um dreiviertel Zwölf schaltete ein Arbeiter der Wiener Elektrizitätswerke als Signal zum Generalstreik den Strom ab und löste damit den Beginn der Kämpfe in Wien aus. Otto Bauer und Julius Deutsch bildeten im Ahornerhof im 10. Bezirk eine Kampfleitung, konnten aber keinen Kontakt zu kämpfenden Schutzbündlern aufbauen. Schon am zweiten Tag flohen sie in die Tschechoslowakei.

> „Zehntausende Schutzbündler, Wehrsportler, Betriebsarbeiter, Straßenbahner, Eisenbahner, Jungfrontler, Jugendliche, Mitglieder und Funktionäre liefen am Nachmittag des 12. Februar und in der darauffolgenden Nacht von einer Stelle zur anderen, um zu fragen, was nun ihre Aufgabe sei, wo sich ihr Sammelplatz befinde oder welcher be-

> waffneten Gruppe sie sich eingliedern könnten. Nur wer seine Pflicht von Anfang an kannte oder vom Spiel der Zufälle und Unfälle, das die planmäßige Organisation ersetzte, Gelegenheit erhielt, am Kampf teilzunehmen, entkam der Verzweiflung und den Gewissensbissen der Untätigkeit.“ (Buttinger 1953/1972, S. 19)[40]

Es war eher zufällig, wo Kämpfe stattfanden, in einigen Bezirken Wiens, in Oberösterreich in Linz, Steyr und dem Kohlerevier des Hausruckviertels, in der Steiermark in den Vororten von Graz und im obersteirischen Industriegebiet um Bruck an der Mur. Bis auf Ausnahmen (St. Pölten und Ternitz) blieb es in den Industriegebieten Niederösterreichs ruhig, Truppenverstärkungen, die mit Eisenbahnen nach Wien transportiert wurden, wurden nirgends behindert.

Die Kämpfe dauerten von einigen Stunden bis zu drei Tagen, in Wien am längsten um die Bauten des Roten Wien, den Karl-Marx-Hof in Döbling und jenseits der Donau in Floridsdorf und in Kaisermühlen. Die großen Gemeindebauten konnten erst nach dem Beschuss mit Artillerie eingenommen werden. Die westlichen Bezirke mit Ausnahme des Arbeiterheims in der Kreitnergasse und des Sandleitenhofs, beide in Ottakring, blieben durch den Verrat eines regionalen Schutzbundführers ruhig. Streiks wurden nur sporadisch befolgt. Die Eisenbahnen fuhren weiter und brachten Bundesheer und Heimwehr zur Verstärkung nach Wien.

Das Ergebnis der Kämpfe waren über hundert Tote, stundenlang zur Abschreckung auf der Straße liegen gelassen, Hun-

40 Joseph Buttinger war eine maßgebliche Person in der Führung der Revolutionären Sozialisten (RS) im Widerstand gegen den Austrofaschismus.

derte Verletzte und neun standrechtlich Erschossene. Die Regierung verbot die Sozialdemokratie bis in die kleinste Sportorganisation und beschlagnahmte ihre Gelder und Häuser.

Der kurze Bürgerkrieg war von Anfang an ein Verzweiflungsakt. Für die internationale Linke war es aber ungeheuer wichtig, dass sich erstmals die Arbeiter_innenklasse bewaffnet gegen den Faschismus wehrte. Dieser Ruf nutzte der linken Parteiführung um Otto Bauer, obwohl sie den Kampf bis zum Schluss verhindern wollte.[41]

Linke Kritik konzentrierte sich auf das Zurückweichen der Führung und den ausgebliebenen Generalstreik. Ilona Duczynska (1975) diskutiert einen weiteren Fehler: die Beschränkung auf ein rein militärisches Konzept. Sie bezieht sich dabei auf den rechten Sozialdemokraten Theodor Körner, den zurückgetretenen Führer des Schutzbundes und späteren Bundespräsidenten. Am Anfang wäre der Schutzbund, trotz Resignation und Aderlass, in Wien wesentlich stärker gewesen als die Polizei, das noch unzuverlässige Bundesheer und die Heimwehren. Ein rein militärischer Plan, wie er vom verhafteten Kommandanten Eifler entwickelt worden war, wäre nie aufgegangen. Die Kämpfenden hätten selbstständig handeln müssen und nicht auf Befehle von oben warten. Die Schwäche der Staatsorgane hätte sofort ausgenutzt werden sollen und es hätte nicht darauf gewartet werden dürfen, bis Polizei und Bundesheer die verschanzten Schutzbündler mit Verstärkung aus den Bundesländern angreifen konnte.[42]

41 Zweimal konnte die Partei von der Widersetzlichkeit gegen die eigene Führung profitieren, beim Attentat Friedrich Adlers im Ersten Weltkrieg und bei den Kämpfen im Februar 1934 (Leser 1985, 340f).

42 Duczynska (1975, S. 199) beschreibt ein positives Beispiel aus Wien. („Eine Schutzbundgruppe aus Meidling, mobil, offensiv, realistisch")

In der Illegalität

Die Enttäuschung über die SDAP war groß, gerade über die „linke" Führung, unabhängig ob sich diese Sozialdemokrat_innen am Februaraufstand beteiligten oder es auf Grund der Umstände nicht konnten. Die KPÖ jedenfalls war auf die Illegalität vorbereitet.

Die kurze Perspektive

Schon seit Herbst 1933 gewann die KPÖ, unabhängig von der noch immer geltenden Sozialfaschismustheorie, Mitglieder und Unterstützer_innen. Nach dem Februaraufstand wurde das zu einer Lawine. Die KPÖ wurde erstmals zu einer „Massenpartei", soweit das in der Illegalität überhaupt möglich ist. Obwohl gerade der Schutzbund eine eher rechte, eine unpolitische[43] Struktur in der SDAP war, verwandelte er sich in den überparteilichen Autonomen Schutzbund und näherte sich den Kommunist_innen an. Die Aktionen der KPÖ waren Propagandaaktionen, von Streuzetteln bis hin zu Kurzkundgebungen in den Bezirken. Die Partei vertrat eine „kurze Perspektive", demzufolge sich das faschistische Dollfuß-Regime nicht lange werde halten können.

43 Die Parteilinken um Otto und Käthe Leichter und Oscar Pollak, die an der Gründung der Revolutionären Sozialisten beteiligt waren, wie auch die Gruppe um Ernst Fischer, die sich der KPÖ anschloss, stellten keinen einzigen Schutzbündler.

Die sozialdemokratische Rechte zog sich in die Inaktivität zurück, Otto Bauer und andere Austromarxist_innen gründeten nach ihrer Flucht aus Wien in die Tschechoslowakei das ALÖS (Auslandsbüro der österreichischen Sozialdemokraten). Sie gaben weiter die *Arbeiterzeitung* heraus, die zu zehntausenden nach Österreich geschmuggelt und verteilt wurde. Im Land organisierten sich die Revolutionären Sozialisten (RS). Viele Sozialdemokrat_innen erwarteten eine Revolution gegen den Austrofaschismus. Otto Bauer erkannte, dass nicht sie als Exilierte die Vertreter_innen der Sozialdemokratie sein konnten, und unterstützte die illegalen RS. Die Sozialdemokrat_innen setzten wie die KPÖ auf eine kurze Perspektive und auf Aktionen wie sozialdemokratische Kundgebungen im Wienerwald mit Tausenden Teilnehmer_innen. Eine solche Kundgebung am 15. Juli 1934 in Erinnerung an die Juliunruhen 1927 wurde zufällig entdeckt, zwei Sozialdemokraten von der Gendarmerie erschossen. Als Antwort darauf versuchte Josef Gerl am 20. Juli 1934 eine Signalanlage der Donauuferbahn zu sprengen. Am folgenden Tag wurde er von einem Polizisten angehalten, den er durch Schüsse tödlich verletzte. Josef Gerl wurde auf Grund des Sprengstoffattentats zum Tode verurteilt und am 24. Juli 1934 gehängt. Dollfuß soll gesagt haben: „Wir können Gott danken, dass es ein Roter und kein Nazi war, gegen den wir das neue Gesetz [die Todesstrafe für Sprengstoffattentate] zuerst anwenden mussten.“ Am nächsten Tag wurde Dollfuß bei einem dilettantischen Naziputsch ermordet. Bundeskanzler wurde der bisherige Justizminister Kurt Schuschnigg. Noch konnte er sich auf die Unterstützung Mussolinis gegen Hitler verlassen.

Vom Naziputsch nach Berchtesgaden

Der Sieg des austrofaschistischen Regimes über den Putschversuch der Nationalsozialisten am 25. Juli 1934 zeigte, dass das Regime trotz aller Streitereien und Konkurrenzkämpfe stabiler war als erwartet. Die RS bereiteten sich auf eine längere Illegalität vor. Anfang des Jahres 1935 wurde eine Reihe Revolutionärer Sozialist_innen, darunter die Führung um Karl Hans Sailer und Roman Felleis (u.a. auch der spätere Bundeskanzler Bruno Kreisky und der spätere Bundespräsident Franz Jonas), gemeinsam mit zwei Kommunisten (Franz Honner, Friedl Fürnberg)

festgenommen. Der „Sozialistenprozess“ im März 1936 endete mit relativ milden Urteilen, wahrscheinlich weil die Verhandlung unter großer ausländischer Medienbeachtung stand. Die Führung der RS wurde von einer Gruppe um Joseph Buttinger übernommen, die die RS von einer häufig und aktionistisch auftretenden „Massenpartei“ in eine konspirative Kaderpartei umwandelte.

Bisher vertrat die KPÖ noch unter dem Einfluss der Sozialfaschismustheorie die „Einheit der Arbeiterklasse von unten“, um Genoss_innen und Sympathisant_innen von der Sozialdemokratie abzuziehen. Am VII. Kominternkongress im Juli und August 1935 setzte sich die „Volksfrontpolitik“ durch, die Zusammenarbeit aller antifaschistischen Kräfte, bis hin zu bürgerlichen Gruppierungen. Passend zu den Positionen des internationalen Kommunismus entwickelte Alfred Klahr in einer Artikelserie der kommunistischen Zeitschrift *Weg und Ziel* die Theorie einer unabhängigen österreichischen Nation (*„Zur nationalen Frage in Österreich“*). Die RS kritisierten diese Politik, sie wollten nicht mit „bürgerlichen“ Antifaschist_innen zusammenarbeiten und gegen den Austrofaschismus genauso kämpfen wie gegen den Nationalsozialismus. Die Zusammenarbeit mit der KPÖ wurde 1936 und 1937 noch einmal durch die Moskauer Schauprozesse gegen viele altgediente Bolschewiki verkompliziert. Die Partei äußerte den Verdacht einer „trotzkistischen" Unterwanderung der RS (West 1978, S. 267ff). Die RS kritisierten zwar die Schauprozesse, betonten aber, keine Trotzkist_innen zu sein. In der KPÖ existierte für ein paar Monate eine Gruppe, die mit der Politik der „Volksfront" unzufrieden war und in der KJÖ (Kommunistische Jugend) eine oppositionelle Zeitung herausgab (*Ziel und Weg*, weil sie sich in der offiziellen Zeitung *Weg und Ziel* nicht äußern konnte). Sie wurde natürlich des Trotzkismus beschuldigt, die KPÖ veröffentliche die Klarnamen, was eine direkte Gefährdung dieser illegalen Aktivist_innen bedeutete. Diese „Trotzkist_innen" beteiligten sich weiter am kommunistischen Widerstand, Alfred Rabovsky wurde von den Nationalsozialisten hingerichtet. Die paar hundert echten Trotzkist_innen, die größte Gruppe um Josef Frey (der 1938 als Jude in die Schweiz flüchten musste), beschränkte sich auf klandestine Organisation.

Die sozialdemokratischen Freien Gewerkschaften wurden nach 1934 ebenfalls verboten. Um gewerkschaftliche Tätigkeiten zu ermöglichen, förderten sie ab 1936 eine Kampagne, um sich als Gewerkschaftler_innen in die regimetreue Einheitsgewerkschaft (EG) wählen zu lassen. Weil sich unter den Arbeiter_innen zu wenige Systemanhänger_innen fanden, gelangten in vielen Betrieben oppositionelle Gewerkschaftler_innen in mittlere und sogar höhere Funktionen. Die RS blieben gegenüber dieser Strategie skeptisch, während die KPÖ diese Kampagne zur Unterwanderung unterstützte.

Hitler zitierte am 12. Februar 1938 Kanzler Schuschnigg nach Berchtesgaden, der in Wien den Nationalsozialisten Arthur Seyß-Inquart als Innenminister installierte. Der repressive

Druck gegen Nazis und Linke minimierte sich in dieser Übergangszeit. Die Freien Gewerkschaften, die RS und die KPÖ trafen sich praktisch öffentlich und diskutierten über die Bedrohung durch den Nationalsozialismus. Neben Flugblattaktionen der RS und der KPÖ beschlossen Betriebsversammlungen Resolutionen gegen den Nationalsozialismus, die der Führung der EG und Schuschnigg übergeben wurden. Branchenkonferenzen betonten ihre Bereitschaft, die Unabhängigkeit Österreichs zu verteidigen. Gegner_innen vertrieben am 20. Februar 1938 Nazis, die in Wien eine Rede Hitlers bejubeln wollten, von den Straßen. Am 24. Februar demonstrierten in vielen Bezirken Wiens, aber auch in Graz, Kapfenberg, Leoben, Klagenfurt, in Tirol und in Oberösterreich Arbeiter_innen gegen den Nationalsozialismus. Auf Druck dieser Bewegung kündigte Schuschnigg am 9. März 1938 eine Volksbefragung für den folgenden Sonntag, den 13. März 1938, an. Die KPÖ rief sofort zu einem Ja für Österreich auf, die RS nach einigem Zögern.

Hitler drohte mit einem militärischen Einmarsch in Österreich. Schuschnigg setzte die Volksabstimmung ab, die Nationalsozialisten forderten den Rücktritt der Regierung Schuschnigg und die Einsetzung eines Kabinetts unter einem Bundeskanzler Seyß-Inquart. Am Abend des 11. März gab Schuschnigg nach und trat zurück. Er teilte den Truppen des Bundesheeres mit, sich im Falle eines Einmarsches ohne Widerstand zurückzuziehen, „weil wir um keinen Preis, auch in dieser ernsten Stunde nicht, deutsches Blut zu vergießen gesonnen sind. […] Gott schütze Österreich!“ Im ganzen Land jubelten nationalsozialistische Massen, ein Fackelzug zog zum Ballhausplatz, in den Landeshauptstädten stürmten Nationalsozialisten die Landesregierungen und erklärten die Landeshauptmänner für abgesetzt. Am selben Abend, aber auch in den folgenden Tagen zogen Tausende Menschen in die Leopoldstadt, plünderten jüdische Geschäfte, zerstörten Synagogen und verprügelten Jüd_innen. Am 12. März marschierte die Deutsche Wehrmacht ein, ohne auf Widerstand zu stoßen. Seyß-Inquart wurde Bundeskanzler, am 13. März 1938 der Anschluss ans Deutsche Reich vollzogen. Hitlers Besuch in Österreich wurde zum Triumphzug, in allen Orten und Städten, auch in Wien, bejubelten ihn Hunderttausende.

Eine von den Nationalsozialisten angesetzte Abstimmung für den Anschluss ging wie erwartet mit 99% Ja-Stimmen aus. Der Sozialdemokrat Karl Renner trat öffentlich für den Anschluss ein, ob aus Opportunismus oder weil er unter Druck gesetzt wurde, blieb offen.

Der kommunistische Widerstand

Die Führung der RS gab nach dem deutschen Einmarsch die Parole aus, drei Monate auf Aktionen zu verzichten und für die in den letzten Monaten durch das austrofaschistische Regime amnestierten Genoss_innen besondere Vorsicht walten zu lassen. Wichtige Personen wie Joseph Buttinger gingen nach Paris ins Exil und gründeten dort mit den aus Brünn kommenden Sozialdemokraten um Otto Bauer die Auslandsvertretung der österreichischen Sozialisten (AVÖS). Prominente Funktionär_innen, aber auch andere Sozialdemokrat_innen nahm das neue Regime fest und transportierte sie gemeinsam mit prominenten Christdemokrat_innen in das Konzentrationslager Dachau.

Der Umbau illegaler Strukturen der RS scheiterte schon am Anfang. Ein Schutzbündler und Funktionär, Hans Pav, begann gegen die Weisung der RS-Führung mit dem Aufbau illegaler Strukturen. Er war aber schon von der Gestapo umgedreht und agierte als Agent Provocateur, der schließlich Hunderte potentielle Aktivist_innen verriet, darunter die schon vorher bei den RS aktive Sozialwissenschaftlerin und Gewerkschaftlerin Käthe Leichter, die im März 1942 als Jüdin von den Nationalsozialisten ermordet wurde. Mit Kriegsbeginn brachen auch alle ausländischen Kontakte ab, der sozialistische Widerstand zerfiel in einzelne, voneinander isolierte Gruppen. Ein Teil schloss sich früher oder später von Kommunist_innen initiierten und geleiteten Gruppen an. Die einzige größere sozialdemokratische Gruppe um den Hauptschullehrer Dr. Johann Otto Haas (im August 1944 hingerichtet) war mit Stützpunkten in Wien, Salzburg und Tirol bis zu ihrer Zerschlagung Mitte 1942 aktiv.

Erst in der Endphase der NS-Herrschaft nahmen dem rechten Flügel der Sozialdemokratie zuzurechnende Repräsentant_innen wieder Kontakt zu überparteilichen Gegner_innen des Nationalsozialismus auf, um nach dessen Ende wieder präsent zu sein.

Die KPÖ forderte ihre Genoss_innen auf, sofort aktiv Widerstand zu leisten.[44] Viele Kommunist_innen, es gibt Angaben von bis zu 85% (Neugebauer 2015, S. 93), waren vorher Sozialist_innen. Nachdem eine Struktur zerschlagen war, versuchte die Partei immer wieder, eine zentrale Führung, aber auch Gruppen in allen Städten und Industriegebieten aufzubauen. Dieser Zentralismus machte sie angreifbar. Widerstandsgruppen wurden aufgerollt, weil Kommunist_innen durch ihren Aktivismus auffielen, aber auch weil sie von Spitzeln und umge-

44 Offiziell wurde die Volksfrontpolitik vertreten. Manche kommunistische Gruppen vertraten zu Anfang noch eine revolutionär-klassenkämpferische Linie, erst sukzessive setzte sich die offizielle Position durch (vgl. oben *Ziel und Weg*).

drehten Gefangenen enttarnt wurden. Immer wieder wurden kommunistische Vertreter_innen aus dem Ausland geschickt. „Nahezu alle diese Emissäre wurden infolge der Zersetzung gerade der zentralen Parteikader mit Gestapospitzeln meist nach kurzer Zeit festgenommen und mit ihnen ganze Organisationen hunderter AktivistInnen“ (Neugebauer 2015, S. 100). Die „Volksgerichte“ vollstreckten bei Kommunist_innen die Todesstrafe häufiger und schneller als bei anderen Widerstandskämpfer_innen.

Manche Historiker_innen behaupten, die österreichischen Kommunist_innen hätten während des Hitler-Stalin-Paktes den Widerstand zurückgefahren, wogegen die große Zahl der Opfer, der Todesurteile und KZ-Einweisungen in dieser Zeit spreche (Neugebauer 2015, S. 95). Auch wenn Stalin aus staatspolitischen Gründen die Kritik an den westlichen Alliierten verschärfte, die kommunistische Argumentation war die des „revolutionären Defätismus“, das Anstreben der Niederlage des eigenen Imperialismus (und diese in eine Revolution umzuwandeln). So war es für die österreichischen Kommunist_innen sicher kein Problem, weiter Widerstand gegen das Deutsche Reich, gegen den eigenen Imperialismus, zu leisten. Schwierigkeiten hatten eher die kommunistischen Parteien in Westeuropa.

Der vorerst letzte größere Versuch, eine zentrale kommunistische Widerstandsbewegung wiederaufzubauen, bestand darin, 1943 Österreicher_innen, viele davon Jüd_innen, als französische Fremdarbeiter_innen in Wiener Betriebe einzuschleusen. Die meisten wurden enttarnt, gefoltert und getötet, in KZs verbracht. Deren Verbindungen nach Frankreich bedrohten auch dort aktive Widerstandskämpfer_innen.

Bis auf Ausnahmen waren auch österreichische Fallschirmspringer aus der Sowjetunion nicht erfolgreich, in sogenannten

Funkspielen sandten gefolterte und umgedrehte Funker_innen falsche Nachrichten in die Sowjetunion. Die Gestapo rollte Widerstandsnetze oft schon im Anfangsstadium auf. Wegen der „gigantischen Verluste" (Neugebauer 2015, S. 77) konzentrierten sich die Kommunist_innen in den letzten Kriegsjahren auf die Unterstützung des Partisan_innenkampfes.

Karl Stadler, selbst im kommunistischen Widerstand aktiv, kritisierte, dass die mangelnde Effizienz der KPÖ die ungeheuren menschlichen Verluste nicht gerechtfertigt habe. Die fast vollkommene Auslöschung des kommunistischen Widerstands war sicher mit ein Grund für den geringen Einfluss der KPÖ in der Zweiten Republik.

Die Partisanen_innen

Nach dem Überfall der Nazi-Armee auf Jugoslawien im April 1941 schlossen sich schon 1939 und 1940 geflüchtete junge slowenische Männer den Tito-Partisan_innen, der Osvobodilna Fronta (OF)/Befreiungsfront an, um dort und schließlich auch in Kärnten den Partisan_innenkampf aufzunehmen. Die Deportation von ungefähr tausend „Nationalslowenen" ins Deutsche Reich im April 1942 bewog weitere Männer, zu desertieren. Am 25. August 1942 begann der bewaffnete Kampf in Kärnten mit einem ersten Gefecht mit einer SS-Abteilung. Die ländliche slowenische Bevölkerung im gemischtsprachigen Gebiet unterstützte die Partisan_innen, in den deutschsprachigen Gebieten Kärntens konnten sie kaum Fuß fassen.

Die Kärntner Partisan_innen konnten sich südlich der Drau festsetzen, weil sie Bunker, Druckereien, Spitäler und andere Einrichtungen in Slowenien nutzen konnten. Im Juni 1944 stießen Kämpfer_innen über die Drau vor, obwohl die Verbindung zu den slowenischen Basen schwieriger war.

Der slowenische Partisan_innenwiderstand geriet Ende 1944 in eine kritische Phase. Die zusätzlichen Soldaten verstärkten nach dem Rückzug der Wehrmacht aus dem Balkan den militärischen Druck in Slowenien und Kärnten. Außerdem änderte die SS ihre Strategie und begann Streifzüge durch das „Bandengebiet", was die in den Bergen versteckten Stützpunkte gefährdete. Nichtsdestotrotz zogen im Mai 1945 die slowenischen Partisan_innen der OF gleichzeitig mit der britischen Armee in Klagenfurt ein.

Auf der Koralpe, einem Gebirgszug an der Grenze zwischen der Steiermark und Kärnten, baute die KPÖ mit Unterstützung aus dem angrenzenden Slowenien die aus erfahrenen Februar- und Spanienkämpfern bestehende Kampfgruppe Steiermark auf. Im Frühjahr 1945 kämpften dort bereits drei Bataillone, ein Drittel Österreicher, ein weiteres aus geflüchteten russischen Fremdarbeitern und ein drittes aus anderen Nationalitäten.

Im August 1944 wurden in Jugoslawien aus Kadern der KPÖ, Spanienkämpfern, zur Roten Armee übergelaufenen Deserteuren, aber auch Kriegsgefangenen fünf Österreichische Bataillone einer formal überparteilichen Österreichischen Freiheitsfront (ÖFF) aufgestellt. Im Jänner 1945 nahm das erste Bataillon an Kämpfen in Slowenien teil. Zwei Vorstöße nach Kärnten waren, vor allem in Vergleich zu den Aktionen slowenischer Partisan_innen, wenig erfolgreich. Die ÖFF hätte wahrscheinlich erst bei einer längeren Dauer des Krieges ein größeres Gewicht bekommen.

Nicht unerwähnt sollte bleiben, dass sich Österreich_innen in den besetzten Ländern wie der Sowjetunion, Griechenland und Italien dem Partisan_innenkrieg anschlossen. Am bedeutendsten war die bewaffnete und unbewaffnete Unterstützung des Widerstands in Belgien und Frankreich, weil dort beim Einmarsch der deutschen Armee viele Exilant_innen aus Österreich lebten. In der Travail allemand (TA, „Deutsche Arbeit“), waren hauptsächlich jüdische und kommunistische Österreicher_innen aktiv, die die Zeitungen *Soldat im Westen* und *Soldat am Mittelmeer* herausgaben, um die Wehrmacht zu zersetzen und um Informationen aus der Wehrmacht an die Résistance weiterzugeben. Nach dem Versuch, Aktivist_innen nach Wien zu schleusen (vgl. oben), reisten eigens von dort geschickte Gestapo-Beamte nach Frankreich und zerschlugen einen Teil der dortigen Organisation der Österreicher_innen.

Partisan_innengruppen innerhalb Österreichs kamen kaum über Ansätze hinaus. 1944 formierte sich im obersteirischen Industriegebiet um Leoben und Donawitz die Partisan_innengruppe Österreichische Freiheitsfront (ÖFF) aus der Arbeiter_innenbewegung und aus desertierten Soldaten. Sie wurde aber noch im gleichen Jahr zerschlagen. Als Partisanen bezeichnete Gruppen im Toten Gebirge über dem Salzkammergut und im Ötztal in Tirol kamen nicht über die Organisation des eigenen Überlebens und der Bewaffnung hinaus. Sie vermieden bewaffneten Aktionen, um keinen Vorwand für Repressalien gegen die Bevölkerung zu liefern. Erst in den letzten Kriegstagen, kurz vor dem Einmarsch der alliierten Soldaten, entwaffneten sie die regionalen Nationalsozialisten. Im Salzkammergut verhinderten die Partisan_innen mit Unterstützung von Salinenarbeiter_innen die Sprengung eines Bergwerksstollens voller in ganz Europa geraubter Kunstwerke.

Militärischer Widerstand

1944 plante eine die Niederlage Deutschlands befürchtende Offiziersgruppe um Graf Schenck von Stauffenberg einen Militärputsch, der nach dem gescheiterten Attentat auf Hitler am 20. Juli 1944 mit einer Reihe von Todesurteilen endete. Die Verschwörer hatten Beziehungen nach Wien aufgebaut. Die Soldaten und Offiziere um Major Carl Szokoll blieben unentdeckt und organisierten Kontakte mit der 1944 entstandenen überparteilichen Widerstandsgruppe O5 (für Oesterreich, O und der fünfte Buchstabe im Alphabet) in Wien sowie zu Christdemokraten und (rechten) Sozialdemokrat_innen. Im April 1945 nahmen diese Militärs Kontakt zur sowjetischen Armee auf und planten in der „Operation Radetzky" die kampflose Übergabe der Stadt. Das Vorhaben wurde verraten, und Major Karl Biedermann, Hauptmann Alfred Huth und Oberleutnant Rudolf Raschke wurden hingerichtet und zur Abschreckung mit dem Schild „Ich habe mit den Bolschewiken paktiert!" am Floridsdorfer Spitz aufgehängt.

Teile der Wehrmacht wollten in diesen letzten Tagen nicht mehr kämpfen, Tausende Soldaten versuchten in den letzten Stunden noch zu desertieren. Sozialdemokratische Frauen aus Ottakring entwaffneten einige tausend Soldaten und steckten sie in Zivilkleider.

Im ländlichen Österreich setzte sich gegen Ende des Krieges eine steigende Zahl von Soldaten ab, die sich mit Unterstützung der Bevölkerung in ihren Heimatregionen versteckten.[45] Massenhaft wurden die Desertionen erst kurz vor dem Eintreffen der Alliierten im April und im Mai 1945. Frauen und Arbeiter_innen, manchmal gemeinsam mit Politiker_innen und Funktionär_innen der im Nationalsozialismus verbotenen Par-

45 Am 2. Juli 1944 tötete die SS in der Umgebung von Goldegg in Salzburg vierzehn Menschen, Deserteure und ihre Unterstützer_innen, weitere wurden verletzt und in KZs gebracht.

teien, verhinderten in den letzten Tagen von Nationalsozialist_innen befohlene Zerstörungen.

An anderen Orten töteten fanatisierte Nationalsozialisten noch in den letzten Tagen und Stunden Gefangene und Deserteure. Diese „Schlussphasenverbrechen“ konnten die Niederlage des Nationalsozialismus aber nicht mehr abwenden.

Die Große Koalition

Schon kurz nachdem die Rote Armee nach schweren Kämpfen Wien erobert hatte, trat am 27. April 1945 eine neu gebildete provisorische Staatsregierung unter Karl Renner zusammen und proklamierte die Wiedererrichtung der unabhängigen Republik Österreich. Vorerst anerkannten nur die Sowjets diese Regierung aus den antifaschistischen Parteien KPÖ, SPÖ und ÖVP.
Für die aus der Illegalität auftauchenden oder aus dem KZ und dem Exil zurückkehrenden Kommunist_innen war es eine unangenehme Überraschung, dass die Sowjets ausgerechnet einen Opportunisten und Anschlussbefürworter, den rechten Sozialdemokraten Renner, für die Regierungsbildung auswählten.

Die Alliierten teilten im Juli 1945 das Staatsgebiet in die vier Besatzungszonen der Sowjetunion, der USA, Großbritanniens und Frankreichs auf, erst am 20. Oktober 1945 stimmten die westlichen Verbündeten der provisorischen Regierung Renner zu.

Von der antifaschistischen Einheit zum Kalten Krieg

Sozialdemokratische, kommunistische und christliche Gewerkschafter gründeten 1945 den im Unterschied zur Ersten Republik einheitlichen, nicht parteigebundenen Österreichischen Gewerkschaftsbund (ÖGB), der durch die Stärke der Partei immer von der SPÖ dominiert wurde. Die KPÖ wollte die FÖJ (Freie Österreichische Jugend) ebenso als parteiübergreifende Jugendorganisation aufbauen, was die SPÖ durch die rasche Gründung sozialistischer Jugendgruppen zu verhindern wusste (Sozialistische Jugend, Kinderfreunde-Rote Falken, ÖGJ, VSStÖ). Die FÖJ blieb, wenn auch nicht formal, eine KPÖ-Jugend-Organisation.

Die Sozialdemokratie entstand als Sozialistische Partei (Sozialdemokraten und Revolutionäre Sozialisten), der Zusatz in Klammer wurde schon 1945 wieder fallengelassen (Sozialistische Partei Österreichs – SPÖ). Anfangs schien die aus den RS kommende Linke als Fortsetzung des Austromarxismus größeren Einfluss zu haben, recht bald wurde die ungebrochene Dominanz der Parteirechten offensichtlich. Die Linken in der SPÖ traten für eine Einheit der Arbeiter_innen-Organisationen SPÖ und KPÖ ein und waren gegen eine Koalition mit bürgerlichen Parteien, während die KPÖ eine Politik der Einbeziehung aller antifaschistischen Kräfte befürwortete.

Weil sie im Kampf gegen Faschismus und Nationalsozialismus am meisten Opfer gebracht hatten, rechneten die Kommunist_innen bei den ersten Wahlen am 25. November 1945 mit 15% bis 25% der Stimmen. Die KPÖ konnte aber mit fünf Prozent gerade noch ins Parlament einziehen, die ÖVP gewann eine absolute Mandatsmehrheit. In diesem Ergebnis fand der Antibolschewismus der Nazizeit seine Fortsetzung, die KPÖ war und blieb außerdem die „Russenpartei“, Übergriffe der Roten Armee wurden ihr zugeschrieben.[46] „Angesicht des stets geleugneten, aber zweifellos vorhandenen Fortwirkens der nationalsozialistischen Geisteswelt ist es wahrscheinlich, wenn auch kaum nachweisbar, dass die Misserfolge der Kommunisten auch

46 Übergriffe der anderen Besatzungsmächte fanden praktisch keine Öffentlichkeit, Friesenbichler (2021, 144ff) beschreibt Übergriffe der Amerikaner und der Franzosen. Vergewaltigungen und Raub sind Teil jeder Kriegsführung, wieso sollten dies nur die „Russen“ tun?

darauf zurückzuführen sind, dass sie als Emigranten und Juden wahrgenommen wurden." (Friesenbichler 2021, S. 120) Nach den Wahlen wurde die Konzentrationsregierung mit reduzierter KPÖ-Beteiligung fortgesetzt, für den einzigen Kommunisten in der Regierung, Karl Altmann, der Posten des Energieministers neu geschaffen.

Am 12. März 1947 postulierte US-Präsident Harry Truman in einer Erklärung die „Truman-Doktrin" als die „Unterstützung freier Völker" gegen den Kommunismus. Als eigentlicher Beginn des Kalten Krieges gilt der Mai 1947, als auf Druck der USA die kommunistischen Parteien in Frankreich und Italien aus den Regierungen gedrängt wurden.

Ein Werkzeug dieses Kalten Krieges war der 1948 beginnende Marshallplan (*European Recovery Program*, ERP): Der „Westen" gewährte den europäischen Staaten Wirtschaftshilfe, wenn sie die Währung stabilisierten, einen ausgeglichenen Staatshaushalt vorwiesen und eine *Containment*-Politik gegen eine kommunistische Machtteilhabe verfolgten. Die Währungsreform im Dezember 1947 wertete das Schilling-Papiergeld ab,[47] der schon seit dem Sommer bedrängte Energieminister der KPÖ, Altmann, trat aus der Regierung aus.

Als Antwort auf die Truman-Doktrin und den Marshallplan gründete die Sowjetunion 1947 mit anderen kommunistischen Staaten den Rat für gegenseitige Wirtschaftshilfe (RGW). „Zur Disziplinierung wurde zwischen den regierenden Parteien und den großen KPen Italiens und Frankreichs das ‚Kommunistische Informationsbüro' (Kominform) geschaffen." (Baier 2009, S, 105f)

47 Drei alte Schilling wurden gegen einen neuen Schilling umgewechselt, die ersten 150 Schilling 1:1.

In den Staaten, die in der Konferenz von Jalta im Februar 1945 dem Einflussbereich der Sowjetunion zugesprochen wurden, setzten sich von 1947 an „Volksdemokratien“ durch, die Herrschaft sozialdemokratisch-kommunistischer Einheitsparteien. In der Tschechoslowakei verhinderte die kommunistische Partei (38% der Stimmen der Wähler_innen) 1948 durch Massenmobilisierungen und eine Generalstreikdrohung Neuwahlen und übernahm mit Unterstützung von Sozialdemokrat_innen die Regierung. Dieser „Februarumsturz“ 1948 befeuerte den Antikommunismus, besonders innerhalb der Sozialdemokratie.[48] Sehr schnell wurden von der KPÖ unterstützte Streiks als Schritt hin zu einer solchen Volksdemokratie diffamiert.

Im Juni 1948 schloss die Kominform Titos Jugoslawien aus. In Kärnten hatte 1945 die OF (Osvoboldina Fronta – Befreiungsfront) zur Wahl der KPÖ aufgerufen, die dadurch erstaunliche 8,1% bekam. Bei den Wahlen 1949 halbierten sich die Stimmen, die Slowen_innen teilten sich in eine christliche (Christliche Volkspartei) und eine eher linke Organisation (Demokratische Front des werktätigen Volkes), wie die KPÖ schrieb, „unter der Führung trotzkistischer und nationalistischer Agenten“ (Friesenbichler 2021, S. 409). In den folgenden Jahren wurden einige KPÖ-Mitglieder als „Tito-Faschisten“ ausgeschlossen.

Die Linke in der SPÖ wurde in der ersten Phase nach dem Krieg durch die Revolutionären Sozialisten und deren Einfluss auf die neu gegründeten Jugendorganisationen repräsentiert (vgl.

48 Der Name Fierlinger wurde zum Schimpfwort gegen die Linke in der SPÖ, der Sozialdemokrat Zdeněk Fierlinger war vor 1948 Ministerpräsident der Tschechoslowakei und unterstützte die Machtübernahme durch die KP im Februar 1948.

Weber 1986). Ab 1948 spaltete sich diese Linke: Die linkssozialistische Gruppe um Erwin Scharf und Hilde Krones[49] orientierte sich am Integralen Sozialismus von Otto Bauer, der die linken Bewegungen (sozialdemokratisch und kommunistisch) zusammenführen wollte, und betonte ihre kritische Solidarität mit der Sowjetunion. In der Partei wurden sie als „orthodox“ bezeichnet. Im Gegensatz dazu kritisierte die sozialdemokratische Linke mit ihren wichtigsten Repräsentanten Josef Hindels und Paul Blau die Stalinisierung Osteuropas in scharfer Form.

Beim SPÖ-Parteitag 1947 protestierte eine Reihe von Sozialist_innen gegen die Politik der SPÖ, und Scharf brachte die *Resolution der 44* ein: Der Feind stehe rechts und sei nicht die KPÖ. Eine große Mehrheit lehnte diese Resolution ab. Eine wesentlich schärfere Resolution des VSStÖ gegen die Zusammenarbeit mit der ÖVP erlangte größeren Zuspruch, da sie nicht mit „Kryptokommunismus“ identifiziert wurde. Scharf bekam in der Partei Redeverbot. Im Herbst 1948, noch vor dem nächsten Parteitag, veröffentlichte er die Broschüre *Ich darf nicht schweigen: drei Jahre Politik des Parteivorstandes der SPÖ – von innen gesehen,* eine scharfe Abrechnung mit der SPÖ. Er wurde sofort ausgeschlossen. Eine der wichtigsten Mitstreiterinnen Scharfs, Hilde Krones, beging Selbstmord, Otto Leichter, der aus dem Exil in den USA zurückgekehrt war, kehrte dorthin zurück, vielleicht auch wegen antisemitischer Untertöne in Äußerun-

49 Erwin Scharf war Mitglied der Revolutionären Sozialisten und lernte bei den slowenischen Partisanen in Jugoslawien die Kommunisten Friedl Fürnberg und Franz Honner kennen. 1945 wurde er Zentralsekretär der SPÖ. Hilde Krones unterstützte die Revolutionen Sozialisten, 1945 wurde sie Abgeordnete des Nationalrats. Auch ihr wurde immer wieder Kontakt zu Kommunist_innen im Widerstand vorgeworfen.

gen der Parteirechten. Viele „kleine" Unterstützer_innen verloren ihre Jobs in gewerkschaftsnahen Betrieben.

Scharfs neu gegründete Vereinigung fortschrittlicher Sozialisten kandidierte bei den Wahlen 1949 als Linksblock mit der KPÖ. 1950 gründete Scharf die Sozialistische Arbeiterpartei (SAP), die kaum Bedeutung erlangte und sich 1956 auflöste. Die wenigen Verbliebenen schlossen sich mit Erwin Scharf der KPÖ an.

Die sozialdemokratische Linke blieb in der Partei. 1949 stimmten nur zwei Delegierte, Josef Hindels und Paul Blau, gegen eine Fortsetzung der Koalition mit der ÖVP. In den folgenden Jahren beschränkte sich diese Linke in der Partei auf „Schulungsarbeit", ein „Diskussionskreis Victor Adler" wurde aber nach zwei Jahren wegen „kommunistischer Unterwanderung" aufgelöst, der bisher noch links stehende VSStÖ in den 1950ern von den Rechten übernommen.

Die Durchsetzung der Sozialpartnerschaft

Eine Bedingung für die Gewährung der Marshallplan-Hilfe war der Kampf gegen die Inflation. Im August 1947 beschlossen die Bundeswirtschaftskammer, die Landwirtschaftskammer, die Arbeiterkammer und der ÖGB das erste Lohnpreisabkommen (LPA) gegen eine angebliche Lohn-Preis-Spirale. Die Preissteigerungen ließen sich dadurch kaum begrenzen, von den Arbeiter_innen wurde aber Lohnzurückhaltung erwartet. Bei einem weiteren Abkommen ein Jahr später blieb es noch ruhig, gegen ein drittes LPA 1949 protestierten die Arbeiter_innen bereits mit Streiks und Demonstrationen. Die Preise stiegen im Winter 1950 weiter, ab Juni 1950 noch einmal beschleunigt wegen der gestiegenen Nachfrage durch den Koreakrieg („Korea-Boom").

Am 26. September 1950 wurden Preiserhöhungen bekannt gegeben, die die kommunistische *Volksstimme* vorab veröffentlicht hatte. In der Linzer VÖEST, mit vielen „Volksdeutschen" eine Hochburg des VdU (Verband der Unabhängigen, Vorläuferorganisation der FPÖ[50]), und in der SPÖ-Hochburg Steyr, beide im amerikanischen Sektor, entzündete sich am 26. September 1950 die mehrtägige Streikbewegung gegen den „Preistreiberpakt", das vierte LPA. In Wien schlossen sich viele Betriebe aus allen Sektoren, nicht nur den sowjetischen, an. Demonstrationen durchbrachen mehrere Polizeikordons vor dem Bundeskanzleramt. Obwohl die Bewegung immer als kommunistischer Putschversuch denunziert wurde, kamen die Streiks der sowjetischen Verwaltung ungelegen, weil jeder Streiktag viel Geld kostete, wie der KP-Leitung vermittelt wurde (vgl. Spira 1979, S. 16, andere Funktionäre bestritten eine Einflussnahme der Besatzungsmacht). Als die spontane Bewegung am zweiten Tag ihre breiteste Entfaltung erreichte, beschloss eine von der KPÖ dominierte Versammlung eine gesamtösterreichische Betriebsrätekonferenz und die Aussetzung der Streiks. Die Arbeit wurde im sowjetischen Sektor wieder aufgenommen, während die Ausstände in Oberösterreich weitergingen und in einigen weiteren Betrieben in der Steiermark und Salzburg die Streiks erst begannen.

Die Betriebsrätekonferenz am Samstag, den 30. September, stellte ein Ultimatum für die Zurücknahme des Lohn-Preis-Abkommens bis Dienstag, den 3. Oktober. Am 4. Oktober befolg-

50 Der VdU war ein Sammelbecken der 1949 erstmals Wahlberechtigten ehemaligen Nationalsozialist_innen. Als Wahlpartei der Unabhängigen (WdU) bekam die neue Partei bei den Wahlen am 9. Oktober 1949 11,7% der Wählerstimmen (auf Kosten von ÖVP und SPÖ).

ten fast nur noch Kommunist_innen die Streik- und Demonstrationsaufrufe, in Oberösterreich erzwang die Gendarmerie die Arbeitsaufnahme mit aufgesteckten Bajonetten. In Wien und Niederösterreich machten die Schlägertrupps („Fünfzig-Schilling-Manderl") des Führers der Bau- und Holzarbeitergewerkschaft Franz Olah Jagd auf Kommunist_innen und zerschlugen Blockaden der Arbeiter_innen. Die Streiks wurden ergebnislos abgebrochen (zu den Streiks vgl. Foltin 2004, S. 39f).

Der ÖGB schloss praktisch alle KP-Funktionäre aus, beginnend beim Vizepräsidenten, Gottlieb Fiala. Erst in den letzten Jahren rehabilitierte der ÖGB die Ausgeschlossenen (vgl. Autengruber/Mugrauer 2016).

Der Mythos vom Putschversuch war langlebig. Nicht-Kommunist_innen anerkannten nie die Spontanität der Bewegung, die streikenden Arbeiter_innen werden als nützliche Idiot_innen der Kommunist_innen dargestellt. Dabei war es eher umgekehrt: Die Arbeiter_innen benutzten die KPÖ, weil sie als einzige Partei die Streiks unterstützte und die „Bedrohung durch den Kommunismus" ein Druckmittel für die Erfüllung der Forderungen war (vgl. auch Koller 2009, S. 479). Die Arbeiter_innen identifizierten sich trotz allem Ärger weiter mit der SPÖ und dem ÖGB.

Die KPÖ versuchte in ihren Veröffentlichungen Erfolge zu erkennen. Die Arbeiter_innen würden jetzt den Verrat ihrer sozialdemokratischen Führung erkennen. Tatsächlich waren die Gewinne bei den folgenden Betriebsratswahlen nicht so groß wie erhofft. Die KPÖ stellte diesen „großen Streik" in eine Reihe mit dem Jännerstreik 1918. Eher ließe er sich mit den (nicht-revolutionären) Teuerungsrevolten 1911 und 1921 wie spontanen Ausbrüchen im Juli 1927 und im Februar 1934 vergleichen.

Mit der Niederlage des Oktoberstreiks war der Weg frei für den Raab-Kamitz-Kurs (benannt nach dem Bundeskanzler Julius Raab und seinem Finanzminister Reinhard Kamitz). „Budgetdisziplin" und eine harte Schilling-Währung zeitigten Mitte der 1950er, nach dem Ende des Korea-Booms, die höchste Arbeitslosigkeit der Zweiten Republik. Der Wirtschaftsaufschwung Ende der 1950er beendete sie allerdings schon nach kurzer Zeit. Die 1957 gegründete Paritätische Kommission für Preis- und Lohnfragen zwischen Wirtschaftskammer und ÖGB setzte die Lohn-Preis-Abkommen fest, die jetzt funktionierten, weil es die Steigerung der Produktivität erlaubte, auch die Einkommen weiter zu erhöhen („Löhne über der Inflationsrate, aber unter der Steigerung der Produktivität").

Der Staatsvertrag 1955 brachte mit der Neutralität Österreichs den Abzug der alliierten Besatzungen. Nach 1955 erreichte die Linke innerhalb der SPÖ eine gewisse Öffentlichkeit, weil sie gemeinsam mit anderen Jugendorganisationen vergeblich gegen die Aufstellung eines Bundesheeres protestierte. Um die gleiche Zeit wurden im VSStÖ wieder einmal Linke gewählt (wie Karl Blecha), ein Zwischenspiel, das nach zwei Jahren auch schon vorbei war.

Die Krise der KPÖ

Das Jahr 1956 brachte bedeutendere Erschütterungen für die kommunistische Weltbewegung als der Bruch mit dem Jugoslawien Titos 1948. Am 20. Parteitag der KPdSU im Februar 1956 hielt Nikita Chruschtschow, seit kurzem Vorsitzender der KPdSU, eine „Geheimrede" vor einem ausgewählten Publikum. Schnell wurde die Kritik am Personenkult um Stalin bekannt und in bürgerlichen Medien veröffentlicht. Die Angriffe auf Stalin konnten nicht mehr nur dem Antikommunismus der Berichterstattung zugeschrieben werden, erst recht nicht, nachdem im Sommer 1956 die *New York Times* die ganze Rede Chruschtschows veröffentlicht hatte. Eine Jahre andauernde Rechtfertigung innerhalb der KPÖ lautete, dass Kommunist_innen zur Selbstkritik fähig seien, dass aber „die negativen Seiten Stalins seine großen Verdienste um den Aufbau des Sozialismus in der Sowjetunion …, seine Bedeutung als marxistischer Revolutionär nicht verwischen können." (Aus den Parteitagsprotokollen von 1957, Spira 1979, S. 30)

Schon der Abzug der Sowjets mit dem Ende der alliierten Besatzung 1955 verringerte die Bedeutung der KPÖ. Brachten die „Enthüllungen" Chruschtschows Unsicherheit in die Partei, so kam es im Oktober 1956 durch den Ungarnaufstand zur Katastrophe. Eine Demonstration in Budapest entwickelte sich nach dem Eingreifen sowjetischer Soldaten zu einer Volkserhebung, die ungarischen Soldaten stellten sich auf die Seite der Bevölkerung. Der zwischendurch ausgeschlossene, aber wieder in die Partei aufgenommene Reformkommunist Imre Nagy übernahm die Regierung, verkündete die Neutralität und den Austritt Ungarns aus dem Warschauer Pakt. Anfang November marschierte die sowjetische Armee ein, Imre Nagy wurde abgesetzt und zwei Jahre später hingerichtet. Hunderttausende flüchteten, viele nach Österreich oder durch Österreich in andere westliche Staaten. Die Verunsicherungen der Jahre 1955 und 1956 kosteten die KPÖ ein Drittel ihrer Mitglieder, die meisten davon ohne Diskussionen und ohne großes Aufsehen. Linke Dissidenz war im damals herrschenden antikommunistischen Klima sehr schwer bis unmöglich.

Die „Tauwetterperiode" einer begrenzten Liberalisierung in der Sowjetunion ließ die KPÖ nicht unberührt. Vorerst dominierte eine orthodoxe Linie, die an dem Problem litt, einerseits bedingungslos sowjettreu zu sein, andererseits die Positionen des Revisionisten Chruschtschow unterstützen zu müssen. Anfang der 1960er wurde auch noch der Streit zwischen der chinesischen und der sowjetischen Partei virulent: „Die sowjetischen Führer wurden des Revisionismus bezichtigt, die Chinesen hoben den toten und daher für sie nunmehr unschädlichen Stalin auf ihren Schild, die sowjethörigen Parteien mussten ihre eigenen Antistalinisten und Reformer gewähren lassen." (Prager 1975, S. 177). Am 18. Parteitag 1961 richteten sich die Diskussionen sowohl gegen die „Revisionisten" wie auch gegen die „Sektierer". Die sich auf China beziehenden Personen, am prominentesten Franz Strobl, verließen die Partei und gründeten in den nächsten Jahren marxistisch-leninistische Parteien (die Marxistisch-Leninistische Partei – MLPÖ und die Vereinigung revolutionärer Arbeiter – VRA).

In der ersten Hälfte der 1960er begannen interne Diskussionen in der KPÖ, die in direkte Veränderungen mündeten. Am 19. Parteitag der KPÖ im Mai 1965 setzten sich schließlich eurokommunistische Positionen durch, „Jahre bevor dieser Begriff geprägt worden ist" (Spira 1979, S. 58). Die Partei verjüngte sich, der 38-jährige Franz Muhri löste Johann Koplenig als Vorsitzenden ab, und erstmals durften die Medien direkt vom Parteitag berichten. Die *Thesen über Perspektiven* schlossen einen friedlichen Weg zum Sozialismus und eine sozialistischen Demokratie mit einem Mehrparteiensystem nicht mehr aus. Im März 1966 rief die KPÖ zur Wahl der SPÖ auf.

In der Tschechoslowakei wurde die Entwicklung in der KPÖ registriert und rezipiert, umgekehrt veröffentlichte die KPÖ im Mai 1968 das Programm der tschechoslowakischen KP, das Programm des Prager Frühlings, auf Deutsch. Besonders die SED und die in der Illegalität agierenden westdeutschen

Kommunist_innen (schon als 1968 neu gegründete DKP[51]) griffen die KPÖ scharf an.

In der Nacht vom 20. auf den 21. August 1968 marschierten russische und verbündete Truppen in die Tschechoslowakei ein und beendeten den Prager Frühling. Eine Resolution der KPÖ kritisierte das sowjetische Vorgehen, der Vorsitzende Muhri verurteilte den Einmarsch in vorsichtigen Worten, die *Volksstimme* erschien mit der Schlagzeile *Die KPÖ gegen den Einmarsch*. Die sowjettreuen Opponent_innen des Reformkurses äußerten sich zu diesem Zeitpunkt noch nicht. Am 20. Parteitag der KPÖ im Jänner 1969 hatten diese Orthodoxen allerdings einen starken Auftritt, sie strichen die wichtigsten Reformer als Kandidat_innen. Eine gegen diese Opposition durchgeführte Blockabstimmung über alle Kandidat_innen verhinderte vorerst eine Spaltung.

Ernst Fischer war seit seiner Rückkehr 1945 die bekannteste Person des österreichischen Kommunismus. War er in den 1940er- und 1950er-Jahren ein treuer Vasall des sowjetischen Kommunismus (der ein Theaterstück gegen den „Titoismus" schrieb), äußerte er sich bereits vor dem 19. Parteitag 1965 kritisch zum Parteikommunismus. 1963 trat er als wichtiger undogmatischer Teilnehmer an der Kafka-Konferenz in Liblice (Tschechoslowakei) auf, die in ihrer Kritik des Sozialistischen Realismus einen ersten Schritt in Richtung Prager Frühling bedeutete. Im Jänner 1969 kritisierte Fischer in einem Radiointerview die Intervention der Sowjetunion in der Tschechoslowakei als „Panzerkommunismus". Eine Schiedskommission forderte seinen Ausschluss, eine Mehrheit des Zentralkomitees forderte

51 Die Deutsche Kommunistische Partei war die Nachfolgeorganisation der am 17. August 1956 in Westdeutschland verbotenen KPD.

die Rücknahme, Anfang Oktober 1969 wurde der Ausschluss schließlich bestätigt. 27 Mitglieder des Zentralkomitees protestierten, ein Versöhnungsversuch Muhris scheiterte, und die Spaltung wurde vollzogen. Viele Intellektuelle, die Führung der Gewerkschaftlichen Einheit und die Mehrheit der Mitarbeiter_innen der *Volksstimme* verließen die Partei. Das unabhängige *Wiener Tagebuch* führte die Zeitschrift *Tagebuch* weiter.

Die FÖJ unterstützte den Reformkurs des 19. Parteitages. Ende 1969 warfen ihr die Orthodoxen antisowjetische Tendenzen vor, das ZK beschloss daraufhin die Gründung einer konkurrierenden kommunistischen Jugendorganisation, der KJÖ (Kommunistische Jugend Österreichs). Ein Großteil der Funktionär_innen blieb in der FÖJ, die, seit 1945 formal unabhängig, von der KPÖ nicht aufgelöst werden konnte. Sie wurde als Bewegung für den Sozialismus (FÖJ/BfS) weitergeführt und war in den 1970ern ein Sammelbecken von Linken, die sich nicht einer der neu entstehenden Gruppen anschließen wollten (vgl. unten). Einzelne FÖJ-Gruppen bildeten um 1968 radikale Organisationskerne für die Bewegungen um und nach 1968 (vgl. unten). Der ab Mitte der 1960er wieder aktivierte VDS (Verband demokratischer Studenten) zeichnete sich durch Aktionismus aus und bildete später eine Basis für organisatorische Entwicklungen hin zum Maoismus und zum Trotzkismus (vgl. unten).

Schon 1969 wurden reformorientierte („progressive") Gewerkschaftler_innen nicht mehr ins Zentralkomitee gewählt. 1974 kandidierte bei den Gewerkschaftswahlen die Arbeitsgemeinschaft für Gewerkschaftliche Einheit (GE) unabhängig von jeder Partei. Die „normalisierte" KPÖ war gezwungen, eine eigene Gewerkschaftsfraktion, den Gewerkschaftlichen Linksblock (GLB), zu gründen. Beiden Fraktionen blieben einige in den Firmen gewählte Betriebsräte, die das Vertrauen der Belegschaften besaßen.

Vor 1968

Die Konjunktur erlaubte in den 1960ern Lohnsteigerungen durch eine „Lohndrift", Arbeiter konnten höhere Löhne als die Tarifverträge aushandeln, weil eine Konkurrenz um sie bestand. Die Stärke des ÖGB zeigte sich auch an den größten gewerkschaftlich organisierten Lohnstreiks um arbeitsrechtliche Verbesserungen und höhere Tariflöhne (1962 der Metallarbeiter_innen, 1965 bei der Post und bei der Eisenbahn). In der offiziellen Streikstatistik waren die Jahre 1962 und 1965 die mit den meisten verlorenen Streikstunden in der Nachkriegszeit (Foltin 2004, S. 42, die Streiks 1950 waren nicht vom ÖGB abgesegnet). Sozialpartnerschaft hieß damals nicht, dass es keine Streiks gab, sondern dass sie geordnet und geplant ablaufen mussten.

Im Herbst 1966 legten kommunistische und sozialdemokratische Arbeiter_innen spontan die Arbeit nieder, um gegen die Einreise des Kaiserenkels Otto Habsburg zu protestieren. Der ÖGB anerkannte diese Streiks nachträglich; damit war 1966 das letzte Jahr mit einer höheren Anzahl von offiziellen Streikstunden (bis 2003 vgl. unten). Vor 1968 erschütterten die „Affäre Olah" und die „Affäre Borodajkewycz" die Republik und betrafen auch die Linke innerhalb und außerhalb der SPÖ.

Franz Olah war Aktivist der Revolutionären Sozialisten, von 1938 bis 1945 im KZ, danach rechts-sozialdemokratischer Antikommunist. Seit 1948 war er für die SPÖ Abgeordneter zum Nationalrat, 1949 bis 1957 Vorsitzender der Gewerkschaft der Bau- und Holzarbeiter, 1950 an der Niederschlagung der Massenstreiks beteiligt, ab 1955 Vizepräsident und von 1959 bis 1963 Präsident des ÖGB. Ein Abkommen zwischen Julius Raab und Franz Olah 1961 war ein Meilenstein für die Sozialpartnerschaft sowie zur Anwerbung von „Fremdarbeitern". Anfang der 1960er war er Nationalratsabgeordneter und Innenminister der Großen Koalition. Er galt als Proponent einer Zusammenarbeit mit den rechten Parteien und verwendete Gelder des ÖGB zur Unterstützung der FPÖ und Gründung der *Kronenzeitung*. In einem innerparteilichen Machtkampf der sozialdemokratischen Linken veranlassten seine Parteikolleg_innen seinen Rücktritt als Innenminister aus nichtigen Gründen (ein Interview in einer „nichtsozialistischen" Zeitung). Vielleicht wussten sie aber auch schon von dem der Öffentlichkeit noch unbekannten Fluss der ÖGB-Gelder.

Aus Protest gegen den erzwungenen Rücktritt Olahs schalteten am 18. September 1964 Arbeiter_innen der E-Werke den Strom ab, Sympathisant_innen Olahs streikten und zogen vor das SPÖ-Haus in der Löwelstraße. Der VSM (Verband Sozialistischer Mittelschüler) veröffentlichte am 27. Oktober 1964 ein Flugblatt, das die Spende von einer Million Schilling Gewerkschaftsgelder an die FPÖ öffentlich machte. Am 30. Oktober 1964 belagerten neuerlich Arbeiter_innen die SPÖ-Zentrale in der Löwelstraße, Gegner_innen Olahs mussten von der Polizei geschützt werden. Im November 1964 entfernten schließlich die SPÖ und die Gewerkschaft der Bau- und Holzarbeiter Olah aus ihren Organisationen.

Bei den Wahlen am 6. März 1966 kandidierte die Liste Demokratisch-Fortschrittliche Partei – Wahlgemeinschaft Franz Olah, zog zwar nicht ins Parlament ein, kostete die SPÖ aber genug Stimmen, um der ÖVP die absolute Mehrheit an Mandaten zu bescheren (zu Olah, vgl. Foltin 2004, S. 45ff).

Taras Borodajkewycz war Professor für Sozial- und Wirtschaftsgeschichte an der Hochschule für Welthandel in Wien.

Ein sozialistischer Student (Ferdinand Lacina, in den 1980ern SPÖ-Minister) schrieb antisemitische Bemerkungen in seinen Vorlesungen mit, der Jus-Student Heinz Fischer (in den 2000ern Bundespräsident) veröffentlichte in der SPÖ-Zeitschrift *Zukunft* einen Artikel darüber, Borodajkewycz klagte ihn. Das Thema Antisemitismus wurde mehrfach aufgegriffen, in der Kabarett-Serie „Zeitventil" sowie in einer parlamentarischen Anfrage durch SPÖ-Abgeordnete. Die rechte Hochschüler_innenschaft organisierte am 23. März 1965 eine Pressekonferenz mit Borodajkewycz. Jede antisemitische Bemerkung, wie die Erwähnung des jüdischen SPÖ-Anwalts Rosenzweig, wurde vom Publikum mit Gelächter und Gejohle quittiert. Rechtsradikale griffen sozialistische Studierende und Mittelschüler an, die Flugblätter verteilten. Bei einer Kundgebung der Österreichischen Widerstandsbewegung am 29. März 1965 stießen Antifaschist_innen und zweihundert Gegendemonstrant_innen aufeinander. An einer Bündnisdemonstration am 31. März 1965 mit Sprecher_innen von sozialistischen, kommunistischen und jüdischen Organisationen kamen an die 5000 Personen zusammen. Der rechtsradikale Burschenschaftler Günther Kümel schlug den Kommunisten und KZ-Überlebenden Ernst Kirchweger mit einer Stahlrute und verletzte ihn lebensgefährlich. Er starb zwei Tage später. 25.000 Menschen, darunter Spitzenfunktionäre von ÖVP und SPÖ, beteiligten sich an Kirchwegers Begräbnis, die größte antifaschistische Demonstration, die es bisher gegeben hatte. Der Mörder Günter Kümel erhielt zehn Monate Arrest wegen „Notwehrüberschreitung", und erst ein Jahr später wurde Borodajkewycz bei vollen Bezügen zwangspensioniert.

Der VSM (Verband Sozialistischer Mittelschüler) wurde 1953 als Nachfolgeorganisation des VSM der Zwischenkriegszeit wiedergegründet. Er sah sich als austromarxistisch, die Mittelschüler_innen trugen Uniform (Blauhemd, rotes Halstuch und Pullmannkappe), Abstinenz von Alkohol und Zigaretten war selbstverständlich. Der VSM versuchte immer, den VSStÖ nach links zu drängen, die meisten Mittelschüler_innen studierten ja nach der Matura.

Nach dem Auftreten gegen Olah und der Kampagne gegen Borodajkewycz vergrößerte sich der Einfluss des VSM. Politische Erfolge fielen mit Interessen innerhalb der Partei zusammen: gegen den Rechten Franz Olah und für die Opposition nach der Wahlniederlage 1966. Die erhoffte Linkswendung beim SPÖ-Parteitag 1967 setzte aber nicht ein, sondern im Gegenteil, der „Olah-Freund" Bruno Kreisky wurde zum Parteiobmann gewählt.

Anfang 1966 gelang es dem VSM, den Apparat des VSStÖ nach links zu schieben. Die Rechten behaupteten, diese Linksentwicklung würde die Studierenden bei den ÖH-Wahlen 1967 abschrecken, der VSStÖ gewann aber Stimmen dazu. Die meisten Rechten des VSStÖ wie Hannes Androsch, später Finanzminister unter Kreisky, machten in den folgenden Jahren Karriere in der SPÖ. 1967 veränderte sich die Politik von VSM und VSStÖ. Aktionsfelder beschäftigten sich kaum mehr mit Parteipolitik, sondern mit Internationalismus und direkten Interventionen in die Hochschulpolitik.

Jetzt ergänzten „antiautoritäre Strömungen" den austromarxistischen Traditionalismus (Svoboda 1986, S. 112). *frontal* ersetzte die bisher bestehende Zeitschrift *rote tafel*, die politische und theoretische Diskussionen führte: „Wir haben eine ganz enorm teuflische Absicht: Wir wollen direkt in den Schulen die Revolution anheizen und deshalb Zeitungen oder ähnliches Druckwerk fabrizieren, welch selbiges zur Beschimpfung der Professoren dienlich sein soll." (Schülerzeitungen 1968, zitiert nach Svoboda 1986, S. 138) Der VSM verstand sich ausdrücklich nicht mehr als Parteiorganisation, sondern als „links, in der allgemeinsten Form oppositionell", und um die Mittelschüler_innen zu organisieren, wurde Aktionismus wie Streiks und Demonstrationen wichtiger als die Beziehungen zur Partei.

„In Österreich besteht ja die singuläre Situation, daß die Schülerlinke lange vor jeder studentischen Bewegung existierte und der VSM ist zweifellos der revolutionäre ‚Urschlamm' für die gesamte Linke außerhalb der KPÖ." („Die Basisarbeit organisieren, das politische Niveau heben", arbeiterkampf 1 1970, S. 15, zitiert nach Svoboda 1986, S. 170)

Die antiautoritäre Bewegung und ihr Ende

In der zweiten Hälfte der 1960er erschienen einige Gruppierungen, die nach kurzer Zeit wieder verschwanden oder sich in doktrinäre Organisationen („K-Gruppen“: Marxismus-Leninismus/Maoismus, Trotzkismus) verwandelten. Charakteristika dieser Gruppen waren ihre Offenheit und die Betonung der „direkten Aktion“: Demonstrationen, Streiks, Sit-ins, Teach-ins bis hin zur Befreiung von Jugendlichen aus Heimen. Diese „politisch kulturelle Promiskuität führte zumindest zwischen den Jahren 1962 und 1969 zu vielfältigen konstruktiven Grenzüberschreitungen.“ (Peter Kreisky 2007, in Brenner 2019, S. 91) Politische Veränderung sollte mit der (theoretischen) Veränderung des eigenen Lebens zusammenfallen, anarchistisch oder anarchistisch beeinflusst, ohne so genannt zu werden. Es entstand ein sich schnell veränderndes soziales Feld, mehr eine Szene als eine Anzahl festgefügter linker Gruppen, selbst wenn sie aus einer Tradition kamen wie dem VSStÖ oder der FÖJ. Es fehlte eine Abgrenzung zur Subkultur mit Musik, Reisen und Drogen. Und es wurde sehr viel geraucht, nicht nur Marihuana.

Über die Linke hinaus

1963 begannen, angestoßen von der britischen Friedensbewegung, jährliche Ostermärsche. Im Gegensatz zu den 1950ern spielte die KPÖ nur mehr eine untergeordnete Rolle, allein die FÖJ beteiligte sich regelmäßig. Ab 1965 veränderte sich diese

„Aktion für Frieden und Abrüstung" zu einer Plattform für die Proteste gegen den Krieg der USA in Vietnam.

Aus einem regelmäßigen Dialogforum, dem Kreis 63, entstand der Freundeskreis um Rolf Schwendter, später bekannt durch seine *Theorie der Subkultur*, mit regelmäßigen offenen Diskussionsveranstaltungen, an denen sich nicht nur organisierte und unorganisierte Linke beteiligten, sondern auch Katholik_innen und sogar vereinzelte Rechtsradikale. Schwendter beschreibt, dass er alle, die er 1965 kennenlernte, 1976 in der Arena wieder traf (vgl. unten).

1966 gründete sich in Graz die Studierendenorganisation Aktion aus Linkskatholik_innen, undogmatischen Linken und versprengten Liberalen (Ebner/Vocelka 1998, S. 67). Sie protestierte gegen die rigorosen Heimordnungen und das Verbot der Begegnungen zwischen den Geschlechtern. 1967 gewann die Aktion bei den ÖH-Wahlen 4,5% der Stimmen, obwohl sie nur in Graz kandidierte. Eine Folgegründung der Aktion in Wien 1968 war noch radikaler, ihre Mitglieder und Unterstützer_innen waren bei allen Aktionen und Demonstrationen auf den Universitäten und außerhalb dabei. 1968 gründete sich die relativ liberale ÖSU (Österreichische Studenten Union, später in Aktionsgemeinschaft/AG umbenannt) als Studierendenorganisation der ÖVP, um die Abwanderung zur Aktion einzudämmen.[52] Im Jänner 1969 war die unabhängige Aktion mit 7,6% der Stimmen die große Gewinnerin gegenüber den rechten ÖH-Gruppierungen, der ÖVP-nahen ÖSU und den Bur-

52 Der davor bestehende Wahlblock war ein Bündnis christlich-konservativer Gruppierungen. In den 1970ern gründeten sich die katholisch-konservative Junge europäische Studenteninitiative (JES) und die rechtsradikale Aktion Neue Rechte (ANR) gegen die zu liberale ÖSU.

schenschaftlern des RFS (Ring Freiheitlicher Studenten), die Zahlen der übrigen Linken, VSStÖ und VDS, blieben ungefähr gleich (obwohl die zu dieser Zeit einflussreiche linksradikale Föderation Neue Linke – FNL zum Wahlboykott aufgerufen hatte). 1971 konnte sich die Aktion noch halten, es hieß, sie sei inzwischen SPÖ-nahe, danach verschwand sie, weil die linken Studierenden, wenn sie wählten, die neu entstandenen linken und linksradikalen Gruppen bevorzugten. Die ÖSU/AG blieb liberaler als die Mutterpartei und konnte in den nächsten Jahrzehnten in relativ loser Verbindung mit der ÖVP die Universitäten dominieren. In den 1970ern vergrößerte sich an den Unis die linke Minderheit von ca. 13% auf 26% der Stimmen der ÖH-Wahlen (VSStÖ und links davon). Der bis dahin starke RFS wurde Anfang der 1970er marginalisiert.

Auf den Universitäten entstanden aus Aktionen auf Instituten und gegen Vorlesungen direktdemokratische Gruppen, die sich in einer Institutsvertreterkonferenz (IVK) sammelten. Diese IVK zerfiel bereits 1970 durch Angriffe von rechts, dem noch immer aktiven RFS, und von links durch die Gruppen, die sich in Basisgruppen und Kapitallesekreisen organisierten und später in den MLS (Marxistisch-leninistische Studenten) aufgingen (vgl. unten).

Radikale Minderheiten

Während sich die Reformkommunist_innen dem Eurokommunismus zuwandten, radikalisierten sich die Jugendorganisationen der KPÖ. 1968 störten Jugendliche aus der FÖJ und dem VDS erstmals den Opernball.

„Die FÖJ-Gruppe [des ersten Bezirkes, die sich im Café Hawelka traf] ging zum großen Teil in die ‚Kommune Wien' über, dem Vorreiter und radikalsten Teil der Wienerischen Studentenbewegung. Das war im Herbst 1967." (Robert Schindel in Makomaski 2001, S. 147) Diese Kommune Wien, mehr eine Sammelorganisation wie der SDS als eine echte Kommune, organisierte sich im Herbst 1967 um zwei Wohngemeinschaften. Sie verband politische Aktionen mit theatralischem Auftreten. 1967 und 1968 wurden sie von Aktion zu Aktion attraktiver auf den Universitäten, aber auch darüber hinaus. Nach dem Ersten Mai 1968 gründeten sie mit ausgetretenen VSStÖlern den SÖS (Sozialistischer österreichischer Studentenbund), dessen Name nach kurzer Zeit untersagt wurde. Aus den gleichen Zusammenhängen entstand im Herbst 1968 die FNL (Föderation Neue Linke), die sich aber zu Beginn der 1970er wieder auflöste.

Den Kern des Heimspartakus bildeten eine 1968 gegründete Wohngemeinschaft im sechsten Wiener Gemeindebezirk (Sektion 6 der KPÖ) und eine Gruppe von Zöglingen aus einem Heim in der Geblergasse. Letztere besetzten die Türmerstube im Stephansdom und einen leeren Tigerkäfig in Schönbrunn, um für die Selbstverwaltung ihres Heimes zu kämpfen. Der Spartakus verstand sich als eine im Aufbau befindliche „Kampforganisation der österreichischen Arbeiterjugend". Er wurde durch militante Aktionen bekannt, durch die Besetzung eines Siemenspavillons „gegen den Ausverkauf der Verstaatlichten", durch den militanten Ordner_innendienst zum Schutz vor rechtsradikalen Angriffen bei Demonstrationen und einiges mehr, besonders aber durch die Kampagne *Öffnet die Heime*: Sie demonstrierten vor Erziehungsheimen, unterstützten entflohene Heimzöglinge und brachten sie in linken Wohngemeinschaften unter. Der Missbrauch und die Gewalt in den angegriffenen Heimen wurden erst Jahre bis Jahrzehnte später von den offiziellen Institutionen abgestellt.

Die Aktivist_innen des Heimspartakus standen wegen ihrer Militanz unter dem permanenten Druck staatlicher Repression, aber auch wegen der Kriminalität von „Unterschichtsjugendlichen“. 1972 verließ die Führungsgruppe Wien und flüchtete in die Schweiz und nach Frankreich, wo die Spartakist_innen die internationale Landkommune Longo maï gründeten. Weltweit bestehen noch einige Höfe, davon einer im slowenisch-sprachigen Gebiet Kärntens.

Die „heiße Viertelstunde“ 1968 (Keller 1983) beschränkte sich auf wenige spektakuläre Aktionen. Am 1. Mai störten Studierende das nachmittägliche Blaskonzert der SPÖ und machten es lächerlich, der „Blasmusikrummel“. Die Polizei griff unter Anfeuerung der Parteigranden auf der Tribüne gegen „die Studenten“ durch. Einige VSStÖler verließen empört die SPÖ. Am 29. Mai, als in Frankreich die Welt auf dem Kopf stand, besetzten Aktivist_innen nach einem Teach-in über *Weltrevolution und Konterrevolution* mit Bahman Nirumand, einem Oppositionellen aus dem Iran des Schah, den Hörsaal 1 der Uni Wien. Die Besetzung wurde aufgegeben, um an einer Schüler_innendemonstration für Demokratisierung teilzunehmen.

Der mediale Höhepunkt war aber die von den Boulevardmedien so bezeichnete „Uniferkelei“, die Veranstaltung *Kunst und Revolution* der Künstler_innengruppe Wiener Aktionisten am 7. Juni 1968 und die nachfolgenden Repressionen (Gefängnis und Exil der beteiligten Künstler).[53]

53 Die Aktionisten schissen, schifften und masturbierten, sangen die Bundeshymne und hielten theoretische Referate. Die meisten Vertreter_innen des Wiener Aktionismus wurden später bekannte Künstler_innen wie Hermann Nitsch, Günter Brus oder aus dem Umfeld Valie Export. Günter Brus, Otto Mühl, Peter Weibel und Oswald Wiener

War vor 1968 die Militanz rechtsradikal, wie etwa gegen die Antifaschist_innen in der Borodajkewicz-Affäre, oder proletarisch, wie gegen die Habsburg-Einreise und für den rechten SPÖler Olah, so waren jetzt die als zukünftige Eliten gedachten Studierenden auf der Straße. Internationalistische Demonstrationen mit militanten Auseinandersetzungen wurden Teil einer linken Tradition. Im Jänner 1969 demonstrierten Tausende Studierende mehrere Tage hintereinander gegen den Krieg in Vietnam und gegen den Besuch des Schahs von Persien. Am 14. Mai 1970, nach dem Einmarsch der US-Armee in Kambodscha und der Erschießung von vier Demonstrant_innen in den USA, sah Wien die größten Demonstrationen gegen den Vietnamkrieg. Die bekannteste Anti-Vietnam-Aktion war aber die Besetzung der Landebahn des Flughafens Salzburg im Mai 1972. Die Polizei musste diese erst freiprügeln, was die Ankunft des US-Präsidenten Richard Nixon kurzfristig verzögerte. Im Oktober 1975 deckten Demonstrierende das Büro der spanischen Fluglinie Iberia mit einem Steinhagel ein, um gegen die Hinrichtung von Oppositionellen durch das faschistische Franco-Regime zu protestieren.

1968 demonstrierten die Schüler_innen für eine bessere Bildungspolitik, wie kleinere Klassen und Demokratie an den Mittelschulen. Beeinflusst durch den VSM wurden an vielen Schulen mehr oder weniger radikale Schüler_innenzeitungen gegründet. Jugendliche protestierten gegen das Verbot sexueller Darstellungen, gegen die Repression linker oder aufmüpfiger Schüler_innen, besonders aber gegen die noch immer im Dienst befindlichen Nazilehrer_innen. Im April 1972 demonstrierten Tausende Mittelschüler_innen gegen den „Ma-

beteiligten sich an der Aktion. https://de.wikipedia.org/wiki/Kunst_und_Revolution.

turanten-Erlass", wonach die jungen Männer sofort nach der Matura ihren Wehrdienst ableisten hätten müssen. Nach den Reformen 1972 durften Maturanten den Präsenzdienst in den Ferien ableisten.

Aus einem als Aprilscherz gedachten Artikel im *Neuen Forum*, einer angeblichen Rede von Außenminister Kurt Waldheim über die Auflösung des Bundesheeres, entstand Ende 1969 das „Volksbegehren gegen das Bundesheer", das trotz zehntausender Unterschriften nie eingeleitet wurde. Im Mai 1971 demonstrierten Tausende gegen den Verteidigungsminister Karl Lütgendorf, als er Unterstützer_innen dieses Volksbegehrens als „von ausländischen Anarchisten gesteuerte Heißsporne" bezeichnete. Zudem entstanden antimilitaristische Soldatenzeitungen, die brutale Ausbildner anprangerten.

Die SPÖ nutzte die Anti-Bundesheer-Stimmung im Wahlkampf zu den Nationalratswahlen im März 1970 mit dem Slogan „Sechs Monate Bundesheer sind genug". 1975 wurde der Zivildienst, wenn auch mit einer lächerlichen „Gewissensprüfung", eingeführt, um störende linke Aktivisten vom Bundesheer fernzuhalten.

Wir müssen uns organisieren ...

Scheitern radikale und revolutionäre Bewegungen wie „1968" an Repression und Reform, entsteht häufig der Wunsch, sich mehr und besser und auch disziplinierter zu organisieren. Einige sahen ihre Zukunft in der Neugründung leninistischer Kaderparteien („K-Gruppen").

Ende 1970 beschloss eine Mitgliedervollversammlung der Vereinigung Demokratischer Studenten (VDS) als Studierendenorganisation der KPÖ den Ausschluss der Eurokommunist_innen und nannte sich jetzt Marxistisch-Leninistische Studenten (MLS). Ende 1971 wurden die Sympathisant_innen der „normalisierten" KPÖ ausgeschlossen, die den Kommunistischen Studentenverband (KSV) gründeten. Im August 1972 bezog eine Minderheit der MLS trotzkistische Positionen und wurde anschließend ausgeschlossen. Die MLS waren jetzt die „maoistische" Studierendenorganisation.

1972 gründeten sich die Kommunistischen Bünde als marxistisch-leninistische („maoistische") Organisationen. Zur Zeit ihres zahlenmäßigen Höhepunkts konnte der KB in Wien Demonstrationsblöcke mit bis zu 1000 Mitgliedern und Sympathisant_innen bilden, bei den Hochschulwahlen gewannen die MLS drei bis vier Prozent der Stimmen. Im August 1976 vereinigten sich diese regionalen Bünde zum KB Österreich. Der Niedergang des Marxismus-Leninismus hatte aber schon begonnen, als der KB in der Anti-AKW-Bewegung ab 1976 (vgl. unten) seinen größten Einfluss hatte. 1980 spalteten sich die noch bestehenden Reste. Ein Teil wollte eine vorsichtige politische Öffnung, der andere am ML-Konzept festhalten. Kurz darauf war der KBÖ verschwunden, während die schon aus der KP-Spaltung der 1960er entstandene „maoistische" MLPÖ weiter existierte.

Die Gruppe Revolutionärer Marxisten (GRM) als Teilorganisation der Vierten Internationale war in den 1970ern die größte und wichtigste trotzkistische Organisation.[54] Kader aus

54 Andere Organisationen wie die IKL gab es nur ein paar Jahre, bevor sie sich spalteten, verschwanden oder sich auf Kleinstgruppen reduzierten. Die heute noch zahlenmäßig größten sind der Funke, der aus der Militant-Tradition in der SPÖ geblieben ist („Entrismus") und die SLP, die sich aus derselben Tradition abspaltete und international eine eigene Partei bildete. Eine Zeit lang hatte die aktivistische Linkswende,

dem VSM und den MLS gründeten sie und gaben ab 1973 die Monatszeitung *Rotfront* heraus. 1979/1980 beschloss die GRM, beeinflusst von den internationalen Diskussionen im Vereinigten Sekretariat der 4. Internationale (VS) eine Wende hin zu den Betrieben, die Zeitung *Die Linke* ersetzte die *Rotfront*. 1986 wurde die GRM in SOAL (Sozialistische Alternative) umbenannt. In den 1970ern war die GRM Teil einer „undogmatischen Linken", in den 1980ern beteiligten sich einige wenige von ihnen am Aufbau der Grünen Partei.

1973 entschied sich der VSM für eine Lösung von der SPÖ. Erst 1976 gründete sich mit der Aktion kritischer Schüler_innen (AKS) wieder eine Schüler_innenorganisation der Partei, die bis heute existiert und sich immer wieder links äußert.

Um 1970 machten die meisten VSStÖler_innen unabhängige Unipolitik (in den IVK) oder waren Teil der existierenden Bewegungen, immer in Auseinandersetzung mit der SPÖ („Der VSStÖ distanziert sich andauernd von sich selbst", Schindel 1998, S. 73). Die Mutterpartei verlangte Distanzierungen wegen der Unterstützung von Demonstrationen, meistens unter dem Vorwand, dass der VSStÖ nicht mit Kommunist_innen zusammenarbeiten dürfe.[55]

eine von der britischen Socialist Workers Party (SWP) in den 1990ern gegründete Organisation, Einfluss auf die linke Szene.

55 Die „Eisenstädter Erklärung" der SPÖ von 1969 verbot eine Zusammenarbeit mit Kommunist_innen, informelle Zusammenarbeit wurde aber immer geduldet. Manchmal war die KPÖ „braver" als sozialdemokratische Organisationen, 1972 veranstaltete sie in Salzburg eine Kundgebung weit weg vom Flugfeld, auf dem Nixon landen sollte, während das „Sozialdemokratische Indochinakomitee" gemeinsam mit Linksradikalen die Landebahn blockierte.

Im VSStÖ wie auch in den anderen SPÖ-Organisationen (mehr in der Sozialistischen Jugend – SJ als in der Jungen Generation – JG) konnten sich lange linke Strömungen wie die Trotzkist_innen des Funken oder in Oberösterreich ein Stamokap-Flügel halten („Staatsmonopolistischer Kapitalismus" – eine Theorie über die (finanz)oligarchische Organisation des Kapitalismus in seiner Endphase). Diese Toleranz, die sich durch die Geschichte der österreichischen Sozialdemokratie zieht, verhinderte auch nach 1968 bedeutende Abspaltungen. Viele Funktionär_innen, die früher links waren, etablierten sich später in der Partei (von Karl Blecha bis Josef Cap). Der VSStÖ blieb lange die stärkste linke Organisation auf den Universitäten, bis er in den 2000ern zeitweise von den Grünen Studierenden abgelöst wurde.[56]

Kreiskys Reformen

Die Regierung Kreisky wird oft als linke Regierung gesehen, weil sie von den Rechten als links angegriffen wird, wegen der internationalen Politik zu Gunsten des Globalen Südens, besonders aber wegen der Durchsetzung von Reformen, wie der Entkriminalisierung der Abtreibung. Natürlich auch, weil die SPÖ später noch weiter nach rechts gegangen ist.

Die SPÖ wählte Bruno Kreisky am Parteitag Anfang 1967 gegen innerparteilichen Widerstand zum Vorsitzenden der SPÖ. Kreisky war als „Rechter" ausdrücklich ein „Großkoalitionär" und immer bereit zu einer Öffnung zu den rechten Parteien (bis zur FPÖ).

56 Die KPÖ-Organisationen, KJÖ und KSV, konnten wie alle linke Gruppierungen vom Zeitgeist profitieren und gewannen in den 1970ern und 1980ern neue Mitglieder.

Am 1. März 1970 erzielte die SPÖ eine relative Mandatsmehrheit und bildete eine von der FPÖ tolerierte Minderheitsregierung, der ein Wahlgesetz zugunsten parlamentarischer Minderheiten versprochen wurde. 1971 rief Kreisky vorgezogene Neuwahlen aus, der 10. Oktober 1971 brachte der SPÖ durch die absolute Mehrheit eine bis 1983 andauernde Alleinregierung. Dieser Wahlsieg war ein Ergebnis der „fortschrittlichen" Stimmung bis in bürgerliche Kreise hinein, die SPÖ wurde jetzt wirklich von einer proletarischen zu einer „Volkspartei". Die Alleinregierung verwirklichte viele Reformversprechen, meistens aber als Kompromisse mit der Opposition.

Die Normalarbeitszeit wurde auf 40 Stunden gesenkt.[57] Bildung sollte für möglichst viele junge Menschen, auch aus ärmeren Schichten, verbessert und erleichtert werden, kostenlose Schulbücher und die Schulfreifahrt wurden eingeführt. Die SPÖ verwirklichte dagegen die von der ÖVP abgelehnte Gesamtschule nie. Studierende zahlten keine Studiengebühren mehr, die Drittelparität zwischen Professor_innen, Mittelbau und Studierenden wurde festgeschrieben und erst in den 2000ern wieder abgeschafft.

Die Kleine Strafrechtsreform (Strafrechtsänderungsgesetz 1971) entkriminalisierte Ehestörung, Ehebruch sowie homosexuelle Handlungen zwischen Erwachsenen. Als Kompromiss mit der Kirche und der ÖVP blieben weiter diskriminierende Paragraphen wie das Verbot der Vereinsgründung und der Werbung für Homosexualität wie auch das unter-

57 Die Einleitung der Arbeitszeitverkürzung begann zwar noch während der ÖVP-Alleinregierung, aber ein Volksbegehren der SPÖ 1969 ließ sie als die Proponentin erscheinen.

schiedliche „Schutzalter“ von Heterosexuellen und Homosexuellen, allesamt Einschränkungen, die erst in den 2000ern abgeschafft wurden.

Die Große Strafrechtsreform, die am 1. Jänner 1975 in Kraft trat, orientierte sich nicht mehr am Vergeltungsprinzip, sondern sah den Zweck der Strafe in der Prävention. Sie beschränkte die Freiheitsstrafen, institutionalisierte die Bewährungshilfe und führte Einrichtungen für „geistig abnorme Rechtsbrecher_innen“ ein.

Die „Fristenlösung“, die Straffreiheit eines Abbruchs in den ersten drei Monaten einer Schwangerschaft, wurde im Gegensatz zu anderen Gesetzen gegen eine heftige kirchliche und konservative Opposition durchgedrückt, ein (begrenzter) Erfolg der feministischen Bewegung (vgl. unten). Hinsichtlich des Familienmodells vertrat die SPÖ-Alleinregierung eine doppelte Strategie. Der Förderung der Kleinfamilie durch die Einführung eines Heiratsgeldes und durch Geburtenbeihilfen setzte Kreisky 1979 das Staatssekretariat für Frauenfragen unter der Leitung von Johanna Dohnal entgegen.

Bruno Kreisky im Wahlkampf 1979: „… dass mir ein paar Milliarden mehr Schulden weniger schlaflose Nächte bereiten als ein paar hunderttausend Arbeitslose.“

Während die Arbeitslosigkeit in vielen Ländern nach der Wirtschaftskrise 1973 anstieg, vermied Österreich sie durch die Verkürzung der Arbeitszeit, den Abbau der „Gastarbeiter_innen“ und den „Austrokeynesianismus“, der die Inflation im Zaum hielt und zu hohe Lohnsteigerungen der Arbeiter_innen verhinderte. Heftige Arbeitskämpfe erschütterten einige westeuropäische Staaten, während hier das festgefügte System der Zusammenarbeit zwischen den Wirtschaftskammern und dem ÖGB Konflikte verhinderte. Hier wiederhole ich noch einmal ein Prinzip der Sozialpartner_innenschaft als „Benya-Formel“:[58] „Lohnerhöhungen sind die Abgeltung der Inflation und der längerfristige Produktivitätszuwachs. Arbeitsplätze wurden so wenig wie möglich abgebaut.“

Nach einer weiteren Krise 1979/1980 ließ sich dieses Konzept nicht mehr aufrecht erhalten, die andauernde Diskussion um eine „Krise der Verstaatlichen Industrie“ brachte in den 1980ern schließlich eine schrittweise Privatisierung. Trotzdem wurde der Abbau von Arbeiter_innen hier langsamer durchgeführt als in den Staaten mit einer harten Austeritätspolitik wie Großbritannien oder die USA.

58 Anton Benya war von 1963 bis 1987 Präsident des ÖGB.

Neue Soziale Bewegungen

Alternativ zu sein, hieß gegen Atomkraftwerke, für die Besetzung des Amerlinghauses,[59] feministisch, schwul, gegen den Reformismus von KPÖ und SPÖ und gegen den Stalinismus von MLS/KB, für Wohngemeinschaften und Kommunen, für

alternative Kindergruppen und Schulen, für ein anderes Leben und Essen zu sein – die Spontizeitung *Springinkal* nannte dieses Spektrum einen „revoltierender Gemischtwarenladen".

Sichtbar wurden die Veränderungen der linken und linksradikalen Szene auf den Ersten-Mai-Demonstrationen. Waren es bis in die 1960er nur die SPÖ und die KPÖ, die getrennte Blöcke bildeten, danach, fein säuberlich getrennt, die maoistischen und trotzkistischen Organisationen, ergänzten ab 1976 bunte Blöcke einer undogmatischen Linken diese traditionalistischen Maiparaden.

Diese Alternativbewegung bildete später die Basis der Grünen in den Städten, aber auch der radikaleren Autonomen der 1980er, war aber auch die Grundlage sich später etablierender NGOs wie Global 2000 oder WWF, der Dritte-Welt-Gruppen, aber auch Attac.

59 Im Sommer 1975 wurde das Amerlinghaus drei Monate lang besetzt, 1978 als kulturelles und politisches Zentrum von der Gemeinde Wien zur Verfügung gestellt und finanziert. Es besteht heute noch als politischer Treffpunkt.

Die Besetzung der Wiener Arena

Viele sehen die Besetzung der Arena als nachholendes österreichisches 1968. Architekt_innen und Künstler_innen forderten schon länger, dass der Auslandsschlachthof St. Marx an der Bezirksgrenze zwischen der Landstraße und Simmering nicht abgerissen werden dürfe. Das Besondere war die architektonische Struktur, von einer Mauer umgebene Gebäude auf einer Gesamtfläche von 70.000 m². Am 27. Juni 1976 endete das Abschlussfest der alternativen Veranstaltungsreihe „Arena" mit einer Besetzung. Das Plenum diese Abends forderte noch in derselben Nacht: 1. Der Schlachthof St. Marx darf nicht abgerissen werden, 2. Das gesamte Gelände muss als Kultur- und Kommunikationszentrum das ganze Jahr über offen sein, 3. Selbstverwaltung: alle, die mittun, bestimmen gemeinsam, was in der Arena geschieht, 4. Die Gemeinde Wien soll zur Unterstützung der Aktivitäten die Betriebskosten zahlen.

Obwohl oder gerade weil nicht verhandelt wurde, sagte die Gemeinde zu, Strom und Wasser vorerst nicht abzustellen. In den nächsten Tagen entstanden die Theaterhalle, ein Saal für Video und Diavorträge, die Diskothek, die Große Halle, die Rote Halle der KPÖ, das Haus Simmering für die Jugendlichen aus der Umgebung, mehrere Cafés (Café Schweinestall, Teehaus, Literatencafé), eine Galerie, ein Soldatenhaus mit Rechtsberatung für Grundwehrdiener, ein Frauen- und ein Kinderhaus. Zahlreiche Veranstaltungen, politische Diskussionen, Dichterlesungen, Musik und Theater zogen in den nächsten Wochen zehntausende Besucher_innen an.

Im Laufe des Sommers 1976 verstärkte die Gemeinde Wien den Druck, sie verlangte eine verbindliche Rechtsform (einen Verein) und die Bezahlung der Getränke- und Vergnügungssteuer für auftretende Musiker_innen. Sie bot den um zwei Drittel kleineren Inlandsschlachthof als Ersatzgebäude an. Am 19. September stellte die Gemeinde Strom und Wasser ab, und am 27. September finalisierte der Wiener Gemeinderat den Verkauf.

Ein Umzug durch die Stadt protestierte am 6. Oktober 1976 gegen die Schikanen der Gemeinde, am selben Abend beschloss das Plenum den freiwilligen Abzug, wenige Tage später, am 12. Oktober 1976, begann der Abriss des Auslandsschlachthofes. Der Inlandsschlachthof wurde zwar nicht angenommen, was eine Gruppe nicht daran hinderte, ihn als Veranstaltungsort zu benutzen. Die Gemeinde duldete dann aber doch irgendwie die Besetzer_innen. 1981, nach den „Jugendunruhen“ (vgl. unten), legalisierte sie die Arena als alternativen Veranstaltungsort, der noch heute besteht.

Feminismus

Die Aktion Unabhängiger Frauen (AUF) entstand im Herbst 1972 als die wichtigste Organisation des österreichischen Feminismus. Wenige Monate später erschienen die *AUF-Mitteilungen*, ein Jahr später die *AUF* als periodische Zeitschrift, bis in die 2000er ein Publikationsorgan der sich ausbreitenden feministischen Bewegung. 1974 eröffnete die AUF ein Frauenzentrum in der Tendlergasse.

Das wichtigste Aktionsfeld war Anfang der 1970er der Kampf gegen den § 144, das Verbot der Abtreibung. Die AUF unterstützte die Initiative der SPÖ-Alleinregierung zur Einführung der Fristenlösung. Ohne den feministischen Aktivismus hätte es die SPÖ nicht gewagt, die Fristenlösung gegen alle Widerstände durchzusetzen, Kreisky wäre, als Kompromiss mit der ÖVP, für eine Indikationslösung eingetreten.[60] Ab Jänner 1975 wurden Abtreibungen zwar nicht mehr bestraft, aber in fast allen Bundesländern stießen Frauen auf Schwierigkeiten, Ärzt_innen oder Krankenhäuser zu finden.

Sichtbarkeit machte die autonome Frauenbewegung aus: Frauenzeichen, radikale und provozierende Parolen („Die Herrschaft der Schwänze hat ihre Grenze"), Frauenblöcke auf den Erste-Mai-Paraden und anderen Demonstrationen, Angriffe auf sexistische Werbung und Sexshops und die Störungen von Veranstaltungen von Abtreibungsgegner_innen. Erste feministische Strukturen entstanden, das Frauencafé und die Frauenbuchhandlung, neue feministische Gruppen tauchten auf, radikal und weniger radikal, neue Projekte, neue Zeitungsansätze, auch solche, die kamen und wieder verschwanden, wie 1982 das *Frauenblattl*. Innerhalb der weiter bestehenden Gruppen wie GRM und KPÖ, aber auch in der Sozialdemokratie bezeichneten sich Frauen immer öfter als Feministinnen. Radikaler Feminismus wurde mit der Jugendbewegung Anfang der 1980er noch einmal breiter und selbstverständlicher.

Die Familienrechtsreform der SPÖ-Alleinregierung brachte 1975 eine ansatzweise formale Gleichberechtigung zwischen Frauen und Männern, Frauen durften ohne Zustimmung des Mannes arbeiten, über den Wohnsitz mitentscheiden und den Familiennamen wählen, 1977 erhöhte die Regierung das Karenzgeld, führte den Mutter-Kind-Pass ein, verlängerte den Mutterschutz und beschloss die einwöchige Pflegefreistellung, schaffte 1978 die „väterliche Gewalt" ab und führte das Ehegattenerbrecht, das Ehegüterrecht und das Ehescheidungsrecht ein.

60 Indikation bedeutet, dass bestimmte Bedingungen vorliegen müssen: Gefahr für die Schwangere oder das Kind, Vergewaltigung, Missbrauch etc.

1979 schuf Bundeskanzler Kreisky mit einem Paukenschlag vier neue, mit Frauen besetzte Staatssekretariatsposten, Johanna Dohnal wurde Frauenstaatssekretärin. Sie sah sich als Linke in der SPÖ, betonte aber, dass der feministische Druck der autonomen Frauenbewegung notwendig sei, um für Frauen überhaupt etwas gegen den männlichen Widerstand in der Partei und in der Gesellschaft durchsetzen zu können.

Die autonome Frauenszene war so stark wie noch nie, die vielfältige feministische und Frauenszene gegen Ende der 1980er „unübersehbar" (Geiger/Hacker 1989, S. 223). War das Zentrum des Feminismus in den 1970ern die AUF und das Frauenzentrum in der Tendlergasse, so wurde es in den 1980ern das autonome, im Gebäude des WUK befindliche Frauenkommunikationszentrum (später FrauenLesbenMädchenzentrum). Viele feministische Projekte waren allerdings von Subventionen oder von der Arbeitsmarktverwaltung abhängig, der Finanzierung der Arbeitsplätze durch das „Akademikertraining" und die „Aktion 2000". Ab 1987 bedrohten die „Sparpakete" der Großen Koalition diese prekären Projekte (Geiger/Hacker 1989, S. 208ff).

Die Wechselwirkung zwischen radikalem Feminismus und den Frauen in den Institutionen, prominent vertreten durch Johanna Dohnal, brachte weitere Verbesserungen. 1989 wurden durch die Sexualstrafrechtsreform Vergewaltigung und geschlechtliche Nötigung in der Ehe oder einer Lebensgemeinschaft strafbar, 1993 trat das Gleichbehandlungsgesetz gegen Diskriminierung und sexuelle Belästigung am Arbeitsplatz in Kraft, 1997 ermöglichte das Bundesgesetz zum Schutz vor Gewalt in der Familie die Wegweisung und das Betretungsverbot der meist männlichen Gewalttäter.

Manche (eher SPÖ-dominierte) Institutionen diskutierten Gender Mainstreaming, Männer und Frauen sollten in Institutionen gleiche Bedingungen haben, führten es aber selten ein. Im akademischen Feld entstanden feministische und emanzipatorische Nischen, „Frauenforschung", später „Genderforschung", noch keine Professorinnen, aber immerhin schon Lehrende.

1990 wurde Johanna Dohnal Frauenministerin, zugleich sank aber der Frauenanteil im damaligen Kabinett der Großen Koalition. Schließlich musste Dohnal im Herbst 1995 aus der Regierung ausscheiden.

In den 1990ern meinten viele Töchter der Feministinnen, ihnen stehe inzwischen die Welt offen. Jüngere Frauen*[61] wollten nicht mehr als Emanzen oder Feministinnen bezeichnet werden, die Szene sprach vom „Roll back". Viele erkannten kurze Zeit später, dass das Leben für Frauen doch nicht so leicht ist, wie es zuerst erschien. Hausarbeit, Kinderziehung, soziales Umsorgen, gratis in den Familien und in Beziehungen oder schlecht bezahlt in der *Care*-Arbeit, war und ist noch immer weiblich. Gewalttätigkeiten gegen Frauen in den Familien und außerhalb sowie sexualisierte Übergriffe wurden nicht weniger und werden nur ausnahmsweise und halbherzig von Polizei und Justiz verfolgt. Die Löhne sind noch immer niedriger, höhere Positionen in Firmen und Institutionen in der Hand von Männern, die berühmte „gläserne Decke" konnten Frauen* nur in äußerst seltenen Ausnahmen durchbrechen. Die Emanzipation setzte sich nicht mehr fort. Das Frauenvolksbegehren 1997 war zwar zahlenmäßig erfolgreich, konnte aber praktisch nichts erreichen. Zugleich eskalierte ab

61 In den 1990ern änderte sich die linke Diskussion in Richtung „Queer-Feminismus" (vgl. unten), darum verwende ich jetzt „Frauen*" statt nur „Frauen" als Ausdruck dafür, dass es nicht nur die zwei biologischen Geschlechter „Mann" und „Frau" gibt.

den 1990ern der innerfeministische Streit zwischen dem neu entstandenen „Queer-Feminismus" und dem „radikalen Feminismus" (vgl. unten).

Slowen_innen

Der Artikel 7 des Staatsvertrags von 1955 legte grundlegende sprachliche Rechte der slowenischen Minderheit in Kärnten, wie zweisprachige Ortstafeln und eine slowenische Amtssprache, fest. Verwirklicht wurde das nie. Alle Parteien, einschließlich der SPÖ, ignorierten nach dem Abzug der Alliierten 1955 die slowenische Sprache, wenn sie sie nicht überhaupt bekämpften. 1972 setzte die Regierung Kreisky mit knapper Mehrheit ein Gesetz durch, das entsprechend Artikel 7 im gemischtsprachigen Gebiet zweisprachige topographische Aufschriften vorsah. Deutsche Kärntner_innen demolierten im „Ortstafelsturm" die ab dem 20. September 1972 aufgestellten Ortstafeln wieder und wieder, meist unter den Augen, wenn nicht mit Unterstützung der Gendarmerie. Bei einem Besuch in Koroška/Kärnten musste Bundeskanzler Kreisky vor deutschnationalen Angreifer_innen flüchten. Ende des Jahres 1972 konstituierte die Regierung eine von den Slowen_innen boykottierte „Ortstafelkommission", die eine „geheime Erhebung der Muttersprache" beschloss. Diese bedeutete in den ländlichen Regionen mit sozialer Kontrolle massiven Druck, sich nicht als Slowen_in zu bekennen. Gegen diese „Minderheitenfeststellung" bildeten sich in allen Städten linke Solidaritätskomitees zur Unterstützung der slowenisch-kärntner Bevölkerung (Baumgartner/Perchinig 1995, S. 516).

Slowen_innen in den zweisprachigen Gebieten boykottierten die Minderheitenfeststellung am 14. November 1976, während viele Linke in den Städten slowenisch ankreuzten.

Nach diesen Ergebnissen lebten in Wien dreimal soviel Slowen_innen wie in den gemischtsprachigen Regionen Kärntens/Koroške. Konkrete Verbesserungen für die slowenische Bevölkerung brachte diese Bewegung nicht.

Während sich die Assimilation in den traditionell gemischtsprachigen Regionen fortsetzte und immer weniger Menschen Slowenisch sprechen wollten, verbreitete sich das Slowenische unter Linken und Liberalen der Städte. Jüngere Slowen_innen begannen, durch die Bewegung motiviert, wieder ihre Sprache zu lernen und zu verwenden.

Die Ostöffnung und der Beitritt Sloweniens zur EU 2004 machten den Erwerb des Slowenischen auch ökonomisch attraktiv. Aber noch in den 2000ern weigerte sich der damalige Landeshauptmann Jörg Haider, zweisprachige Ortstafeln aufzustellen. Erst 2011 wurde eine Lösung gefunden, und selbst der deutschnationale Kärntner Heimatdienst (KHD) sprach mit (eher konservativen) Slowen_innen und wehrte sich nicht mehr gegen die Aufstellung zweisprachiger Ortstafeln.

Ökologie

In den 1960ern war die Linke technikfreundlich bis technikgläubig. Sie sah die zivile Nutzung der Atomenergie als Alternative zur Atombewaffnung. Zu Beginn der 1970er entstanden Bürger_inneninitiativen (BI), die sich gegen die Zerstörung ihrer direkten Lebensumwelt wendeten. Oft ging es ihnen um einen „Schutz der Heimat", 1972 verhinderte eine Initiative von Anrainer_innen die Verbauung des Sternwarteparks in Wien. Gegen die „Beton-SPÖ" sah sich die Wiener ÖVP, die „bunten Vögel" des Erhard Busek, in den 1970ern auf Seiten derer, die gegen Großprojekte wie die geplante UNO-City auftraten. Linke waren vorerst nicht dabei.

Die Bewegung gegen das geplante AKW Zwentendorf, nicht weit von Wien, war vorerst konservativ, „lebensschützerisch" bis rechtsextrem. Das änderte sich mit dem Beginn der Planung eines zweiten österreichischen AKWs bei St. Pantaleon unweit von Linz. An der 1974 entstehenden Bürgerinitiative gegen Atomgefahren beteiligten sich erstmals auch Linke. In der BRD wurden 1975 und 1976 AKW-Baustellen zu Schauplätzen militanter Auseinandersetzungen. In ganz Österreich gründeten sich von Linken dominierte Arbeitskreise gegen Atomenergie, am 17. Mai 1976 konstituierte sich in Enns die IÖAG (Initiative Österreichischer Atomkraftwerksgegner). Lautstarke Proteste von AKW-Gegner_innen begleiteten in vielen österreichischen Städten Informationsveranstaltungen der Regierung, eine letzte am 24. März 1977 in Wien wurde aus Angst vor Ausschreitungen abgesagt. Im Juni 1977 demonstrierten 6000 bis 7000 Menschen vor dem bereits fertig gestellten AKW Zwentendorf, vierzehn Tage später Tausende Waldviertler_innen gegen eine dort geplante Atommüllagerstätte.

Am 22. Juni 1978 kündigte Kreisky eine Volksabstimmung über Zwentendorf an, in ganz Österreich entstanden „Stimmt-Nein"-Initiativen. Die Volksabstimmung endete schließlich mit einem knappen Nein (50,47%) zu Atomkraftwerken. Durch die vielfältige Aktivität von unten konnten AKW-Gegner_innen mobilisiert werden, während die Befürworter_innen durch die finanziell, wirtschaftlich und politisch dominierenden Kräfte mit ihren Hochglanzbroschüren nicht bewegt werden konnten. Die Atomgegner_innen in der SPÖ, Linke und Jugendorganisationen waren aktiver Teil der Anti-AKW-Bewegung und stimmten mit Nein, aber auch ÖVPler_innen wollten nicht für Kreisky stimmen.

Das AKW Zwentendorf wurde nie in Betrieb genommen. Kanzler Kreisky trat trotz gegenteiliger Ankündigungen nicht zurück, und die SPÖ feierte bei den Nationalratswahlen 1979 ihren größten Wahlerfolg. Die AKW-Befürworter_innen lobbyierten weiter für die Atomenergie, aber seit dem Unfall im AKW Tschernobyl im April 1986 sind in Österreich mehr als drei Viertel der Bevölkerung, aber auch praktische alle Politiker_innen gegen die „friedliche Nutzung der Atomenergie". In den 1980ern wurde der Kampf gegen AKWs zu einer Spielwiese für die Rechten, besonders die FPÖ, weil es gegen AKWs in den ehemals „kommunistischen" Nachbarstaaten (Tschechoslowakei, Ungarn und Jugoslawien) ging.

Biolog_innen, Ökolog_innen, Umweltschützer_innen (WWF und Global 2000) und prominente Künstler_innen leiteten, mit wirkungsvoller Unterstützung der *Kronenzeitung*, das Konrad-Lorenz-Volksbegehren (KLV) für die Errichtung eines Naturschutzgebietes im Bereich des geplanten Flusskraftwerkes bei Hainburg (östlich von Wien) ein. Im Mai 1984 mobilisierte der ÖGB in Wien zu einer seiner größten Demonstrationen der Zweiten Republik (40.000) gegen diese Naturschützer_innen.

Als am Montag, den 10. Dezember, der Rodungsbescheid in Kraft trat, war die Au bereits besetzt. Der erste Räumungsversuch scheiterte an von Autonomen (vgl. unten) aus Ästen und Baumstämmen errichteten Barrikaden, die daraufhin massenhaft entstanden und im Laufe der Besetzung zu den Symbolen des Widerstands wurden. Die von der Aktionsgemeinschaft (AG) dominierte Österreichische Hochschülerschaft (ÖH) rief einen Vorlesungsstreik aus und organisierte einen Shuttledienst mit Bussen zwischen Wien und der besetzten Au.

Betriebsrät_innen des ÖGB drohten mit einem Marsch Tausender Arbeiter_innen, um die Besetzer_innen aus der Au zu vertreiben. Die SPÖ, die mit der FPÖ die Regierung stellte, konnte die Gewerkschafter_innen wahrscheinlich mit dem Versprechen eines Polizeieinsatzes von diesem Vorhaben abbringen. Am Mittwoch, den 19. Dezember, setzte die Wiener Einsatzgruppe Cobra Hunde, Stacheldrahtrollen, Gummiknüppel und Wasserwerfer ein. Den Arbeiter_innen gelang es zwar, ein Stück Auwald zu roden, die Arbeiten wurden aber immer wieder behindert. Die Bilder aus der Au mobilisierten innerhalb weniger Stunden Zehntausende, die in Wien und danach auch in den Bundesländern gegen diesen Polizeieinsatz demonstrierten.

In der Nacht zum 21. Dezember verkündete die Regierung einen Weihnachtsfrieden. Am 3. Jänner 1985 verbot das Höchstgericht weitere Rodungsarbeiten. Damit war ein Baubeginn ins nächste Jahr aufgeschoben, aus Naturschutzgründen darf nur im Winter gerodet werden, und damit war das Kraftwerksprojekt gestorben.

Bis 1984 war Ökologie Thema einer großen, aber wachsenden Minderheit, ab Mitte der 1980er, durch Hainburg und den Unfall im Atomkraftwerk Tschernobyl am 26. April 1986, reichten zumindest verbale Bekundungen für Umweltschutz bis in die herrschenden Eliten. Diese ersten Erfolge der Ökologiebewegung in Zwentendorf und Hainburg waren ein Aspekt, der die Entwicklung der Grünen Partei verzögerte (vgl. unten).

Bewegungslinke besetzten immer wieder weniger spektakulär weitere Baustellen umweltzerstörerischer Projekte, wie die Pyhrnautobahn zwischen Oberösterreich und der Steiermark, eine Ölbohrstelle bei Kleinreifling in Oberösterreich, ein Kraftwerk an der Mur bei Fisching, die ennsnahe Autobahntrasse in der Steiermark oder die Autobahnbaustelle für die Ostautobahn in Wien. Eine der vorerst letzten ökologisch motivierten Aktionen war die Besetzung einer Kraftwerksbaustelle in Lambach in Oberösterreich im Februar und März 1996. Der Kraftwerksbau konnte verhindert werden.

Nach den Besetzungen der ennsnahen Trasse und danach auch in Lambach klagten die Bauunternehmen die Blockierer_innen auf Schadenersatz. Diese Drohung mit hohen Kosten beendeten viele direkte Aktionen. Ökologie war danach kaum mehr Thema der Linken, sondern wurde durch Kampagnen und die Lobbyarbeit von NGOs wie Greenpeace oder WWF getragen.

Internationale Politik

Die zahlenmäßig bedeutendste Bewegung der 1980er war die gegen den NATO-Doppelbeschluss, die Nachrüstung mit atombestückten Mittelstreckenraketen in der BRD. In den Planungen des „Westens" sollte Europa zum Kampffeld gegen die Sowjetunion werden. Neben vielen Aktionen mit bis zu einigen tausend Teilnehmer_innen demonstrierten am 15. Mai 1982 in Wien in der bisher größten Kundgebung der Neuen Sozialen Bewegungen an die 70.000 und am 22. Oktober 1983 100.000 Menschen gegen diese Nachrüstung. Die Breite der Bewegung reichte von den linksradikalen Gruppen wie den Autonomen über die KPÖ, die organisatorisch am meisten investierte, SP-Organisationen, christlich-pazifistischen Gruppen bis hin zur Jungen ÖVP. Durch die abstrakten Inhalte, die atomare Bedrohung Europas, blieb nach der Niederlage, der Stationierung der Raketen, nicht mehr viel übrig.

Mit dem Internationalismus der „Studentenbewegung" um und nach 1968 entstanden Solidaritätskomitees zu weltweiten Befreiungsbewegungen: das Palästina-Komitee, das Mozambique-Komitee, das Westsahara-Komitee, das maoistisch dominierte Zimbabwe-Komitee (nicht aber Sri Lanka oder Bangladesch), um willkürlich einige aufzuzählen. Aus diesen Solidaritätskomitees und der katholischen Entwicklungshilfe entstand die Dritte-Welt-Bewegung, wichtige Zeitschriften waren *Lateinamerika anders* der Informationsgruppe Lateinamerika und die *Frauensolidarität* (jetzt *Frauen*solidarität*) als Teil der Dritte-Welt- und Frauenbewegung.

Im Juni 1979 stürzten die Sandinist_innen in Nicaragua den Diktator Anastasio Somoza. Als kommunistisch gebrandmarkt, wurde der neue linke Staat von durch die USA unterstützten Guerillas angegriffen. Viele Unterstützer_innen aus Österreich fuhren Mitte der 1980er als Internationale Brigaden nach Nicaragua, um die Menschen dort bei der Ernte zu

unterstützen, zur gleichen Zeit unterstützte die österreichische Linke eine linke Guerilla in El Salvador gegen die dortige Diktatur. Diese Solidaritätsbewegungen orientierten sich nur an kleinen Ländern mit einer linken Alternative. Die bedeutende Iranische Revolution von 1979 konnte nach dem Sieg eines schiitischen Fundamentalismus kein Solidaritätsobjekt werden, obwohl gerade viele exilierte Linke von dort in Österreich lebten.

War „Dritte Welt" ursprünglich eine Bezeichnung für die Blockfreien Staaten, die sich im Kalten Krieg weder der Sowjetunion noch dem Westen unterordnen wollten, so wurde dieser Begriff in den 1970ern und 1980ern ein Synonym für „Entwicklungsländer" insgesamt. Spätestens in den 1990ern werden diese Begrifflichkeiten kritisiert, die eine Hierarchie zwischen „entwickelt" und „unterentwickelt" annehmen, heute wird vom „Globalen Süden" gesprochen (vgl. unten).

Auch wenn der Antimperialismus ab den 1990ern innerhalb der Linken kritisiert wurde, behielt der Internationalismus weiter eine Bedeutung, weil inzwischen so viele Migrant_innen oder Postmigrant_innen in Österreich leben und Teil meistens ausdrücklich linker Politik sind (vgl. unten)

Die Bewegungslinke

1979 kämpften Jugendliche für „Rasenfreiheit" im Burggarten, später besetzten sie Gebäude für Kultur- und Kommunikationszentren, die Phorushalle, 1981 einige Häuser – die Polizei räumte alle Gebäude nach wenigen Stunden. Nach den ersten echten Krawallen seit langem am 1. März 1981, bei denen im ersten Bezirk einige Scheiben eingeschlagen und etwa hundert Beteiligte und Unbeteiligte verhaftet wurden, stellte die Gemeinde Wien im gleichen Jahr Gebäude zur Verfügung. Es war die Zeit der Jugendunruhen in Zürich und der Hausbesetzungen in Berlin, die Gemeinde wollte ähnliche Entwicklungen in Österreich verhindern und übergab als Antwort auf die Unruhen Objekte an alternative Gruppierungen. Das TGM (Technisches Gewerbemuseum) wurde zum Werkstätten- und Kulturhaus (WUK), zu einem Treffpunkt der Alternativszene, in der Gassergasse (GAGA) in Margareten trafen sich eher die Anarchist_innen und die Punks, dieses Projekt wurde schon 1983 wieder geräumt. Daneben stellte die Gemeinde Wien Häuser für Wohnkollektive zur Verfügung, die mehr oder weniger lang bestanden und Teil der Alternativ- und Autonomenszene der 1980er wurden.

In den 1980ern waren es bei gewaltfreien Blockaden „Jugendliche", bei Krawallen waren es „die Autonomen", obwohl es sich meistens um die gleichen sozialen Zusammenhänge handelte (vgl. Foltin 2004, S. 170ff). Viele der sich als Autonome Bezeichnenden waren Teil der sozialen Bewegungen, von der Friedensbewegung über Hainburg bis hin zu den vielen kleinen ökologisch motivierten Besetzungen. Sie waren keine Organisation oder Partei, sondern ein undogmatisch linkes Feld, das sich von Militanz nicht abgrenzte und sich um soziale Zentren und kurzlebig entstehende Zeitungen gruppierte. Erst Ende der

1980er wurde das *TATblatt* zum bedeutendsten Kommunikations- und Informationsorgan der sozialen Bewegungen über die autonome Szene hinaus. Die Antiimps – auf Demonstrationen bildeten sich immer wieder *autonome und antiimperialistische Blöcke* – unterstützten bewaffnete Bewegungen im Globalen Süden und bewerteten im Gegensatz zu den Autonomen die Sowjetunion positiver. Wenn die Autonomen der militante Flügel der (neuen) sozialen Bewegungen waren, so waren das die Antiimps für die Dritte-Welt-Bewegung.

Am jährlichen Opernball traf sich jedes Jahr die politische und kapitalistische Oligarchie, die „Reichen und Schönen". Von 1987 bis 1990 begleiteten Demonstrationen diesen Ball, zuletzt nur noch von den Autonomen organisiert, andere Linke wollten sich von der „Gewalt" distanzieren, was den Zuspruch zu diesem „Krawallspektakel" aber nicht verringerte. Nach der Absage des Opernballs wegen des Golfkriegs 1991 schliefen die Demonstrationen wieder ein.[62]

Besetzung war eine wichtige Aktionsform der Autonomen. Waren es zuerst Jugendzentren, danach Kultur- und Kommunikationszentren wie die Arena, das Amerlinghaus, das WUK und die GAGA, um die gekämpft wurden, so wurden es später Soziale Zentren wie das EKH (Ernst-Kirchweger-Haus), in denen Wohnen, Kultur und politischer Aktivismus zusammenfallen.

In der an das bereits bestehende Hausprojekt Spalowskigasse 3 angrenzenden Aegidigasse 13 vergab die Gemeinde einige wenige Wohnungen an Obdachlose. 1983 und 1984 be-

62 Während der „Bewegung gegen Schwarz-Blau" 2000 und 2001 (vgl. unten) verliefen Opernballdemos noch einmal fast so spektakulär wie in den 1980ern.

siedelten Autonome, Künstler_innen und Punks das ganze Haus, 1986 wurden die letzten legalen Verträge gekündigt. Die „Aegidi“ hatte sich aber inzwischen zu einem kulturellen Zentrum und autonomen Treffpunkt entwickelt. Einige Bewohner_innen zogen im Sommer 1988 aus der Spalowskigasse in ein von der Gemeinde zur Verfügung gestelltes Projekt, und die Behörden verlangten eine Begehung mit Unterstützung der Polizei. Militanter Widerstand verhinderte das. Die Verteidiger_innen zogen sich in die Aegidigasse zurück, eine Hausdurchsuchung dort wurde am nächsten Tag zu einer Räumung, ein Bagger drückte die Türe ein, die Polizei prügelte vierzig Besetzer_innen aus dem letzten Stock die Stiegen hinunter, die beiden Häuser Spalowskigasse 3 und Aegidigasse 13 wurden sofort abgerissen.

1990 besetzten Autonome die im Besitz der KPÖ stehende Wielandschule und nannten das Gebäude Ernst-Kirchweger-Haus (EKH, Ernst Kirchweger war ein 1965 von Nazis erschlagener Kommunist, vgl. oben). Die KPÖ legalisierte die Besetzung, kurz bevor die damalige Reformführung zurücktrat.

2003 verkaufte die KPÖ das Gebäude an einen Rechtsradikalen.[63] Die breite Solidarität mit dem inzwischen etablierten Projekt, auch die Drohung mit militanten Auseinanderset-

63 Die Partei war durch Osthandelsgeschäfte relativ reich und besaß eine Reihe von Immobilien. Große Teile des Geldes wurden Anfang der 1990er eingefroren. 2003 bestimmte ein deutsches Gericht, dass der offizielle Eigentümer nicht die KPÖ sei, sondern die DDR, und das Geld somit an die deutsche Treuhand falle. Die KPÖ war gezwungen, Immobilien, auch das Gebäude des EKH, zu verkaufen. Auch wenn es anders kolportiert wird, glaube ich (ich weiß es aber nicht), dass die Verantwortlichen nicht wussten, dass es sich um einen Rechtsradikalen handelte.

zungen, setzten die Gemeinde Wien unter Druck. Eine stadtnahe Firma kaufte die Immobilie, das EKH konnte nach langen Verhandlungen annehmbare Verträge aushandeln und besteht noch heute als Soziales Zentrum.

Die Autonomen waren und sind nicht die einzigen Linken, die keiner Partei oder politischen Gruppierung mehr angehören, in den 1980ern entstand ein Netzwerk aus Projekten, Gruppen, Initiativen, Treffpunkten, Veranstaltungen etc. innerhalb und außerhalb der Parteien (SPÖ, KPÖ und Grüne). Für diese sozialen Strukturen wird oft der Begriff „Zivilgesellschaft"[64] verwendet, wobei darunter sowohl die in NGOs organisierten Menschen verstanden werden wie die vielen Unorganisierten, die sich an Bewegungen und Kampagnen beteiligen. Viele Projekte, die sich um einzelne Fragen organisieren, wie Antirassismus oder Antifaschismus, Feminismus oder die Rechte der LGBTQ-Community, aber auch Treffpunkte bis hin zu sozialen Zentren. Der Begriff „Zivilgesellschaft" wird auch strapaziert, weil sich der heutige Aktivismus nicht auf eine politische Strömung oder Partei beschränken lässt. Die Bedeutung einer programmatisch organisierten Linken hat sich reduziert. Die Mehrheit wählt trotzdem die aus der Linken kommenden Parteien (SPÖ, KPÖ und Grüne), sie sind aber nicht mehr Stammwähler_innen. Wenn

64 Georg Friedrich Wilhelm Hegel versteht unter Zivilgesellschaft die bürgerliche Gesellschaft, die außerhalb der Familie liegt, Gramsci die kulturelle und soziale Organisation außerhalb von Kapital und Staat, wie religiöse Organisationen, Vereine etc. Heute wird Zivilgesellschaft für emanzipatorische Bewegungen, Projekte und Organisationen verwendet. Inzwischen versuchen auch Reaktionäre, den positiv konnotierten Begriff Zivilgesellschaft zu verwenden und meinen damit wie Gramsci die Organisation außerhalb von Staat und Unternehmen, aber nicht unbedingt emanzipatorisch.

in der Anfangsphase der Grünen noch vom Standbein im Parlament und Spielbein in den Bewegungen gesprochen wurde, hat das heute schon lange keine Bedeutung mehr (vgl. unten).

Wendezeit

In den 1980ern veränderte sich die politische Landschaft in Österreich. Die beiden großen Parteien SPÖ und ÖVP schrumpften zu Mittelparteien, die FPÖ gewann mit ihrem rechtspopulistischen Kurs bis zu einem Drittel der Wähler_innenschaft, um mit jeder Regierungsbeteiligung wieder kleiner zu werden. Die Grünen schafften es 1986 erstmals ins Parlament und blieben ein politischer Faktor. In den 1990ern entstand das Liberale Forum (LIF) als Abspaltung der FPÖ, 2013 zogen die Neos als prokapitalistische und gesellschaftsliberale Nachfolgerin des LIF ins Parlament ein.

Die SPÖ

Im Oktober 1982 stellte Josef Cap von der Sozialistischen Jugend auf dem SPÖ-Bundesparteitag dem burgenländischen Landeshauptmann Theodor Kery drei Fragen über seine Privilegien und wurde daraufhin aus dem Bundesparteivorstand der SPÖ gewählt, 1983 zog er mit vielen Vorzugsstimmen, er war an unwählbarer Stelle gereiht, als Abgeordneter ins Parlament ein. Als vermeintlicher Linker gewählt, setzte er seine in der SPÖ übliche Parteikarriere fort. Wahrscheinlich war das das letzte Mal, dass die SPÖ ausdrücklich um linke Wähler_innenstimmen warb.

Am 24. April 1983 verlor die SPÖ ihre absolute Mehrheit. Kreisky trat zurück, in der Kleinen Koalition mit der FPÖ, einer Partei aus alten Nazis, aber mit liberalen Positionen, übernahm Bundeskanzler Fred Sinowatz die Regierung. Franz Vranitzky wurde Finanzminister und war als „Nadelstreifsozialist" und späterer Bundeskanzler Ausdruck des Abschieds des zumindest verbalen Bezugs zum Proletariat.

Die Regierung begann mit der Teilprivatisierung der Verstaatlichten und dem Abbau von Arbeiter_innen. Eine gedämpfte Mobilisierung des ÖGB gegen die drohende Umstrukturierung der VÖEST brachte im Jänner 1986 Tausende Demonstrant_innen in Linz und in Leoben auf die Straße. Die Entlassung von Arbeiter_innen konnte das nicht verhindern.

Nach der Niederlage des sozialdemokratischen Kandidaten Kurt Steyrer gegen Kurt Waldheim bei den Präsidentschaftswahlen im Juni 1986 trat Sinowatz zurück und übergab den Parteivorsitz an Franz Vranitzky. Die SPÖ löste die Koalition im September 1986 auf, nachdem Jörg Haider den Vorsitz der FPÖ mit ausdrücklich rechten bis rechtsradikalen Positionen übernommen hatte. Die Alternativlosigkeit nach weiteren Verlusten bei den vorgezogenen Neuwahlen am 23. November 1986 zwang die SPÖ nach zwanzig Jahren wieder in eine Große Koalition mit der ÖVP.

Die Reformzeit „für die Menschen" war jetzt endgültig vorbei, die „Schulden des Staates" schienen das Hauptproblem zu sein. Die Öffentlichkeit forderte „Strukturreformen" der staatlichen Institutionen, was manchmal gar nichts hieß, oft aber Privatisierungen und Umstrukturierungen, was Entlassungen oder den Umbau von Lohnverhältnissen in Dienstleistungen bedeutete. „Sparpakete" sollten die Ausgaben des Staates reduzieren („Ausgabendisziplin"), die Unternehmen durften nie belastet werden: der „Standortwettbewerb"!

Im Herbst 1987 „schnürte" die Regierung ein erstes „Sparpaket". Neben Kürzungen in der Arbeitsmarktpolitik (Reduzierung von AMS-Projekten), Leistungseinschränkungen in der

Pensions- und Sozialversicherungspolitik (Anrechnung beitragsfreier Zeiten) betraf die Studierenden die Einschränkung der Kinderbeihilfe, das Ende von Unterstützungen wie der Freifahrt für Studierende und anderer Vergünstigungen. Eine Hörer_innenversammlung von GEWI und GRUWI (Geisteswissenschaftliche Fakultät/Grund- und Integrativwissenschaftliche Fakultät) besetzte am 19. Oktober 1987 das Audimax, den größten Hörsaal in Österreich. Diese Ereignisse überholten angekündigte Aktionen linker Gruppierungen und der AG-dominierten ÖH gegen dieses Sparpaket. Der Streik, eigentlich ein Vorlesungsboykott, breitete sich auf (fast) alle Universitäten Österreichs aus. Eine schon länger für den 24. Oktober geplante Demonstration gegen Sozialabbau mobilisierte Zehntausende nach Wien. Die erhoffte und erwartete Ausdehnung der Proteste auf andere vom Sparpaket betroffene Bevölkerungsgruppen gelang nicht, die Bewegung zerbröckelte nach einigen Wochen und beschränkte sich auf streitende linke Gruppen im Audimax. Die Studierenden erreichte praktisch nichts.

Im Herbst 1995 demonstrierten Schüler_innen und Lehrer_innen gegen Einsparungen im Bildungsbereich, Studierende bereiteten Proteste auf den Universitäten vor. Die Große Koalition zerbrach an der Frage dieses nächsten Sparpakets („Uneinigkeit in Bezug auf das Budget“), die SPÖ konnte am 17. Dezember 1995 mit Argumenten gegen Sozialabbau viele Stimmen gewinnen (die FPÖ ausnahmsweise einmal nicht). Die neuerliche Große Koalition zwischen ÖVP und einer gestärkten SPÖ setzte das „Sparpaket 1996“ mit Strukturveränderungen in vielen Bereichen durch. Wieder besetzten Studierende das Audimax, wieder versuchten sie größere Teile der Bevölkerung einzubeziehen. Die Proteste waren größer und andauernder, bis in den Sommer 1996 hinein, und wieder konnten sie nichts erreichen. Das ist die kapitalistische Demokratie: Wahlen gegen ein Sparpaket gewinnen und es in der Regierung gegen Widerstand durchziehen.

Die Grünen

Schon 1977 zog die sich als grün verstehende Bürgerliste in den Salzburger Gemeinderat ein. Anfang der 1980er bildeten sich in Graz und Wien Alternative Listen, in einigen Kleinstädten wie Schärding konnten sie in Gemeinderäte einziehen. Zur gleichen Zeit entstand die VGÖ (Vereinte Grüne Österreich) als konservativer Gegenpol zu den Alternativen Gruppen. 1983 kandidierten VGÖ und Alternative gegeneinander. Auch innerhalb der Alternativen stritten eine „rechte" Grazer und eine „linke" Wiener Strömung. Durch eine formelle Privilegierung der Bundesländer, also der Grazer, sollte nicht aus inhaltlichen, sondern aus wahlpolitischen Gründen verhindert werden, dass „Extremisten", Homosexuelle und „schrille Feministinnen" an wählbare Stelle kommen.

Nach Hainburg ergänzten die aus den beiden Großparteien kommenden Proponent_innen des Konrad-Lorenz-Volksbegehrens die grüne Wahlbewegung und forderten eine Einigung. Im ersten Wahlgang zu den Bundespräsidentenwahlen (der Waldheim-Wahl, vgl. unten) im Mai 1986 errang die grüne Kandidatin Freda Meissner-Blau nur knapp über 5%, ein Achtungserfolg, wie es hieß. Viele hätten nach der Katastrophe von Tschernobyl am 26. April ein besseres Ergebnis erwartet. Die aus der ALW (Alternative Liste Wien) kommenden Linken wurden in Wien von Unterstützer_innen von Meissner-Blau aus der Partei gedrängt, nur mit Glück konnte schließlich Die Grüne Alternative – Liste Freda Meissner-Blau im November 1986 mit 4,82% der Wählerstimmen ins Parlament einziehen.

Linke, viele stammten aus dem Umfeld der GE (Gewerkschaftliche Einheit), blieben trotz dieser Streitigkeiten in der Partei.

In den folgenden Jahren etablierten sich die Grünen in der Bundespolitik, aber auch in allen Landesparlamenten. In den Jugendorganisationen (Grünalternative Jugend, GAJ) und bei den Grünalternative Student_innen (GRAS) äußerten sich immer wieder linke Strömungen, die in einzelnen Projekten mit nicht organisierten und autonomen Linken zusammenarbeiteten. Nicht alle, aber die meisten Unabhängigen Gewerkschaften (UG) verstehen sich als links, ein Teil betont aber die Unabhängigkeit der Gewerkschaftsfraktion, andere ausdrücklich als Teil der Grünen Partei.

Österreichs Vergangenheit

Im März 1986 enthüllte die Zeitschrift *profil*, dass der frühere UN-Generalsekretär und aktuelle Präsidentschaftskandidat Kurt Waldheim über entscheidende Zeiten seiner Kriegsvergangenheit geschwiegen hatte. Waldheim war in Saloniki, als dort Tausende Jüd_innen deportiert wurden, und er war Dolmetscher in Bosnien, als die Deutsche Wehrmacht Massaker an der Zivilbevölkerung verübte. Unter dem Motto „Jetzt erst recht", mit „ein bisschen" Antisemitismus („gewisse Kreise von der Ostküste"), gewann der ÖVP-Kandidat Waldheim im zweiten Wahlgang am 8. Juni 1986 die Präsidentschaftswahlen.

Schon während des Wahlkampfes gründete sich die Gruppe Neues Österreich, die in den Archiven forschte, eine Broschüre über Waldheim herausgab sowie regelmäßig Aktionen gegen den späteren österreichischen Präsidenten organisierte. Prominent wurde das Holzpferd mit SA-Kappe von Alfred Hrdlicka. Im „Gedenkjahr" 1988, fünfzig Jahre nach dem Anschluss Österreichs an das Deutsche Reich, protestierten Tausende gegen

Waldheim. Aus der zuerst kleinen Gruppe Neues Österreich entstanden der Republikanische Club und ein nicht parteigebundenes linkes und liberales Umfeld.

In den sechs Jahren seiner Präsidentschaft blieb Waldheim international geächtet und ignoriert, allein seine Anwesenheit stieß die Österreicher_innen immer wieder an ein behauptetes Nichtwissen über die Gräuel des NS-Regimes. Erstmals sprach eine breite Öffentlichkeit außerhalb der Linken und historischer Spezialist_innen über die Verstrickung der Bevölkerung in den Nationalsozialismus: Zahlreiche verurteilte Kriegsverbrecher waren Österreicher_innen, viele beteiligten sich am NS-System, die Mehrheit waren wahrscheinlich Mitläufer_innen, die angeblich von nichts wussten. Das offizielle Österreich anerkannte erstmals, wie sehr Österreicher_innen in den Nationalsozialismus verstrickt waren. Bundeskanzler Vranitzky entschuldigte sich im Juli 1991 als erster Bundeskanzler für die von Österreicher_innen begangenen Gräuel der Nazizeit. Die damals aktiv Beteiligten, die nie verfolgt wurden und nach dem Krieg ihre Karrieren weiterführen konnten, waren inzwischen gestorben oder zumindest in Pension.

Der junge Jörg Haider, der 1986 die FPÖ übernahm, bediente mit seiner Rhetorik das Milieu der alten Nazis. Die FPÖ blieb deutschnational, mit dem erwarteten Beitritt polemisierten die Freiheitlichen mit einem Österreich-Nationalismus gegen die EU.

Im Gegensatz zu Deutschland blieben in Österreich pogromartige Übergriffe durch Bevölkerung und Neonazis auf „Ausländer" aus. Die Behörden zerschlugen einen gewalttätigen neonazistischen Kern nach Briefbombenattentaten auf prominente Antifaschist_innen und dem Bombenattentat in Oberwart am 4. Februar 1995, bei dem vier Roma starben. Die Rassist_innen konnten sich an der Ausländerfeindlichkeit der etablierten FPÖ orientieren, die ihre parlamentarische Vertretung kontinuierlich ausbaute (die Wahlergebnisse bis zur Jahrtausendwende: 1983: 4,75% unter liberaler Führung, 1986: 9,73%, 1990: 16,64%, 1994: 22,50%, 1995: 21,89%, 1999: 26,91%, die FPÖ war knapp die zweitstärkste Partei hinter der SPÖ).

Haider nutzte die Stimmung gegen „Asylanten", um das Volksbegehren „Österreich zuerst" („Anti-Ausländer-Volksbegehren") im Jänner 1993 einzuleiten. Der erwartete Erfolg trat zwar nicht ein (nur 400.000 statt einer Million Stimmen), beförderte aber den weiteren Aufstieg von Haiders FPÖ.

Die Initiative SOS Mitmensch aus dem Umfeld des Neuen Österreich organisierte am 23. Jänner 1993 ein „Lichtermeer", an dem sich einige hunderttausend Menschen beteiligten. Die SPÖ nutzte diese Manifestation unter der Parole „Gesetze statt Hetze", um für sich Werbung zu machen. Mit immer wieder verschärften „Ausländergesetzen" profilierte sich SPÖ-Innenminister Franz Löschnak als Haiders „bester Mann in der Regierung".

Die neue Weltordnung

1985 wurde Michail Gorbatschow Generalsekretär des Zentralkomitees der Kommunistischen Partei der Sowjetunion (KPdSU). Er leitete eine nicht erfolgreiche wirtschaftliche Reform ein (Perestroika) sowie eine politische Öffnung (Glasnost). In den am stärksten im Westen verschuldeten Staaten Polen und Ungarn begannen 1989 vorsichtige Reformen. Im Sommer 1989 öffnete Ungarn die Grenzen, DDR-Bürger_innen strömten in den Westen, zur gleichen Zeit begannen in Leipzig und danach in anderen Städten des deutschen Ostens Massendemonstrationen für eine „andere DDR".

Am 9. November 1989 wurde die Berliner Mauer geöffnet, die Menschen überschritten die Grenze und kehrten wieder zurück. Das Nichteingreifen der Sowjetunion und die Massenbewegung erzwangen den friedlichen Übergang. Es entstand aber kein „demokratischer Sozialismus", am 3. Oktober 1990 wurde die DDR Teil der BRD.

Alle europäischen Staaten des Warschauer Paktes entwickelten sich unter dem Druck von Massendemonstrationen zu mehr oder weniger korrupten „westlichen Demokratien". Nur in Rumänien wurden bei bewaffneten Auseinandersetzungen der „kommunistische" Diktator Nicolae und seine Frau Elena Ceaușescu erschossen.

In der Russischen Föderation gewann Boris Jelzin die demokratischen Wahlen, in vielen anderen Teilrepubliken der UdSSR dominierten nationalistische Parteien. Im Sommer 1991 scheiterte ein Putsch von „Hardlinern" gegen Gorbatschow an der mangelnden Unterstützung durch das Militär und der intransigenten Haltung Jelzins. Die Sowjetunion zerfiel in die bereits formal bestehenden Nationalstaaten. Kommunistisch-bürokratische Eliten verwandelten sich in Unternehmer_innen, von den westlichen Medien „Oligarchen" genannt.[65]

Für Österreich war die erste offensichtliche Veränderung die Verkleinerung des wichtigsten linken Festes in Wien, des Volksstimmefests, Stände der „Bruderstaaten" fielen bis auf Ausnahmen weg.

In den 1980ern beteiligte sich die KPÖ an den sozialen Bewegungen. Durch ihr bevormundendes Verhältnis und ihre „Bündnispolitik" konnte sie aber kaum dazu gewinnen (Baier

65 Die westlichen Oligarch_innen hegten wohl Ressentiments gegen die Neureichen aus dem ehemaligen „realen Sozialismus".

2009, S.192).[66] Gerade als intern eine Öffnung der Partei diskutiert wurde, wurde sie von den Ereignisse von 1989 überrollt. Das im Jänner 1990 gewählte reformerische Duo Susanne Sohn und Walter Silbermayr gab bereits nach einem Jahr auf. Durch die 1990er zog sich ein Streit zwischen denen, die von den anderen „Dogmatiker", „Altstalinisten" oder „Neostalinisten" bezeichnet wurden, und denen, die eine Öffnung hin zu den sozialen Bewegungen suchten (Baier 2009, S. 207).

Die „Neostalinisten" klagten 2003 erfolglos gegen die Durchführung eines Parteitages, die KPÖ schloss sie aus (Baier 2009,

S. 222f). Sie gründeten die Kommunistische Initiative zur Erneuerung der KPÖ (später KOMintern – Kommunistische Gewerkschaftsinitiative – International) und fanden ihre stärkste Stütze in der steirischen KPÖ. Diese legte ihre Mitarbeit in den Bundesgremien still, wollte aber zum Ärger der „Dogmatiker" weiter Bestandteil der KPÖ bleiben (Baier 2009, S. 229).

Die KPÖ zerfiel in drei Teile. Die relativ autonome KPÖ Steiermark unter Ernest Kaltenegger konzentrierte sich auf die Wohnungsmisere in Graz, einen „karitativen Politikansatz" (Baier 2009, S. 223), die Gehälter der gewählten Funktionär_innen wurden an bedürftige Mitbürger_innen verteilt. Sie waren als einzige zuerst bei den Wahlen in Graz, später in der ganzen Steiermark erfolgreich (vgl. unten). Zweitens die durch die PdA (Partei der Arbeit) ergänzte KOMintern sowie drittens die offizielle KPÖ, die eine Öffnung in Richtung anderer Linker und der sozialen Bewegungen suchte, aber Probleme damit hatte, weil sie gerade das EKH verkauft hatte.

66 Innerhalb der Friedensbewegung wurde die Einseitigkeit der KPÖ in ihrer Bewertung der sowjetischen Atomwaffen kritisiert.

Außerhalb der KPÖ veränderte sich die Situation für viele Linke erst mit den Kriegen der 1990er. Der Kommunismus fiel als Feindbild weg, „neue Hitler" hatten Konjunktur, nach Saddam Hussein Slobodan Milošević, dann wieder Saddam Hussein (und jetzt Wladimir Putin). Manche Linke konnten sich den Kriegs-Positionen der Herrschenden nicht entziehen.

Im ersten Golfkrieg 1980 bis 1988 zwischen dem Irak und dem Iran interessierte sich niemand im Westen (und nur wenige in der Linken) für die Giftgaseinsätze des Irak unter Saddam Hussein gegen den Iran, er war damals „unser Schurke", beim Giftgaseinsatz gegen die Kurd_innen 1988 war das Interesse bereits ein bisschen größer. Der Blick des Westens änderte sich erst mit dem zweiten Golfkrieg, dem ersten Golfkrieg der USA.[67] Saddam Hussein eroberte 1990 das kleine Ölkönigreich Kuwait und wurde im März 1991 durch eine „westliche" Koalition unter Führung der USA daraus vertrieben. Den Westen kostete dieser Krieg ein paar Dutzend Gefallene, während Zehntausende irakische Soldaten und Zivilist_innen starben. Die weltweite riesige Bewegung gegen den Krieg im Irak brach nach seiner schnellen Beendigung ohne nachhaltige Wirkung zusammen. Saddam Hussein schlug kurdische und schiitische Aufstände nieder, ohne dass die westlichen Mächte eingreifen wollten. Ein vorerst noch kleiner Teil der Linken begann, die „westliche Zivilisation" gegen diesen unmenschlichen Diktator des Gobalen Südens zu unterstützen, der gerade einige Raketen auf Israel abgeschossen hatte.

67 Die USA vermieden nach Vietnam militärische Interventionen. Sie begannen erst in den 1980ern mit kleineren Staaten. Im Oktober 1983 landeten sie auf dem winzigen Inselstaat Grenada. Im Dezember 1989 eroberten sie Panama, während die Augen der europäischen Medien auf den Umsturz in Rumänien gerichtet waren.

Ähnlich wirkten sich die Kriege im zerfallenden Jugoslawien aus. Die österreichische Regierung unterstützte die Unabhängigkeitsbestrebungen von Slowenien und Kroatien und mobilisierte antiserbische und antikommunistische Ressentiments in der Bevölkerung. Die Verbrechen bosnisch-serbischer Milizen und jugoslawischer Militärs ließen die Brutalitäten der anderen Kriegsparteien unsichtbar werden. Wer die Kriege kritisierte, wurde sofort zur Unterstützer_in von Slobodan Milošević. Der früher linksradikale deutsche Außenminister Joschka Fischer forderte anlässlich der Beschießung Sarajewos durch serbische Milizen den Einsatz der deutschen Bundeswehr. Im Unabhängigkeitskrieg des Kosovo/a bombardierte 1999 die NATO Serbien mit Unterstützung Deutschlands, wieder unter Außenminister Fischer, um eine „neues Auschwitz zu verhindern". Viele Serb_innen, die sich damals in ihre Keller verkrochen, wollen bis heute nicht einsehen, dass NATO-Bomben gute Bomben sind.

Ein kleiner Teil der Linken stellte sich auf die Seite von Milošević, die meisten auf die Seite der eigenen Regierungen, Österreich und Deutschland und der um Unabhängigkeit von Jugoslawien kämpfenden neuen Staaten Slowenien, Kroatien, Bosnien-Herzegowina und Kosovo/a.

Diskursverschiebungen

Mit dem zweiten Irakkrieg begann in der Linken die Kritik am bisher vorherrschenden antikolonialen und antiimperialistischen Widerstand.[68] Der für die Unterstützung von meis-

68 Die Autonomen, zu denen ich mich zählte, haben im Gegensatz zu den „Antiimps" die Befreiungsbewegungen wie in Nicaragua nie unkritisch unterstützt („kritische Solidarität"), oft beschränkten wir uns auf die

tens antiwestlichen Befreiungsbewegungen eintretende Antiimperialismus wurde fast zu einem Schimpfwort. Aus berechtigter linker (Selbst-)Kritik an der Parteinahme für die unterdrückten Palästinenser_innen, ohne den in Österreich virulenten Antisemitismus in Betracht zu ziehen, entstanden die Antideutschen. Antideutsch, weil ihr Entstehen zufällig mit der Kritik des Anschlusses der DDR und den rassistischen Krawallen dieser Zeit zusammenfiel. Es sollte um Antisemitismus gehen, tatsächlich geht es nur mehr um die Position zu Israel. Araber_innen und Muslime, schließlich die antiimperialistische Bevölkerung und Linke des Globalen Südens werden prinzipiell unter Antisemitismusverdacht gestellt.

Ironischerweise sehen sich die Antideutschen als Kritiker_innen einer Identitätspolitik, wenn sie feministisch oder antikolonial ist und nicht für die bewaffnete „universalistische" (sprich westliche) Aufklärung eintritt. In der bedingungslosen Verteidigung Israels vertreten sie eine so starke nationale „Identität" wie sonst kaum eine andere Theorie oder Bewegung, Menschenrechte für die Palästinenser_innen fallen nicht mehr unter ihren „Universalismus".

Inzwischen ist diese Diskussion bis in den Mainstream der bürgerlichen Politik Deutschlands und Österreichs vorgedrungen. Jüd_innen oder Israelis, die sich auf Seiten der Palästinenser_innen engagieren, werden von offiziellen Institutionen ausgeladen,[69] Palästinenser_innen unabhängig von ihren Sichtweisen nicht akzeptiert.

Kritik des Imperialismus, antiemanzipatorische Entwicklungen überraschten uns aber nicht.

69 Die in den USA lebende deutsche Überlebende der Shoah und Menschenrechtsaktivistin Hedy Epstein sollte am 8. März 2016 im Wiener

Seit Beginn der zweiten Frauenbewegung kritisierten Feministinnen das natürliche und einheitliche Konzept „Frau“: Mütter haben andere Bedürfnisse als Lesben, die wieder andere haben als Schwarze Frauen*. Judith Butler stellte die „Frau“ als einheitliches Subjekt in Frage. Sie analysierte, wie *Gender*, das soziale Geschlecht, in der tagtäglichen Praxis des Lebens und der alltäglichen Zwangsheterosexualität immer wieder erzeugt und bestätigt wird.

Radikale Feministinnen sehen in dieser Queertheorie den Verlust an Radikalität, weil nicht mehr die „Frau“ gegen die patriarchale Gesellschaft gewendet wird. Von Queer-Feminist_innen wird deren „Essentialismus“, der nur zwei Geschlechter kennt, kritisiert,[70] sowie die Ignoranz gegenüber der Diskriminierung von Transpersonen (deren Selbstorganisation in Österreich erst in den 1990ern entstand). Der Streit zwischen den Strömungen zeigt sich an der Beschränkung auf Cis-Frauen (als Frau geboren, aufgewachsen und Frau geblieben) an bestimmten Orten wie dem FZ (FrauenLesbenMädchenZentrum) im WUK sowie daran, dass es seit den 1990ern zum internationalen Frauen*tag am 8. März zwei Demonstrationen gibt, eine (radikal)feministische und eine queer-feministische. Bei Letzterer können oder dürfen sich inzwischen auch Cis-Männer beteiligen.

Parlament an einer Veranstaltung über Frauenschicksale im Zweiten Weltkrieg teilnehmen. Sie wurde ausgeladen, weil sie Unterstützerin der Palästinenser_innen war (sie starb 2016). Hardcore-Antideutsche behaupteten sogar, sie sei keine „echte Holocaust-Überlebende“, weil sie durch einen Kindertransport gerettet wurde.

70 In konkreten Kämpfen müssen Frauen* als unterdrückte Subjekte auftreten, z.B. wenn es gegen Gewalt gegen Frauen* geht. Frau wird aber nicht als dauerhaftes naturgegebenes Subjekt angesehen, Queer-Feminist_innen nennen das „strategischen Essentialismus“.

Postkoloniale Theorie analysiert die Konstruktion der Dritten Welt durch die Europäer_innen sowie die weiter andauernde Unterdrückung, Ausbeutung und Diskriminierung von Menschen aus dem Globalen Süden auch nach deren formaler Unabhängigkeit. Die vorher ignorierte kolonialistische und rassistische Geschichte der europäischen Länder wird inzwischen aufgearbeitet und ist ebenso in den Institutionen angekommen, so wurde das Wiener Völkerkundemuseum, die Ausstellung „exotischer" Bevölkerungen durch weiße und westliche Forscher_innen, in Weltmuseum umbenannt.

Aus Antikolonialismus und Postkolonialismus entstand die Forderung nach sprachlicher Sensibilität gegenüber diskriminierten Menschen, bestimmte Begriffe, die aus der Sklavenhaltersprache kommen, wie „Neger", sollen vermieden werden.[71] Linke versuchen, Wörter nicht mehr zu verwenden, die in alltäglichen Zusammenhängen bereits zu Schimpfworten geworden sind, wie z.B. „Asylant" oder „Flüchtling".

Die sprachliche Sensibilität gegenüber den Geschlechtern begann mit dem Binnen-I, um die Nicht-Repräsentation von Frauen aufzuheben, danach „Frau*", weil nicht nur Cis-Frauen gemeint sind, schließlich die Akronyme für die Bezeichnung der unterschiedlichen geschlechtlichen Existenzen wie aktuell FLINTA* (Frauen, Lesben, inter, nicht binäre, trans und agender Personen).[72]

71 Ich verwende das N-Wort nie, sehe aber bei Originalzitaten das Problem, dass durch die Nichtnennung die negative Bewertung erst recht betont wird („Denken Sie nicht an den N.").

72 Ich muss ehrlich sagen, ich bin mit den sich verändernden Abkürzungen erst langsam zurecht gekommen, zuerst FLIT (Frauen, Lesben, Inter, Trans), danach FLINT (nicht binär) und zum Schluss FLINTA*, mit Stern, um auch die einzuschließen, die sich nicht definieren wol-

Rechte greifen diese sprachlichen Ausdrucksweisen an, um die emanzipatorischen Veränderungen nach 1968 wieder rückgängig zu machen. Sie würden zensiert, weil sich sonst Frauen* oder Schwarze oder Transgender oder sonstige Minderheiten verletzt fühlen könnten. In den 1990ern war das die Diskussion um eine angeblich von der 1968er-Linken geforderten *Political Correctness*, heute ist es die *Cancel Culture* (oder die *Wokeness)*, durch die „identitäre" Gruppen angeblich Macht ausüben würden. Tatsächlich sind es die Rechten, die bestimmte Ausdrucksformen „canceln" wollen: Homosexuelle (oder Feministinnen oder Schwarze) sollen sich nicht so auffällig produzieren, natürlich dürfen sie so leben, aber sie sollen nicht auffallen. Das wird nie als *Cancel Culture* bezeichnet! Dass über „positive Diskriminierung" (die es in Österreich kaum gibt) und „Frauenquoten" in Institutionen gesprochen wird, scheint die weiße, männliche und heterosexuelle Identität zu gefährden. Weil diese sprachlichen Elemente der Emanzipation auch bei den kapitalistischen Herrschenden angekommen sind, wird das als diktatorische Anwandlung einer angeblichen linken Elite angeprangert.

Diese Angriffe der Rechten haben mit tatsächlichen Veränderungen im herrschenden System zu tun: Seit dem Mai 1992 findet im Rathaus von Wien der jährliche Life-Ball als riesige

len. Sprachlich gibt es noch mehr Komplikationen, weil im Deutschen (nicht aber im Ungarischen) die Geschlechter grammatisch und morphologisch unterschiedlich ausgedrückt werden. Meine persönliche Herangehensweise ist es, bei Artikeln, Adjektiven etc. die weibliche Form zu verwenden und kein drittes Pronomen wie manche andere. Wenn möglich vermeide ich den Singular, im Plural gibt es grammatikalische Geschlechtlichkeit seltener oder ich verwende bestehende Begriffe wie „Studierende" statt „Student_innen".

Charity-Veranstaltung für HIV-AIDS Betroffene statt. Seit dem Juni 1996 feierte die LGBTQ-Community in der Regenbogenparade die Revolte der Lesben, Schwulen und Transpersonen in New York 1969. Noch wenige Jahre vorher wäre eine so breite Akzeptanz und vor allem Sichtbarkeit nicht möglich gewesen, was Reaktionäre und Sexist_innen natürlich verletzt.

Auch von Linken wird eine angebliche Identitätspolitik kritisiert, in der die Klasse und soziale Fragen keine Bedeutung mehr hätten. Diese Politik würde zu den liberalen Eliten des Neoliberalismus passen. Karl Reitter (2022, S. 134) zitiert eine Reihe von bürgerlich-liberalen Postulaten für Identitätspolitik. Im Gegensatz dazu würde die Arbeiter_innenbewegung revolutionär sein und mit Marx „Nieder mit dem Lohnsystem!" fordern. Ich könnte andererseits tausende Texte aus der Arbeiter_innenbewegung zitieren, die das Lohnsystem feiern (die Ausnahmen waren Anarchist_innen und manche marxistische Strömungen wie der Operaismus). Nach 1968 waren alle Bewegungen revolutionär, so wie jetzt alle reformistisch sind, nicht nur die Kopien der Organisationen der Arbeiter_innenbewegung von damals. Die Feministinnen forderten: „Nieder mit der Zwangsheterosexualität", die Nach-1968er-Schwulen wollten mit der sexuellen eine antikapitalistische Revolution.

Wenn sich die auf „identitäre" Positionen beziehende Emanzipation nur auf die Sprache beschränkt, ist das natürlich zu wenig und „bürgerlich-liberal". Soziale Bewegungen stellen immer soziale Fragen! Sollen wir uns an *Black Lives Matter* nicht beteiligen, weil es um schwarze Identität geht? Weil es eine schwarze Mittelklasse gibt? Oder an den feministischen Bewegungen? Weil westliche Herrschende einen angeblichen Feminismus gegen Migrant_innen verwenden. Die Kämpfe von Schwarzen und von Frauen*, aber auch der LGBTQ-Bewegung waren immer soziale Kämpfe, etwa weil Transfrauen in die Prostitution gezwungen werden.

Parallel zu (nicht immer linken) Protesten gegen die Massentierhaltung entstand die Tierrechtsbewegung auch als Diskussion innerhalb der Linken. Inzwischen ist ein Bewusstsein Konsens, dass es wichtig ist, vegan oder zumindest weitgehend vegetarisch zu leben. Mit der zunehmenden Beachtung der Klimakatastrophe (vgl. unten) wird der riesige Fleischkonsum aus einer zusätzlichen Perspektive in Frage gestellt, und es breitet sich eine Position aus, die den Fleischkonsum massiv reduzieren möchte, um die Produktion von CO_2 zu verringern.[73] Inzwischen ist es selbstverständlich, dass in linken Zusammenhängen, auf Demonstrationen oder in sozialen Zentren vegan gekocht wird.

73 Der Begriff *flexitarian*/Flexitarismus ist im deutschsprachigen Raum noch wenig präsent. Der Flexitarismus ist eine Esskultur, welche gelegentlichen Fleischkonsum zulässt. Flexitarier essen selten Fleisch, und wenn dann gut ausgewähltes.

Das neue Jahrtausend

Schon in den 1980ern setzte sich ein kapitalistisches Regime des Neoliberalismus durch, das angebliche Ende staatlicher Interventionen und der Abbau des Sozialstaates. Nach dem Ende des „Kommunismus" 1989/1991 sahen Apologet_innen des Kapitalismus den Sieg der liberalen Demokratie vorher. Die Kriege der neuen Weltordnung zeigen, dass das überhaupt nicht stimmt.

Globale Protestbewegung

Mit den Krawallen gegen das WTO-Treffen in Seattle im November 1999 zeichnete sich eine neue globalisierungskritische Bewegung ab, die *Antiglobalisierungsbewegung* (*Bewegung der Bewegungen* in Italien, *Anti Corporate Movement* in den USA).[74] Ihren spektakulären Höhepunkt fanden die Proteste im Juli 2001 gegen den Gipfel der Großmächte (G8) in Genua, die Carabinieri erschossen einen Demonstranten.

Im Rahmen der weltweiten Bewegung gegen die Gipfel der Herrschenden protestierten seit dem Jahr 2000 Aktivist_innen gegen das seit 1972 im Schweizer Wintersportort Davos statt-

74 Die Vorgeschichte begann im Jänner 1994 mit dem Aufstand der Zapatist_innen in Chiapas (Mexiko), die dortige indigene Bevölkerung schuf sich Selbstverwaltungsstrukturen. Durch ihre Kommunikation und die von ihnen organisierten „intergalaktische Treffen" 1997/1998 entstanden internationale „linke" oder „zivilgesellschaftliche" Netzwerke, die Katalysatoren für die entstehenden Bewegungen bildeten.

findende World Economic Forum (WEF). 2001 und 2002 begleiteten erstmals Proteste auch das regionale Treffen des WEF in Salzburg. Die globale Protestbewegung war damit auch in Österreich angekommen.

In der globalen Protestbewegung organisierten sich „Gewerkschaftler_innen und Schildkrötenschützer_innen", einerseits wahl- und staatsorientierte kommunistische und andere linke Gruppierungen, andererseits libertäre, von anarchistisch und autonom über Bäuer_innen aus dem Globalen Süden, von antirassistischen und feministischen Gruppen bis hin zu kultu-

rellen Aktivist_innen von *Reclaim the Streets*, die in Großbritannien gegen Autobahnen und gegen soziale Einschränkungen der Öffentlichkeit mit Festivitäten auf der Straße demonstrierten.

2001 traf sich dieses breite Spektrum zum World Social Forum (WSF, Weltsozialforum) erstmals in Porto Alegre (Brasilien), unter der Schirmherrschaft der dort im Bundesstaat und der Stadt regierenden linken PT (Partido dos Trabalhadores – Arbeiterpartei). Es wurde zu einer (fast) jährlichen Veranstaltung, die oft in Porto Alegre, im Laufe der Jahre aber auf allen Kontinenten stattfand. 2002 entstanden weltweit dezentrale Ableger, im November 2002 das erste Europäische Sozialforum (ESF, European Social Forum) in Florenz. Auf der Rückfahrt der österreichischen Teilnehmer_innen entstand die Idee zu einem Österreichischen Sozialforum. Im Sommer 2003 trafen sich einige Hundert zu Workshops, Diskussionen, Theater, Fußballspiel und vielem mehr in der inzwischen als Veranstaltungsgebäude adaptierten Saline in Hallein (Salzburg), im Großen und Ganzen ein Querschnitt durch das bekannte linke Spektrum. Nach zwei Folgetreffen 2004 in Linz und 2005 in Graz schlief die Bewegung in Österreich ein, das libertäre Spektrum organisierte sich um die Antifa und anderswo.

Angeregt von ähnlichen Bewegungen in Italien und Großbritannien entstanden ab 2005 die jährlichen Mayday-Paraden mit Musik und Ansprachen am Nachmittag des Ersten Mai, nicht als Konkurrenz, sondern als Ergänzung zu den traditionellen Mai-Demonstrationen der Arbeiter_innenbewegung, um prekäres Arbeiten und Leben sichtbar zu machen. Abgesehen von einigen Pausen zieht diese Parade jedes Jahr durch die Stadt, zuletzt 2022.

Schwarz-Blau

Am 3. Oktober 1999 blieb die SPÖ stärkste Partei, die ÖVP („die Schwarzen") unter Wolfgang Schüssel wurde nur wenige Stimmen hinter der FPÖ mit Jörg Haider („die Blauen") drittstärkste Partei (26,91%). Unter dem Motto „Keine Koalition mit dem Rassismus" demonstrierten am 12. November 1999 Zehntausende gegen eine befürchtete Regierungsbeteiligung der Freiheitlichen. Sie buhten Sprecher_innen von SPÖ und ÖVP aus, niemand wollte eine Regierung mit der Haider-FPÖ, aber niemand wäre mit einer Große Koalition glücklich gewesen.

Als sich im Jänner eine Regierungsbildung zwischen ÖVP und FPÖ abzeichnete, kündigte die EU Sanktionen an. Am 1. Februar 2000 begannen nach einer Besetzung der ÖVP-Zentrale tägliche Wandertage durch die Stadt. Zur Angelobung am 4. Februar 2000 musste sich die Regierung unterirdisch ins Bundespräsidentenamt begeben, weil Demonstrant_innen das Bundeskanzleramt belagerten. Ein Zugeständnis an die internationale Kritik war, dass sich Jörg Haider als Landeshauptmann nach Kärnten zurückzog und kein Regierungsamt übernahm.

Zwei Wochen lang zogen täglich zwischen 5000 und 15.000 Menschen durch Wien, am Samstag, den 19. Februar, trafen sich 200.000 Teilnehmer_innen auf dem Heldenplatz zu einer

Großkundgebung mit prominenten Sprecher_innen. Die berühmten Donnerstagsdemonstrationen protestierten die nächsten zwei Jahre wöchentlich gegen rassistische Maßnahmen und gegen Sozialabbau, für den Feminismus, gegen Rechtsextremismus und vieles andere mehr.

So groß und ausdauernd die Bewegung war, sie stürzte die Regierung nicht. Auf einer Parteiversammlung in Knittelfeld am 7. September 2002 rebellierte der rechte Flügel der FPÖ, Minister traten zurück, die Regierung zerfiel. Die Donnerstagsdemos waren damit auch zu Ende.

Die Wahlen am 24. November 2002 reduzierten die FPÖ auf 10%, die ÖVP wurde stärkste Partei. Wolfgang Schüssel bildete mit den geschwächten Freiheitlichen eine neuerliche Regierung. Haider gründete 2005 das Bündnis Zukunft Österreich (BZÖ), das die Regierung Schüssel II fortsetzte. Das BZÖ verschwand nach Haiders Unfalltod 2008 und einer Reihe von Wahlniederlagen. Die rechten Rebellen führten die FPÖ unter Heinz-Christian Strache weiter. Die FPÖ konsolidierte sich in den nächsten Jahren in der Opposition.

SPÖ und ÖGB beklagten die Aufkündigung der Sozialpartner_innenschaft durch Unternehmen und Regierung. Im April 2003 fasste der ÖGB einen Beschluss zu Kampfmaßnahmen bis hin zu Streiks gegen die Pensionsreform.[75] Zwei Streiks am 13. Mai 2003 mit einer riesigen Demonstration und am 3.

75 Die wichtigste Änderung war die des Bemessungszeitraums für die Alterspensionen. Waren es bis dahin die letzten 15 Jahre, so wurde er jetzt auf 40 Jahre ausgedehnt. Alle rechten Regierungen versuchten, die private Pensionsvorsorge auf dem Aktien- und Anlagenmarkt zu fördern, indem sie die staatliche Pension in Frage stellten. Schon am 5. Juli 2001 demonstrierten Zehntausende gegen die Entlassung des SPÖlers Hans Sallmutter als Präsident der Sozialversicherungen.

Juni 2003 erreichten nichts, die Pensionsreform wurde durchgezogen. „Im Liegen umgefallen", nannte das die trotzkistische Zeitschrift *die linke*.

Am 12. November 2003 begannen die Eisenbahner_innen einen unbefristeten Streik gegen die Verschlechterung der Dienstverträge und gegen die Privatisierung und Zerschlagung der ÖBB, beendeten ihn aber nach drei Tagen. Die ÖBB wurden umstrukturiert, die Dienstverträge waren beinahe genauso schlecht, nur jetzt „sozialpartnerschaftlich" ausverhandelt.

Am 17. Jänner 2007 konstituierte sich eine neuerliche SPÖ-ÖVP-Koalition. Die SPÖ konnte einige Wahlversprechen wie den Nichtkauf neuer Abfangjäger und die Abschaffung der Studiengebühren nicht einhalten. Proteste waren aber nicht vergleichbar mit dem Februar 2000. Wieder einmal besetzten verärgerte Studierende das Audimax, die ÖH-Vorsitzende Barbara Blaha und die Vorsitzende des VSStÖ, Sylvia Kuba, traten aus der SPÖ aus. Die Normalitäten einer Großen Koalition gingen weiter.

Gegen die Burschenschaftlerherrlichkeit

In den 1990ern zeigte sich der Aktivismus der Antifa kontinuierlich auf der Straße, er verschob sich aber von den „Stiefelnazis", die in Österreich kaum eine Bedeutung haben, zum Rechtsextremismus der FPÖ. Trotz der seit dem Waldheim-Skandal andauernden Kritik an NS-Vergangenheit und NS-Bezügen gehörten rechtsradikale Traditionsveranstaltungen mit einer Beteiligung der gesellschaftlichen Mitte bis hin zu SPÖ-Funktionär_innen zur politischen Folklore in Österreich.

Ein „Heimkehrertreffen" gedenkt seit 1958 auf dem Ulrichsberg in der Nähe von Klagenfurt der Gefallenen des Zweiten Weltkriegs, ausdrücklich auch der Waffen-SS. Neben Rechtsextremen beteiligten sich von Anfang an Politiker_innen aller Parteien (SPÖ und ÖVP, FPÖ sowieso). Das österreichische Bundesheer leistete logistische Unterstützung und zeigte sich in uniformierten Formationen.

Einzelne linke Protestaktionen änderten nichts daran. 2005 begann der Arbeitskreis gegen den kärntner Konsens mit Demonstrationen und Störungen, aber auch mit Veröffentlichungen über das Ulrichsbergtreffen. Auf Grund der Proteste sah sich der sozialdemokratische Verteidigungsminister 2009 gezwungen, die logistische Unterstützung durch das Bundesheer abzusagen. Das Treffen an einem anderen Ort wurde zu einem rein rechtsextremen Treffen. Ein Versuch 2012, die Treffen auf dem Ulrichsberg wieder aufzunehmen, scheiterte an der geringen Zahl der Teilnehmer_innen.

Der Wiener Kooperationsring (WKR) ist ein 1952 gegründeter Dachverband von Burschenschaften, viele von ihnen schlagend, rechtsextrem oder mit offener Flanke zum Rechtsextremismus. Dieses Milieu und ihre Alten Herren bildeten das intellektuelle Reservoir der FPÖ, Burschenschaftler rückten ab 2000 in Regierungsverantwortung vor.

Der seit den 1950ern gefeierte WKR-Ball war inzwischen ein Vernetzungstreffen für internationale Rechtsextreme, trotzdem waren auch honorige Persönlichkeiten aus den anderen Parteien anwesend. Der WKR richtete seit 1987 den Ball im imperialen Ambiente der Wiener Hofburg aus.

2008 wurde der Ball nach einem Technokonzert erstmals gestört, im Folgejahr eine Demonstration organisiert. 2010 und 2011 untersagte die Polizei jede Kundgebung und blockierte ganze Stadtteile, um Proteste zu zerstreuen. Der Termin des WKR-Balls 2012 fiel auf den 27. Jänner, den Tag der Befreiung des Konzentrationslagers Auschwitz, was viele als besonderen

Skandal empfanden. Tausende beteiligten sich an einer erlaubten Demonstration und blockierten teilweise die Zufahrt zum Ball. H.C. Strache erregte sich über die Demonstrant_innen: „Wir sind die neuen Juden.“

Der WKR-Ball war mittlerweile derart diskreditiert, dass die FPÖ als offizielle Veranstalterin fungieren musste und ihn in „Akademikerball“ umbenannte. Trotzdem vermied Strache 2013 eine Beteiligung. 2014 verhängte die Polizei ein Platzverbot über große Teile der Innenstadt, ein paar Scheiben gingen zu Bruch und ein linker Demonstrant landete ein halbes Jahr in U-Haft.[76] Während die Zahl der Gegendemonstrant_innen konstant hoch blieb, wurde der Besuch spärlicher und der Akademikerball verlor auch für die rechtsradikale Szene an Bedeutung.

Schon seit dem Anfang der 2000er wird über das Verbot des Gedenkens an den „Gefallenen Soldaten“ am Äußeren Burgtor durch den WKR diskutiert (Alfred Gusenbauer: „Neonazi-Kultveranstaltung“). 2011 schlug der damalige Präsident der Israelitischen Kultusgemeinde, Ariel Muzicant, ein Gedenken an den österreichischen Widerstand vor. Erstmals erlaubten die Behörden eine antifaschistische Kundgebung, Sprechchöre, Partisan_innenlieder und Böller störten die rechtsradikale Veranstaltung. Gegen rechtsextreme Provokationen, den WKR-Ball und das Gefallenengedenken gründete sich das von linken bis hin zu kirchlichen Organisationen reichende Bündnis *Jetzt Zeichen setzen!* Am 8. Mai 2012 blieb eine Kundgebung

76 Zu den Medien: In Wien wurde über die Gewalttätigkeit der Demonstrant_innen diskutiert, zugleich vom Maidan-Aufstand in Kiew als gewaltfrei gesprochen, obwohl dort Polizisten durch Molotow-Cocktails in Brand gesteckt wurden.

am Heldenplatz noch an den Rand gedrängt, die Rechtsradikalen mussten aber von der Polizei geschützt werden. Ab 2013 machte ein „Fest der Befreiung“ das Gedenkspektakel unmöglich. Zu diesem spielen die Wiener Symphoniker jedes Jahr vor Tausenden Besucher_innen.

Von #unibrennt zu Occupy

In der sogenannten Finanzkrise 2007/2008 intervenierten viele Staaten, um die Banken zu retten. Die internationalen Bewegungen von Studierenden erschienen wie eine direkte Antwort darauf. Während es international um die Verschuldung der Studierenden durch hohe Studiengebühren ging, richtete sich *#unibrennt* gegen die Einführung des EU-weiten Bologna-Prozesses, die Verschulung der Lehre durch ein zweistufiges System (Bachelor und Master) und die Einführung eines Leistungspunktesystems (ECTS-Punkte, European Credit Transfer System).

Am 20. Oktober 2009 besetzten Studierende der Akademie der bildenden Künste, der einzigen Universität, an der „Bologna“ noch nicht galt, die dortige Aula. Eine Demonstration gemeinsam mit anderen Studierenden zog am 22. Oktober ins Audimax. Im Laufe des Tages und Abends strömten Tausende in den besetzten Hörsaal. Der Kampf auf den österreichischen Universitäten begann damit erst, als „Bologna“ bereits eingeführt war.

War es 1987 die ÖH, die die Informationen über die Besetzung verbreitete, so erlaubte es jetzt ein durchgehender Livestream, die Vorgänge im Audimax zu verfolgen. Studierende nutzten umliegende Räume für Infrastruktur, Schlafräume, Ruheräume und eine *Volxküche*. Sie organisierten Workshops und gründeten dutzende Arbeitsgruppen. Was diese Besetzung von früheren unterschied, war, dass Räume angeeignet wurden, der Universitätsbetrieb aber weiterging, also nicht bestreikt oder boykottiert wurde.

Die Bewegung breitete sich innerhalb kürzester Zeit auf alle österreichischen Universitäten aus, Hörsaalbesetzer_innen formulierten in Plenen sich unterscheidende, manchmal sogar widersprechende Forderungskataloge.

Nach einigen Wochen bröckelte der Aktivismus ab. Im Audimax lebten in einer notwendigen Arbeitsteilung fast nur noch Wohnungslose aus EU-Staaten, denen es nicht erlaubt war, die sozialen Einrichtungen der Stadt Wien zu benutzen. Viele Studierende hätten sonst nicht die Zeit gehabt, ihr Studium fortzusetzen. Die Sichtbarkeit dieses Problems motivierte aber die Caritas, eine zweite „Gruft“ (Ess- und Schlafplatz) für osteuropäische Menschen zur Verfügung zu stellen.

Die Bewegung forderte auf der ersten Ebene Verbesserungen an den einzelnen Bildungsinstitutionen, das reichte von Bibliotheksöffnungszeiten bis hin zu einem Studierendenzentrum der Universität für Bodenkultur. Dort konnten die einzigen kleinen Erfolge erzielt werden. Die zweite Ebene betraf bildungspolitische Fragen wie die Entdemokratisierung der Universitäten, die Probleme der Umsetzung des Bologna-Prozesses und die Unterfinanzierung der Unis. Obwohl sie in der Öffentlichkeit am meisten beachtet wurde, verbesserte sich nur die Finanzierung geringfügig. Die dritte Ebene der gesamtgesellschaftlichen Forderungen, von einem kostenlosen öffentlichen Verkehr über feministische bis hin zu antikapitalistischen Ansprüchen, blieben auf einer Diskussionsebene stecken.

Auffällig war die Breite der internationalen Kontakte und Diskussionen. Schon vor Beginn von *#unibrennt* rezipierten

Studierende und prekär angestellte Lehrende Proteste und Besetzungen von Studierenden in Kroatien, Italien und Frankreich. Während der Besetzungen diskutierten Aktivist_innen mit denen anderer Städte über Video. Und als die Bewegung in Österreich schon abbröckelte, begannen vergleichbare studentische Besetzungen in Deutschland, der Schweiz, in Polen und Serbien.

Die weltweiten Studierendenbewegungen setzten sich fort, prominent im Herbst 2010 in Großbritannien gegen die weitere Anhebung der schon immer hohen Studiengebühren. Diese und Revolten von Studierenden in Italien, Kalifornien („Occupy California“ schon vor „Occupy“), Frankreich und Griechenland bereiteten das Jahr der großen Revolten 2011 vor.

Der Selbstverbrennung eines Gemüsehändlers im Dezember 2010 folgten Massendemonstrationen in Tunesien, die am 14. Jänner 2011 den Diktator Ben Ali stürzten. Am 11. Februar 2011 zwangen nach der Besetzung des Tahrirplatzes in Kairo eine sich ausbreitende Massenbewegung und Streiks den ägyptischen Diktator Hosni Mubarak zum Rücktritt. Vorerst setzten sich parlamentarische Demokratien durch, längerfristig neue diktatorische Regime.

In einem Staat im Nahen Osten nach dem anderen besetzten Demonstrierende Plätze, die Regimes schlugen die mehr oder weniger großen Proteste nieder. In Syrien, Libyen und im Jemen verwandelten sich die Unruhen durch direkte und indirekte Interventionen von außen in Bürgerkriege.

Angestoßen durch diesen Arabischen Frühling besetzten in spanischen, griechischen und vielen anderen Städten Demonstrant_innen zentrale Plätze, um gegen soziale Probleme in ihren Ländern zu protestieren. Überall gewährleistete eine „Demokratie der Plätze“ die Teilhabe von möglichst vielen Menschen.

Am 17. September 2011 kamen die Proteste im imperialistischen Zentrum USA an, Gegner_innen des kapitalistischen Systems besetzten den Zucotti Park in Manhattan (Occupy Wall Street), im Anschluss daran viele weitere Plätze in zahlreichen Städten der USA und darüber hinaus.

2011 ist zu einer Chiffre der Revolte geworden, obwohl von Ungleichzeitigkeiten geprägt. Ende Mai 2013 räumte die Polizei ein Protestcamp gegen den Bau eines neuen Einkaufszentrum auf dem Taksim-Platz im Zentrum Istanbuls (Gezi Park) und provozierte eine Monate andauernde Bewegung gegen das religiöse und korrupte Regime von Recep Tayyip Erdoğan.

In Österreich war der internationale Nachhall von 2011 nur schwach. In Wien und Graz organisierten Menschen aus Spanien, Griechenland und anderen südeuropäischen Staaten *flashmobs* in Solidarität mit den dortigen Bewegungen, aber auch um ihre prekären Arbeits- und Lebenssituation hier zu thematisieren. Sie campierten einige Tage auf dem Karlsplatz.

Seit 2003 wurden mehr Gebäude besetzt als in den 1970er und 1980er Jahren. Ab 2009 räumte die Polizei die Häuser nicht mehr so schnell, sodass sich in ihnen soziales Leben entwickeln konnte. Am 14. Oktober 2011 eigneten sich Besetzer_innen ein Haus der BUWOG (gerade mit Korruptionsvorwürfen konfrontiert) im 7. Bezirk an und nannten es „Epizentrum". Es war größer als die bisherigen Objekte und ein für Besucher_innen offenes Soziales Zentrum, einige Wochen später, am 8. November 2011, wurde es wieder geräumt. Punks bewohnten ab 2011 die „Pizzeria Anarchia" in der Mühlfeldgasse im 2. Bezirk. Sie sollten die Mieter_innen dort hinausekeln, solidarisierten sich aber mit ihnen. Nach langen Gerichtsverhandlungen erging ein Delogierungsurteil, erst am 28. Juli 2014 räumten 1400 Polizist_innen die „Pizzeria" mit einem Räumpanzer. Erst wenige Jahre später wurden Hausbesetzungen wieder häufiger.[77]

Zehntausend Menschen einer Plattform 25, benannt nach der geplanten Einsparung von 25 %, demonstrierten am 25. März 2011 in Graz gegen die Budgetkürzungen des Landes Steiermark. Getrennt davon protestierten auch ÖGB-Betriebsrät_innen. Eine gemeinsame Kundgebung am 26. April 2011 mobilisierte zur größten Kundgebung (15.000), die es je in Graz gab. Aber damit war es auch schon wieder vorbei. Die Landesregierung beschloss das Budget ohne weiteren Widerstand, statt 72 Millionen nur 67 Millionen Einsparungen (ÖGB: „Giftzähne gezogen").

77 Hausbesetzungen seit 2015: 13. März 2015: Gersthofer Straße (4 Stunden); 12. bis 26. November 2015: Franziska-Fast-Wohnanlage im Hörndlwald; 16. April bis 19. April 2017: Kienmeyergasse (Räumung mit Panzerfahrzeug); 4. bis 16. Mai 2017: Jagdschlossgasse; 1. bis 7. Mai 2018: Mayssengasse; 14. Juni 2018: Buchengasse; 17. November bis 7. Dezember 2018: die ehemalige linke Druckerei „Remaprint" in der Neulerchenfelderstraße („Nele"): 12. Juli 2020: Mayssengasse; 25. September 2020: Hetzgasse; 26. April bis 27. April 2021: Rathausplatz 3; 18. März 2022: Mariannengasse

Vom „Gastarbeiter" zur „postmigrantischen" Linken

Große Teile des Proletariats sind Migrant_innen oder Postmigrant_innen. Der rechtliche Status und die gesellschaftlichen Bewertungen sind äußerst unterschiedlich: *EU-Bürger, Drittstaatsangehörige, Assoziationsabkommen-MigrantInnen, Asylwerber, Flüchtlinge, de facto Flüchtlinge, Saisonniers, Erntehelfer, Scheinselbständige, Illegalisierte* … (Bratic 2010, S. 41).[78] „Mit Migrationshintergrund" ist ein hilfloser, oft rassistisch gemeinter Begriff für Menschen mit der „richtigen" Staatsbürgerschaft. Migrant_innen oder Postmigrant_innen werden unabhängig davon diskriminiert und machen unsere Drecksarbeit.

Menschen, die sich in Österreich gegen sie gerichteten gesetzlichen oder alltäglichen Rassismus organisieren, bewegen sich oft im Rahmen einer Linken, die zumindest ihrem theoretischem Anspruch nach internationalistisch und international ist. Diese (post-)migrantische Linke interessiert sich aber auch für die politische Situation im „Ursprungsland", nicht nur, aber auch weil es verwandtschaftliche Bande gibt. Charakte-

78 „Ein […] Problem stellt die Kategorisierung dar. Konzentriert man sich etwa auf die Gruppe der ArbeitsmigrantInnen und ihrer Kinder, gerät man leicht in Gefahr, ihre juristische Kategorisierung und Objektivierung durch das Ausländergesetz zu reproduzieren. Andererseits müssen eben diese Kategorisierungen in Betracht gezogen werden, da sie die soziale Position von MigrantInnen und die Bedingungen ihres Widerstands figurieren." (Bojadžijev 2002, S. 19)

ristisch dafür sind türkisch-kurdische Linke, die sich, österreichische Staatsbürger_innen oder nicht, für die linke kurdische HDP (Halkların Demokratik Partisi/Demokratische Partei der Völker) und gegen Erdoğan engagieren, aber auch die vielen „Migrant_innen zweiter oder dritter Generation", die sich im „Sommer der Migration" 2015 für die Geflüchteten engagierten und natürlich die Zehntausenden, die auf den BLM-Demonstrationen gegen rassistische Polizeigewalt und Diskriminierung auf die Straße gingen und gehen.

In Österreich werden Anderssprechende in Migrant_innen und autochthone, inzwischen anerkannte „Minderheiten" eingeteilt: Slowen_innen in Kärnten, Kroat_innen und Ungar_innen im Burgenland, Tschech_innen und Slowak_innen in Wien und Roma in ganz Österreich. Aber wer gehört zu diesen Minderheiten? Zahlreiche zugezogene Kroat_innen, Ungarn und Roma leben in Österreichs Städten und werden nicht als Minderheiten anerkannt. Junge Menschen werden ausgewiesen, die noch nie in ihrer angeblichen Heimat waren, weil sie nicht den richtigen rechtlichen Status haben. Die Nachfahren der „Gastarbeiter_innen" der 1960er und 1970er Jahre, die in dritter oder vierter Generation in Wien leben, werden nicht als Minderheiten anerkannt. Wieso sollten Türkisch und BKS (Bosnisch-Serbisch-Kroatisch) nicht als österreichische Sprachen gelten, sie werden inzwischen von mehr Menschen gesprochen als die anerkannten „Minderheitensprachen" (was deren Kämpfe gegen Diskriminierung nicht abwerten soll). Auch viele andere Sprachen wie Arabisch sind inzwischen Teil des Alltags vieler Menschen.

In den letzten Jahrzehnten wurde Österreich, so wie die meisten Industriestaaten, so international wie nie zuvor. Tourist_innenströme überschwemmen das Land, viel mehr Menschen aus anderen Ländern leben hier. Erleichtert wurde das durch die Arbeits- und Personenfreizügigkeit in der EU. Aber es werden immer „gute" und „schlechte" Ausländer_innen produziert. Für eine Reihe von EU-Bürger_innen, nicht aber für die aus dem Balkan, die „Expats" und Studierenden, gibt es außer der Verweigerung des Wahlrechtes praktisch keine Diskriminierung, während die in schlecht bezahlten, anstrengenden und wenig angesehenen Jobs arbeitenden Pfleger_innen, Bauarbeiter_innen etc., das „Proletariat", überall Nachteile erleiden, erst recht, wenn sie erkennbar sind: am Namen, an der Hautfarbe oder als Musliminnen, die ein Kopftuch tragen. Manchmal bloß wegen ihrer proletarischen Existenz.

Multinationale Linke

Im 19. Jahrhundert setzten sich die Nationalstaaten durch, die Verbindungen von Staaten mit Nation oder Kultur oder Sprache. Die „kleine Internationale", die Nationen und Sprachen übergreifende Organisation der Sozialdemokratie in der Österreichisch-Ungarischen Monarchie, zerfiel schon vor dem Ersten Weltkrieg (vgl. oben).

Die internationalen Ausnahmen waren in den ersten Jahren nach dem Ersten Weltkrieg linksradikale Bewegungen und Gruppierungen (Anarchist_innen, Kommunist_innen), in ihrem Bezug auf eine Weltrevolution mussten sie sich international und internationalistisch organisieren.

Die KPDÖ war nach 1918 eine vielsprachige, multinationale Organisation, ihr Ursprung in der Österreichisch-Ungarischen Monarchie charakteristisch für den „Schmelztiegel Wien". Das änderte sich schon in den ersten Jahren. „Internationale" Kommunist_innen wurden als „Ausländer" behandelt, was politische Äußerungen untersagte, und auch unter den Kommunist_innen setzte sich die allgemeine gesellschaftliche Tendenz zur Assimilierung durch. Bedeutend blieb nur eine tschechische Sektion der KPÖ in Wien. Viele Jüd_innen in der Partei sahen sich immer öfter nur noch als deutsch-österreichisch, nicht mehr als jüdisch. Auch in der SDAP herrschte für die tschechischen und jüdischen Sozialdemokrat_innen ein Druck zur Assimilation, viele Intellektuelle waren jüdisch, sprachen aber nur noch Deutsch.

Der antifaschistische Kampf erforderte einen neuerlichen Internationalismus der linken Diaspora. 1936 verteidigten die Internationalen Brigaden die Spanische Republik gegen den faschistischen Militärputsch unter Francisco Franco. Aus Österreich schlossen sich viele Kämpfer_innen an, die nach dem Verbot und der Niederschlagung der Sozialdemokratie als Linke oder Schutzbündler flüchten mussten. Im Zweiten Weltkrieg waren die antifaschistischen Kämpfe in den durch die Wehrmacht besetzten Ländern national geprägt, Geflüchtete beteiligten sich aber am antifaschistischen Kampf in ihren Exilländern.

Während des Zweiten Weltkrieges lebten so viele „Ausländer_innen“ als Zwangsarbeiter_innen, Fremdarbeiter_innen, Ostarbeiter_innen in Österreich wie noch nie zuvor. Nach dem Krieg wurden sie und die befreiten KZ-Häftlinge zu Displaced Persons (DP) auf österreichischem Staatsgebiet. Diese von den Alliierten in Lagern versorgten DPs waren streng genommen nur Angehörige jener Staaten, die sich mit Hitlerdeutschland im Krieg befanden. Die meisten DPs kehrten in ihre Heimatländer zurück, andere, oft aus dem sowjetischen Machtbereich, wollten das nicht. Bis zum Staatsvertrag 1955 hatte sich die Frage der DPs „gelöst“, einige Tausend wurden Staatsbürger_innen, die meisten wanderten nach Westen weiter.

Die „Volksdeutschen", deutschsprachige Minderheiten aus der Tschechoslowakei, Jugoslawien und Rumänien, waren während des Krieges Angehörige des Deutschen Reiches. Sie waren Nationalsozialist_innen oder ihnen wurde der Vorwurf gemacht, welche zu sein. Diese Vertriebenen und Geflüchteten lebten in Lagern, für die im Gegensatz zu den DPs die österreichische Regierung verantwortlich war. Große Teile der Bevölkerung grenzten sie aus und forderte ihre Weiterreise nach Deutschland. Viele in den alliierten Zonen, besonders im amerikanischen Sektor in Oberösterreich und Salzburg, waren Billigarbeiter_innen.[79] In einer einjährigen Sonderregelung, dem „Optionsgesetz", wurden 1955 dreißigtausend „Volksdeutsche" eingebürgert. Längerfristig etablierten sich die meisten wirtschaftlich und assimilierten sich, spätestens in den 1970ern ersetzten die „Gastarbeiter_innen" sie.

Die Hunderttausenden Jüd_innen, die vor der Shoah in Wien und Österreich lebten, waren „verschwunden", viele ermordet, andere wollten nicht in ihre antisemitische „Heimat" zurückkehren. Zurückgekehrte Jüd_innen waren oft Kommunist_innen, die in Österreich die Partei wieder aufbauen wollten.

In den 1950ern existierte praktisch keine „migrantische" Linke. Die Geflüchteten nach den kommunistischen Machtübernahmen 1947 und 1948 in Osteuropa waren bis auf wenige Ausnahmen antikommunistisch. Die nach dem Aufstand 1956

79 In *Gastarbajteri* (Gürses et al. 2004, S. 80) wird über die Arbeitsverhältnisse jugoslawischer Frauen in der Fischfabrik Warhanek berichtet, dabei ist ein Foto: „Fischverarbeitung im Zweigbetrieb Haid des Linzer C. Warhanek Betriebs, der ‚Holly Baracke', Anfang der 60er Jahre." Die „Holly Baracke" ist zugleich Arbeits- und Wohnort der Arbeiterinnen – in der Mehrzahl nach dem Zweiten Weltkrieg geflüchtete Donauschwäbinnen. (S. 81)

nach Österreich gekommenen Ungar_innen wanderten weiter oder blieben ebenso antikommunistisch, vielleicht weil es noch keine reformkommunistische Alternative gab.

Ab den 1960ern beeinflussten Exilierte, Iraner_innen gegen den Schah von Persien, Griech_innen gegen die Militärdiktatur, den Internationalismus der österreichischen Linken. Im Jänner 1969 wurden die Proteste der „Studentenbewegung" gegen den Schahbesuch durch die Festnahme des Obmannes des oppositionellen Iranischen Studentenvereins, Esmail Salem, angeheizt. Die Kreisky-Regierung unterstützte nach dem Putsch in Chile die Aufnahme von oft linken Exilierten aus Lateinamerika. Griechische Lokale waren Treffpunkte, auf vielen Veranstaltungen war lateinamerikanische Musik selbstverständlich. Viele dieser Geflüchteten wurden Mitglieder linker Organisationen.

Gastarbeiter_innen

Das „Raab-Olah-Abkommen", 1961 zwischen dem ÖGB und der Wirtschaftskammer geschlossen, erlaubte die Beschäftigung von „Fremdarbeitern". Im gleichen Jahr begannen die ersten Anwerbungen durch österreichische Unternehmen. Diese Anwerbeabkommen waren aber untergeordnet, viele Arbeiter_innen reisten als Tourist_innen ein und legalisierten ihren Aufenthalt durch eine sofortige Beschäftigung. Nach der ökonomischen Krise 1973/1974 („Ölkrise") kritisierte besonders der ÖGB diese „Touristenbeschäftigung". Die Behörden versahen die Pässe von ausreisenden Arbeiter_innen mit Sichtvermerken, um deren Wiedereinreise zu verhindern. 1976 beschloss die Kreisky-Regierung das „Ausländerbeschäftigungsgesetz", ausländische Arbeitnehmer_innen durften nur so lange wie unbedingt gebraucht in Österreich bleiben. Die Zahl der „Ausländer_innen" reduzierte sich in kurzer Zeit um ein Drittel. Das von beiden Seiten, den österreichischen Institutionen und auch von den Migrant_innen, angenommene „Rotationsmodell", die Rückkehr der „Gastarbeiter_innen" nach einigen Jahren, brach damit zusammen. Die Arbeiter_innen suchten nach einer Aufenthaltsverfestigung. „Die neue Zuwanderung verlagerte sich nun generell verstärkt auf den Familiennachzug, was sowohl mit den Bedürfnissen der MigrantInnen durch den dauerhaften Aufenthalt, als auch mit der wachsenden Nachfrage nach weiblichen Arbeitskräften im österreichischen Dienstleistungssektor und in der Textilindustrie korrespondiert." (Waldrauch/Sohler 2004, S. 193)[80] „Putzfrauen" wurden gesucht! Die jugoslawischen Arbeiter_innen tendierten in ihrer großen Mehrheit zur Sozialdemokratie, die sie als Eingebürgerte auch wählten.

In Österreich entstanden mit der „Gastarbeiter"-Migration parallel zur Situation in der Türkei politische, auch linke Gruppen (*homeland-hangover,*[81] Sohler/Waldrauch 2004, S. 31). War es anfangs nur ein Ableger der kemalistischen Sozialdemokratie, bildeten sich nach 1970 auch linksradikale politische Gruppen wie die an der Sowjetunion orientierten Kommunist_innen (TKP) und marxistisch-leninistische („maoistische") Par-

80 *Migrantenorganisationen in der Großstadt* (Waldrauch/Sohler 2004) untersucht die Organisationen von Migrant_innen anhand der formalen Strukturen in Vereinen von Migrant_innen, aber auch durch Befragungen von Informant_innen. Die Autor_innen machen auf die Probleme ihrer Daten aufmerksam (S. 69), weil türkische und serbische Informant_innen aufgrund der feindlichen Stimmung (Kosovo-Bombardement, antimuslimischer Rassismus) nur wenig preisgeben wollten.

81 Dieser *homeland-hangover* gilt natürlich auch für rechtsradikale Organisationen wie die Grauen Wölfe oder die im neuen Jahrtausend bedeutende Unterstützung der türkischen Community für Recep Tayyip Erdoğan.

teien, die die in den 1980ern marginalisierten ML-Gruppen in Österreich verstärkten. Schließlich organisierten sich Gastarbeiter_innen in der kurdischen Befreiungsorganisation PKK (Arbeiterpartei Kurdistans/Partiya Karkerên Kurdistanê) nahestehenden Vereinen und deren Dachverband FEYKOM (Rat der Kurdischen Gesellschaft in Österreich). Verstärkt wurden diese links-politischen Tendenzen nach 1980, als der Militärputsch viele Oppositionelle in die Flucht zwang. Relativ wenige beantragten Asyl, weil sich andere Möglichkeiten eines legalen Aufenthalts in Mitteleuropa boten, viele auch Unterstützung durch

bereits hier lebende Familienangehörige fanden. „Ein Teil der politisch links orientierten Vereine fand vor allem auf parteipolitischer Ebene in der SPÖ (und später auch in der KPÖ und bei den Grünen) institutionelle Anknüpfungspunkte und politische Allianzen." (Sohler/Waldrauch 2004, S. 278) Gerade in den linken und kurdischen Organisationen politisierten sich die Kinder, die die Türkei nur noch von Urlauben kannten.

Innerhalb Europas sah sich die österreichische Regierung, eine Große Koalition mit dem SPÖ-Innenminister Franz Löschnak, häufig als Vorreiterin bei der Verschärfung der gesetzlichen Bestimmungen für Migrant_innen.[82] Durch diese und weitere Verschärfungen wurden und werden „Illegale" geradezu produziert.

82 1990 die Ausweispflicht für „Fremde"; 1992 das Asylgesetz, das keine Flüchtlinge anerkennt, die aus sicheren Drittstaaten kommen; das Aufenthaltsgesetz Anfang 1993, nach dem Ausländer_innen ausgewiesen werden können, wenn sie nicht in einer „ortsüblichen Unterkunft" wohnen; sowie das Integrationspaket 1997: eine Beschränkung des Neuzuzugs, eine Ausrichtung auf den Arbeitsmarkt und die Umsetzung der Schengener Verträge, Reisefreiheit innerhalb der EU, aber eine scharfe Kontrolle nach außen. 1998 wurde das Staatsbürgerschaftsgesetz novelliert, die Einbürgerungsvoraussetzungen besonders für die zweite und

Ein Produkt dieser herrschenden „Ausländerpolitik“ in den 1990ern war die Parole „Integration statt Neuzuwanderung“. Damit musste indirekt anerkannt werden, dass die Migrant_innen da sind und da bleiben, dass sie sich so verhalten wollen wie Staatsbürger_innen, Kontakt mit ihren Verwandten halten, auf Urlaub fahren und wieder zurückkommen können, auch woanders arbeiten. „Integration“ wurde trotzdem zu einem rassistischen Kampfbegriff, Schikanen wurden aufgebaut, um der österreichischen Bevölkerung zu beweisen, dass „die Politik“ etwas „gegen die Ausländer“ tut.

Migrantische Selbstorganisationen

In den 1980ern änderten sich die politischen Perspektiven von linken Migrant_innen: Die Situation im Herkunftsland blieb wichtig, aber die unterschiedliche rechtliche Situation erzwang einen Aktivismus zum Leben und Überleben hier. Das reichte vom Widerstand gegen den alltäglichen Rassismus und gegen die sich im Jahresrhythmus verschärfenden Gesetze bis hin zu Arbeitsverhältnissen und Arbeitsbedingungen. Durch die sich verändernden Lebenssituationen, aber auch motiviert durch das „Ausländervolksbegehren“ und das Lichtermeer entstand die Kritik an den Privilegien von mehrheits-österreichischen Antirassist_innen und die Forderung nach Selbstorganisation.

Die Selbstorganisation von Migrant_innen begann schon vor den Diskussionen dieses „moralischen Antirassismus“ innerhalb der antirassistischen Linken (vgl. Bratic 2010). Aus der Kritik an der „Stellvertreter_innenpolitik“ der „entwicklungs-

dritte Generation verschärft, Behörden überprüfen jetzt Deutschkenntnisse und „Integration“.

politischen“ Organisationen (der „Dritte-Welt-Bewegung“) entstanden Mitte der 1980er Jahre erste Vereine aus dem subsaharischen Afrika wie die Gemeinschaft afrikanischer Studenten in Österreich (Waldrauch/Sohler S. 357). Migrantische Frauen machten erste Schritte in Richtung Selbstorganisationen, 1984 wurde der Verein solidarischer Frauen aus der Türkei und Österreich (später Peregrina) gegründet, 1988 der Verein türkischer Frauen – Haus der Freundschaft (später Orient-Express), 1985 LEFÖ, der Verein der Lateinamerikanischen Exilierten Frauen in Österreich.

Im August 1993 organisierten erstmals türkische und jugoslawische Vereine eine Demonstration gegen das Aufenthaltsgesetz. Der versuchte Widerstand gegen das 1997 beschlossene „Integrationspaket“ mobilisierte so viele Zugewanderte wie noch nie zuvor zu regelmäßigen Kundgebungen vor dem Innenministerium.

Die Kriege in Jugoslawien brachten die Auflösung der jugoslawischen Organisationen in ihre nationalen Strukturen (serbisch, kroatisch, bosnisch, kosovarisch), zugleich führten sie zu einer Welle von Einbürgerungen, weil die Kriege Rückkehrperspektiven zerstörten. Bosnier_innen bekamen Mitte der 1990er anhaltende Aufenthaltsrechte, ihre Asylgesuche wurden nicht wie üblich verschleppt, die Entscheidungen zum Bleiben unbürokratisch im Innenministerium getroffen. Diese Fluchtmigration bedeutete eine Zunahme höherer Bildungsschichten gegenüber der bisher vorherrschenden Arbeitsmigration (Waldrauch/Sohler, S. 197). Deren „Integration“ funktionierte durch die rasche soziale Absicherung. Die Ereignisse im früheren Jugoslawien politisierten mehr Menschen als vorher, oft in eine nationalistische Richtung, aber auch in dem Sinne, dass „integrierte“ Bosnier_innen und Ex-

Jugoslaw_innen aufgrund ihrer eigenen Erfahrungen 2015 Geflüchtete unterstützten (vgl. unten).

Die NATO-Angriffe im Kosovo/a-Krieg 1999 mobilisierten die serbische Diaspora, die Community war auf der Straße.[83] Serb_innen wandten sich vom ÖGB und der SPÖ ab, die die Angriffe wie die große Mehrheit der Österreicher_innen befürworteten, und tendierten zur KPÖ, wenn sie sich als links(-nationalistisch) verstanden (Waldrauch/Sohler 2004, S. 212).

Bei den großen Demonstrationen der Kurd_innen im Februar 1999 nach der Entführung Abdullah Öcalans und gegen das deutsche PKK-Verbot, aber auch durch die Mobilisierung gegen den NATO-Krieg in Jugoslawien im Frühjahr 1999 traten Migrant_innen oder Menschen „mit Migrationshintergrund“ nicht nur als rassistisch geprägte Feindbilder („die Serben“, „die Terroristen“) oder als bemitleidenswerte Opfer auf, sondern als Subjekte (vgl. Bratic 2002, S. 133). Ihre Aktivitäten nahmen Bezug auf die Situation in der Türkei oder in Jugoslawien, adressierten aber auch das Verhalten der österreichischen Regierung.

Meist wurden Übergriffe auf Afrikaner_innen bekannt, wenn prominente Personen (Fußballer oder UNO-Beamte) betroffen waren. Nachdem zu Beginn des Jahres 1999 ein Senegalese unter ungeklärten Umständen in Polizeigewahrsam gestorben war, organisierte sich die African Community in Demonstrationen gegen die rassistische Polizei. Am 1. Mai 1999 erstickte

83 Zwischen dem 25. März und dem 11. Juni 1999 demonstrierten täglich zwischen 1000 und 3000 Menschen auf dem Stephansplatz gegen die Bombardierungen von Jugoslawien, an den Wochenenden waren es Zehntausende.

Marcus Omofuma während seiner Deportation nach Nigeria. Beamte des Innenministeriums hatten ihm den Mund verklebt.[84]

Nach dem ersten legalen Lauschangriff fand die größte „Drogenrazzia" statt, die es in Österreich je gab. 102 Personen wurden festgenommen, einige in Schubhaft gesteckt oder gleich abgeschoben. Im Laufe der nächsten Monate und Jahre verhängten die Gerichte Strafen bis zu zehn Jahren, meistens ohne eindeutige Beweise. Die Selbstorganisation der African Community war damit zerschlagen, Afrikaner_innen wagten sich erst mit den großen Black Lives Matter-Demonstrationen im Juni 2020 wieder auf der Straße.[85]

Ab den 1990ern organisierten sich Migrant_innen für ihre einfachsten demokratischen und bürgerlichen Rechte. Initiativen forderten das Recht von Arbeiter_innen, Betriebsräte zu werden (*Bunte Demokratie für alle*, die Liste *Gemeinsam* mit türkischen Kandidat_innen). Ein „Migrant_innen-Parlament" in Wien kritisierte 2001 den Integrationsfond der Stadt, stimmte für die Abschaffung des Ausländerbeschäftigungsgesetzes und verweigerte den von der FPÖ-ÖVP-Regierung verlangten Integrationsvertrag.

Ab den Wienwahlen 2010 organisierte eine Initiative, unterstützt von SOS-Mitmensch, eine Kampagne zu einem Wahlwechsel (oder „Wahlwexel"). Wahlberechtigte „verschenken"

84 Diese Beamten wurden nicht einmal vom Dienst suspendiert, erst nach Wochen sah sich der Innenminister gezwungen, sie freizustellen. 2002 wurden sie wegen fahrlässiger Tötung zu acht Monaten bedingt verurteilt.

85 Während der BLM-Demonstrationen ging die African Community in der Masse unter. Anders war es am 25. Oktober 2020 bei den Demonstrationen gegen Polizeigewalt in Nigeria, den Anti-SARS-Demonstrationen (*Special Anti-Robbery Squad*).

ihre Stimmen zu Gunsten nicht wahlberechtigter Zugewanderter. Allein die Diskussion, ob das illegal sei, machte auf die großen Teile der Bevölkerung ohne Wahlrecht aufmerksam. Später führten SOS-Mitmensch und andere antirassistische Initiativen zu allen Wahlen eine parallele „Pass-egal-Wahl" durch (an der sich auch viele Ex-Pats beteiligen). In Österreich sind 2022 1,4 Millionen Personen der Wohnbevölkerung nicht wahlberechtigt (30,1% in Wien). Die jetzige Diskussion ähnelt dem Kampf um das allgemeine Wahlrecht Ende des 19. Jahrhunderts, außer dass es keine Sozialdemokratie gibt, die sich dafür einsetzen würde.

Die Diskussion um den Begriff „Postmigration" zeigt, dass kulturelle oder sprachliche Begründungen für die Nationalstaaten an Bedeutung verlieren: Deutschland und Österreich sind Einwanderungsgesellschaften. Es darf keine Beschränkung der Rechte auf Staatsbürger_innen geben, erst recht nicht von Staaten mit ausgesprochen rassistischen Gesetzen wie Österreich. Untergründig, noch keineswegs formal und gesetzlich, setzt sich die Anerkennung von nicht „autochtonen" Sprachen und Kulturen durch. Aufschriften und Erklärungen müssen allein aus pragmatischen Gründen mehrsprachig sein und können sich nicht auf anerkannte Sprachen beschränken.

Sichtbar wurde eine „postmigrantische" und linke Bewegung mit den Black Lives Matter-Bewegungen im Mai und Juni 2020. Nachdem ein Polizist am 25. Mai 2020 in Minneapolis den Schwarzen George Floyd erstickt hatte, löste das im Mai und Juni 2020 riesige Demonstrationen in den USA und darüber hinaus aus. Völlig unerwartet demonstrierten auch in Wien am 4. Juni 2020 statt der erwarteten dreitausend an die vierzigtausend Menschen gegen den ganz normalen Rassismus in Österreich. Eine andauernde Organisierung blieb aber vorerst aus. Das *Black Voices-Volksbegehren* im September 2022 sollte in einen Nationalen Aktionsplan gegen Rassismus münden. Nur relativ wenige beteiligten sich, wahrscheinlich aus dem Bewusstsein, dass Volksbegehren in Österreich gar nichts bedeuten. Ab 100.000 Unterschriften muss das Thema im Parlament besprochen werden, dann ist es vorbei.

Die Linke in Vorarlberg
Exkurs von Thomas Schmidinger

In Vorarlberg gab es über Jahrzehnte hinweg jenseits ideologischer Grabenkämpfe zwei soziokulturelle sehr unterschiedliche Gruppen von Linken: Einerseits Jugendliche mit einem stark subkulturellen Zugang zu einem linken Lebensgefühl, die überwiegend, aber nicht ausschließlich aus bildungsbürgerlichen Schichten des Rheintals kamen. Viele von ihnen kamen aus Gymnasien oder berufsbildenden höheren Schulen, politisierten sich zwischen Fünfzehn und Siebzehn und verschwanden nach ihrer Matura nach Innsbruck und viel öfters nach Wien. Die zweite Gruppe besaß hingegen etwas mehr Konstanz. Und zwar handelte es sich dabei um türkeistämmige ArbeitsmigrantInnen, vielfach aber nicht nur kurdischer Herkunft, die sich v.a. nach dem Militärputsch in der Türkei 1980 gegen die türkeistämmige Rechte und das türkische Regime organisierten, sich aber auch für ihre Anliegen als ArbeiterInnen und MigrantInnen einsetzten. Zwischen den beiden Gruppen gab es zwar immer wieder Berührungspunkte. Diese waren allerdings eher Interessen und Freundschaften von Einzelpersonen geschuldet und oft nicht auf Dauer angelegt. Einige der wichtigsten Aktivisten der 1980er- und 1990er-Jahre, wie Cemalettin Efe, Şenol Akkılıç und Ali Gedik, landeten aber schließlich nach langen Jahren als Arbeiter in Vorarlberg auch dort, wo die studentischen AktivistInnen landeten: in Wien!

Aber der Reihe nach: Schon vor dem Militärputsch in der Türkei, als sich das politische Klima zwischen Linken und Rechten zunehmend zuspitzte, organisierten sich in Vorarlberg, einem Bundesland mit einem sehr hohen Anteil türkeistämmiger ArbeitsmirgantInnen, sowohl linke als auch rechte Migranten. Die erste Generation war noch von einer fast ausschließlich männlichen Migration auf Baustellen und in Fabriken geprägt – deshalb Migranten und noch nicht MigrantInnen. Diese türkeistämmigen Linken waren bereits mit linken Organisationen in der Türkei verbunden. Der erste Verein türkeistämmiger Linker in Vorarlberg, in dem auch bereits Kurden aktiv waren, war der im Jänner 1975 gegründete Türkische Arbeiterverein in Dornbirn, der zwar eine gemeinsame Initiative verschiedener linker und linksradikaler Gruppen war, allerdings rasch unter Kontrolle der maoistischen TKP/ML kam. Daraufhin gründeten die anderen Gruppen im November 1978 den Verein Vorarlberger-türkisches Volkshaus. Innerhalb dieses Vereins wurde erstmals die Kurdische Frage im „Ländle" thematisiert, da die Anhänger der Gruppe Kurtuluş diese zum Thema machten. Diese von Mahir Sayın in der Türkei gegründete Organisation undogmatischer marxistischer Linksradikaler hatte in Vorarlberg allerdings nur sechs Anhänger.

Innerhalb des Vereines kam es bald zu heftigen Konflikten um diese Frage, und die Anhänger von Kurtuluş wurden von den Maoisten bald als Separatisten, Reaktionäre und Nationalisten beschimpft.

Nach dem Putsch von 1980 wendeten sich allerdings alle linken Gruppen gegen das neue rechtsgerichtete Militärregime und gegen die Strukturen der türkischen Nationalisten, der populär als Graue Wölfe bezeichneten Gruppen in Vorarlberg. Insbesondere die Grauen Wölfe in Lustenau, einer Marktgemeinde mit einer besonders hohen Zahl an türkischen Arbeitsmigranten, spielten durchaus eine überregionale Rolle in den Netzwerken des türkischen Rechtsextremismus. Die Region zwischen Dornbirn, Lustenau, Hard und Bregenz war schon in den späten 70er-Jahren zu einer Hochburg der durch die Nationalistische Bewegungspartei (Milliyetçi Hareket Partisi, MHP) im türkischen Parlament vertretenen turanistischen Bewegung geworden. Selbst der aus diesen Kreisen stammenden Papst-Attentäter Mehmet Ali Ağca war im Frühling 1981 bei einem führenden Grauen Wolf in Lustenau zu Gast und wurde von diesem dann in die Schweiz gebracht, von wo aus er zum Attentat am 13. Mai 1981 auf dem Petersplatz weiterreiste. Proteste linker AntifaschistInnen gegen diese türkischen Rechtsextremisten stießen trotzdem auf wenig Verständnis in der Vorarlberger Öffentlichkeit.

Als 1987 der Führer der MHP, Alparslan Türkeş, im eigens angemieteten Reichshofsaal in Lustenau auftreten wollte, konnten überwiegend von türkischen ArbeitsmigrantInnen getragene antifaschistische Demonstrationen diesen Auftritt verhindern. Die *Vorarlberger Nachrichten*, die mit Abstand größte Tageszeitung des Landes, titelte daraufhin am 13. Juli 1987: „Lustenau: Türken verprügeln Türken".

In der Folge verhörte die Polizei zehn antifaschistische Demonstranten und fotografierte die Männer. Bei den Verhören wurden die Aktivisten immer wieder befragt, ob sie Kurden oder Kommunisten seien. Viele Indizien sprechen dafür, dass es in dieser Zeit eine direkte Kooperation zwischen dem türkischen Generalkonsulat in Vorarlberg und der Vorarlberger Polizei gegen die türkische und kurdische Linke gab. Auch die Vorarlberger Wirtschaft spielte dabei mit: Linke türkeistämmige AktivistInnen wurden mehrfach gekündigt und hatten keine Chance mehr, einen Job in Vorarlberg zu bekommen. Gemeinsam mit Herbert Thalhammer, der 1987 als Landtagsabgeordneter der Alternativen Liste für Sigfrid Peter in den Landtag nachrückte, wurden 1987 die Vorfälle in Verbindung mit dem türkischen Generalkonsulat und den Vorarlberger Sicherheitsbehörden gesammelt, und es wurde schließlich im Gösserbräu in Bregenz öffentlich thematisiert. Aus Angst vor Repressalien traten die Referenten dabei vermummt auf.

Insgesamt war die Stimmung in den 1980er-Jahren so aufgeheizt, dass manche der heute längst pensionierten Aktivisten sich bewaffneten und sowohl rechtsextreme als auch linke türkeistämmige Aktivisten kurz davor standen, auch in Vorarlberg aufeinander zu schießen.

Nach dem Beginn des bewaffneten Kampfes der Arbeiterpartei Kurdistans (PKK) waren in Vorarlberg auch die ersten explizit kurdischen Gruppen entstanden, die Teil der europäischen kurdischen Diaspora wurden, die den Kampf in der Heimat mehr oder weniger aktiv unterstützten.

Zugleich bekam allerdings für einen Teil der Gruppen in der zweiten Hälfte der 1980er-Jahre die Situation in Österreich eine immer größere Bedeutung, insbesondere der mit dem Aufstieg der FPÖ verbundene wachsende Rassismus und die zunehmend repressiveren Gesetze gegen MigrantInnen. 1987 titelten die *Vorarlberger Nachrichten*: „Türken-Invasion gestoppt! Die Notbremse hat gegriffen!“ In dieser Stimmung wurde der Rassismus im Land immer mehr zum Thema für die verschiedenen Organisationen aus der Türkei.

Die ATIGF, eine Vorfeldorganisation der maoistischen TKP/ML, organisierte im Oktober 1987 mit der Plattform ausländischer Vereine und Beratungsstellen den „Langen Marsch gegen Fremdenfeindlichkeit und Ausländergesetze“, der vom 17. bis 24. Oktober von Bregenz mit mehreren Zwischenstationen nach Wien führte.

In den 1990er-Jahren fanden sich die marxistisch-leninistisch geschulten türkeistämmigen ArbeiterInnen zunehmend mit antirassistischen Initiativen und einigen der jugendlichen Vorarlberger Linken zu gemeinsamen Demonstrationen und Aktionen gegen den Rechtsruck zusammen. Kurdische AktivistInnen kooperierten 1991 mit der Caritas und der von der ÖVP gestellten Landesregierung, um den kurdischen Flüchtlingen aus dem Irak in der Türkei zu helfen.

Die damaligen AktivistInnen sind heute fast alle in Wien. Andere sind in ihrer Pension in Vorarlberg geblieben. Manche Kinder der politisch aktiven ArbeitsmigrantInnen studierten und wurden Teil der ersten Generation etablierter türkeistämmiger Intellektueller.

Die alten linksradikalen Kadergruppen existieren heute so gut wie nicht mehr. Geblieben sind kurdische und alevitische Vereine und junge XibergerInnen unterschiedlichster Herkunft, die nach Wien gehen, um dort zu studieren – und meistens dort bleiben.

Sachzwänge durchbrechen

In den 2000ern gibt es die demokratische Wahl nur mehr zwischen rechtsradikal-rechtspopulistisch oder liberal-kapitalistisch: Donald Trump oder Hillary Clinton, die Konservativen oder New Labour, Marine Le Pen oder Emmanuel Macron … Linke Alternativen, echt reformistisch oder sozialdemokratisch, werden systematisch ausgeschlossen. Vor den US-Wahlen 2016 verhinderte das Establishment der Demokratischen Partei den im europäischen Sinne sozialdemokratischen Bernie Sanders, weil ein Linker gegen Trump nicht erfolgreich sein könne. Hillary Clinton verlor trotzdem die Wahlen. In Großbritannien verhinderten 2019 rechte Labour-Abgeordnete den Linken Jeremy Corbyn, indem sie sogar Wahlsiege der Labourpartei sabotierten.

Im Jänner 2015 gewann die „linksradikale" Syriza[86] die Wahlen in Griechenland mit einer Kampagne gegen die von der Troika (Europäische Zentralbank, IWF und Europäische Kommission) erzwungenen Einsparungen. In einem Referendum am 5. Juli 2015 lehnte die Bevölkerung diese „Reformen" mit 61,31% ab. Syriza musste schließlich härtere Sparmaßnahmen, Privatisierungen und Einsparungen auf Kosten der Bevölkerung durchsetzen als jede vorherige Regierung.

Nahezu das ganze Jahr 2016 beschäftigte sich die „Linke" in Österreich mit dem zukünftigen Bundespräsidenten. Die

86 SYRIZA (Synaspismos Rizospastikis Aristeras/Συνασπισμός Ριζοσπαστικής Αριστεράς, ΣΥΡΙΖΑ, „Koalition der Radikalen Linken")

Kandidaten der beiden großen Parteien SPÖ und ÖVP kamen nicht in die Stichwahl, im zweiten Wahlgang gewann der parteilose, von den Grünen kommende Alexander van der Bellen ganz knapp gegen Norbert Hofer von der FPÖ. Die Freiheitlichen wollten sich nicht damit abgeben und erhoben Einspruch. Bei den nach einigen Komplikationen durchgeführten Wahlen gewann Van der Bellen mit einer noch größeren Mehrheit (53,5%).

Noch nie war es so offensichtlich, dass emanzipatorische oder linke Veränderungen nur noch von sozialen Bewegungen kommen können. Ein kleiner „Sieg" war 2015/2016 das Durchbrechen des „Sachzwanges" der Bekämpfung von Geflüchteten.

Der lange Sommer der Migration

Antirassismus war meistens ein Thema für Spezialist_innen, wie die asylkoordination, Asyl in Not, die Unterstützer_innen von Ute Bock[87] und andere Projekten, in linken und kirchlichen Strukturen. Immer wieder protestierten einige Tausend Linke und Liberale gegen neue Grässlichkeiten der Gesetzgebung. Seit 2007 organisierten sich in kleinen Orten „Normalbürger_innen", um gegen drohende Abschiebungen „gut integrierter" Familien zu protestieren und diese in einzelnen Fällen auch zu verhindern. Mitschüler_innen gingen auf die Straße, wenn Kinder und Jugendliche durch die Fremdenpolizei aus ihren Klassen gerissen wurden.[88]

87 Ute Bock (1942–2018) unterstützte in den letzten Jahrzehnten Asylwerber_innen und gab ihnen Obdach.

88 Die Abschiebungen haben nicht aufgehört. Im Jänner 2021 setzten sich Schüler_innen mitten in der Nacht vor dem Familienabschiebeheim

Der Widerstand von Migrant_innen und Geflüchteteten selbst wurde in der Öffentlichkeit als Antirassismus der Mehrheitsgesellschaft wahrgenommen. Das änderte sich in den Jahren 2012 und 2013 durch Platzbesetzungen von *Refugees* in vielen deutschen Städten und auch in Österreich.

Am 24. November 2012 marschierten *Refugees* vom Erstaufnahmelager Traiskirchen nach Wien und bauten ein Zeltlager vor der Votivkirche im Sigmund-Freud-Park auf. Im Dezember 2012 übersiedelten sie in die Kirche, weil es zu kalt wurde. Die Öffentlichkeit verfolgte die Vorgänge in der Votiv-

kirche: Demonstrationen zu ihrer Unterstützung, Polizeiüberfälle, eine kurze Gegenbesetzung durch rechtsradikale Identitäre. Als *Refugees of the Vienna Refugee Camp* belegten Geflüchtete beim Protestsongcontest den zweiten Platz, galten aber als Sieger der Herzen.

Im März 2013 gaben die *Refugees* dem Druck durch die kirchlichen Institutionen nach und übersiedelten ins Servitenkloster. Die Polizei steckte *Refugees* in Schubhaft, weil sie als Sprecher auftraten, drei von ihnen wurden wegen „Schlepperei" verurteilt, sie hatten „Geschleppte" betreut und (im Servitenkloster) untergebracht. Abschiebungen und Anklagen ließen sich nicht vermeiden, nur einige wenige konnten ihr Leben in Österreich oder Europa fortsetzen. Aber das erste Mal handelten Geflüchtete sichtbar selbst, obwohl Medien und Politiker_innen ihre „Benutzung" durch linke und antirassistische Aktivist_innen behaupteten.

Die „Autonomie der Migration", das Überwinden von Grenzen und Mauern, will unsichtbar bleiben. Grenzen sind

in der Zinnergasse auf die Straße, um die Abschiebung der 12-jährigen Tina nach Georgien zu verhindern.

durchlässig, sie sind porös, die Grenzregimes wählen aus, wer durch darf und wer nicht, eine soziale und eine finanzielle Frage. Selbst der Bau einer Mauer verhinderte Grenzübertritte nie ganz. Sie werden nur gefährlicher und teurer. Wenn es zu Stockungen kommt, sind die Menschen gezwungen, sichtbar zu werden und suchen eine (mediale) Öffentlichkeit.

Eine Ursache für die „Flüchtlingskrise" war das Zusammenbrechen der Kontrollfunktionen der nahöstlichen Diktaturen, das Erleben der Revolten 2011, das Ende der Hoffnungen auf Veränderung in den Heimatländern sowie die Verbilligung der Balkanroute. Die Kosten halbierten sich, weil Nord-Makedonien am 20. August 2015 ein Transitvisum einführte. Jetzt wagten sich auch Kinder, Alte und Frauen* auf den schwierigen und gefährlichen Weg in ein besseres Leben. Um mit dem Andrang zurecht zu kommen, schloss der Staat drei Tage später die Grenze nach Griechenland und versprühte Tränengas gegen Kinder. Weil es die Polizei nicht wagte, Schusswaffen einzusetzen, musste der Grenzübergang wieder geöffnet werden. Der dreitägige Rückstau und der anschließende Andrang ließen viele Menschen an den Budapester Bahnhöfen stranden. Österreich räumte überfüllte Züge bereits an der Grenze bei Nickelsdorf, am 20. August 2015 kesselte die Polizei am Wiener Westbahnhof über hundert Ankommende ein.

Am 27. August wurde in Parndorf in der Nähe der österreichisch-ungarischen Grenze ein LKW gefunden, aus dem Leichenflüssigkeit austrat. Im Fahrzeug waren 71 erstickte Geflüchtete aus dem Irak und aus Syrien.

Eine für den 31. August 2015 angekündigte Demonstration gegen die Missstände in Traiskirchen wurde zu einer Manifestation von Zehntausenden. Von dort begaben sich Unterstützer_innen zu den Bahnhöfen, um die Ankommenden oder Durchreisenden zu empfangen, mit Wasser und Lebensmitteln zu versorgen und Übersetzungen zu organisieren. Dieses Verhalten feierten sogar die Boulevardmedien, einige Wochen später nannten sie es nur noch despektierlich „Willkommenskultur".

Der „Durchbruch" der Massenbewegung des „Sommers der Migration" entstand wegen der Blockade der Züge nach Österreich. Tausende begannen auf der Autobahn von Budapest in Richtung österreichischer Grenze zu marschieren (*March of Hope*). Ungarn ließ daraufhin die Durchreisenden mit Bussen zur Grenze transportieren, die ÖBB reagierten pragmatisch und ließen die Menschen durchreisen, sofern sie nicht in Österreich bleiben wollten und um Asyl ansuchten.

Am 3. Oktober 2015 fanden sich nach einer Demonstration 150.000 Menschen zu einem Solidaritätskonzert für die Geflüchteten auf dem Heldenplatz ein. Die Gemeinde Wien unter Bürgermeister Michael Häupl agierte pragmatisch und brachte im Gegensatz zu anderen Bundesländern viele Geflüchtete unter. Darum wurden der FPÖ in Meinungsumfragen und in den Medien für die Wahlen am 11. Oktober 2011 massive Stimmengewinne vorhergesagt. Die FPÖ gewann zwar Stimmen, aber auf Kosten der ÖVP, die in Wien erstmals unter 10% rutschte. Die SPÖ-Verluste gingen vor allem auf Kosten der neu einziehenden Neos.

Ungarn sperrte die Grenze nach Serbien, so verlagerte sich ab dem 18. Oktober 2015 die „Balkanroute" zur slowenischen Grenze der Steiermark. Was in Nickelsdorf im Burgenland gut funktionierte, der Übertritt und die Weiterreise (die Behörden dort haben Erfahrungen mit Großkonzerten), brauchte in Spielfeld einige Tage, um sich einzuspielen. Eine Filmaufnahme von vier Polizist_innen, die eine Menge von über hundert Menschen nicht aufhalten konnten, interpretierten die Medien als Unfähigkeit des österreichischen Staates gegenüber „Flüchtlingen".

Die Stimmung der veröffentlichten Meinung begann sich ab November gegen die „Flüchtlinge" und die „Willkommensklatscher_innen" zu richten. „Wieviel Frustration muss man engagierten Menschen zumuten, um zu erreichen, dass sie resignieren?" (Gratz 2016, S. 142) War bis jetzt das rechtspopulistische Ungarn kritisiert worden, weil es durch Stacheldraht die Bewegung der Menschen verhinderte, begannen jetzt auch Österreich die Diskussion um Einschränkungen.

Ab dem 18. November 2015 ließ Nord-Makedonien nur noch Geflüchtete aus Syrien, dem Irak und aus Afghanistan durch. Am 13. Jänner 2016 sprach der Außenminister der Großen Koalition, Sebastian Kurz, davon, dass wir uns an „hässliche Bilder" gewöhnen müssten.[89] Kurz hielt sich zugute, dass er auf der Westbalkankonferenz am 24. Februar 2016, an der weder Deutschland als hauptsächliches Zielland noch Griechenland als Durchgangsland teilnahm, „die Balkanroute geschlossen" habe. Tatsächlich war es erst der Vertrag zwischen Deutschland und der Türkei am 18. März 2016 zur Verhinderung der Abfahrt, der die „Balkanroute" massiv beschränkte. Die „Schlepper" waren wieder im Geschäft!

89 „Es ist nachvollziehbar, dass viele Politiker Angst vor hässlichen Bildern bei der Grenzsicherung haben. Es kann aber nicht sein, dass wir diesen Job an die Türkei übertragen, weil wir uns die Hände nicht schmutzig machen wollen. Es wird nicht ohne hässliche Bilder gehen." Sebastian Kurz in der *Welt*: https://www.welt.de/politik/ausland/article150933461/Es-wird-nicht-ohne-haessliche-Bilder-gehen.html

Von Türkis-Blau zu Türkis-Grün

2016 steigerte sich die rassistische Propaganda der ÖVP: *„Balkanroute geschlossen“*, *„Grenzzaun!“* (Außenminister Sebastian Kurz), während die SPÖ herumeierte: Er wolle nur ein „Türl mit Seitenteilen“ (Bundeskanzler Werner Faymann von der SPÖ). Nach lautstarken Protesten am 1. Mai 2016 wegen der zaudernden und gegenüber der ÖVP zu nachgiebigen Politik musste Faymann zurücktreten.

Mit dieser Krise der rot-schwarzen Regierung stieg ein Stern am ÖVP-Himmel auf: Sebastian Kurz.[90] Er arbeitete, auch mit

geschönten Meinungsumfragen, auf den Sturz des ÖVP-Vorsitzenden und Vizekanzlers Reinhold Mitterlehner hin. Im Mai 2017 trat dieser als Vizekanzler und Parteiobmann zurück. Kurz stellte im Anschluss daran Bedingungen für mehr Macht in der ÖVP. Die „Schwarzen“ gingen 2017 unter dem neuen Namen Liste Sebastian Kurz – die neue Volkspartei (ÖVP) in die Wahlen und änderten ihre Parteifarbe in Türkis.

Nach Auseinandersetzungen um Wahllisten auf den Universitäten wurden die Jungen Grünen im April 2017 aus der Grünen Partei geworfen, auch weil sie zu links waren. Sie wurden die Junge Linke und schlossen sich später KPÖ-nahen Wahlbündnissen an (KPÖ Plus). Weil ihn die Grüne Partei nicht auf einen vorderen Listenplatz reihte, trat Peter Pilz aus und gründete eine eigene Liste: Jetzt – Liste Pilz.[91]

90 Ich habe nie verstanden, warum die Menschen den Taktiker und Opportunisten Sebastian Kurz wählten, während ich es gut verstehe, dass sie für den ehrlichen Rassisten H.C. Strache sind.

91 Peter Pilz wurden nach den Wahlen sexuelle Übergriffe vorgeworfen. Ob das mit #metoo (vgl. unten) zu tun hatte oder die Grünen nicht wollten, dass ihnen Wahltaktik vorgeworfen wird, ist für mich offen.

Bei den Nationalratswahlen am 15. Oktober 2017 gewannen ÖVP und FPÖ Stimmen, die SPÖ blieb ungefähr gleich. Die Grünen flogen aus dem Parlament, statt ihnen zog knapp die Liste Pilz ein. Sebastian Kurz wurde der jüngste Bundeskanzler Österreichs, Heinz-Christian Strache von der FPÖ sein Vizekanzler.

Die neue Regierung wurde mit Protesten eingeleitet, 25.000 demonstrierten am 13. Jänner 2018. Wie schon nach 2000 sprachen SPÖ und ÖGB von der Aufkündigung der Sozialpartnerschaft und protestierten in einer öffentlichen Betriebsversammlung gegen die Zerschlagung der Allgemeinen Unfallversicherung. Gegen die angekündigte Einführung des 12-Stunden-Arbeitstages und der 60-Stunden-Woche brachte der ÖGB am 30. Juni 2018 über hunderttausend Demonstrant_innen auf die Straßen Wiens.

Am 4. Oktober 2018 begannen neuerliche Donnerstagsdemonstrationen, zu deren Auftakt sich zwischen 10.000 und 20.000 Teilnehmer_innen zusammen fanden. Jede Woche wanderten, wie schon 2000, einige Tausend Demonstrant_innen durch die Stadt. Ausdrücklich hielten nicht die Sprecher_innen politischer Strömungen Reden, sondern die Vertreter_innen unterschiedlicher Initiativen und Bewegungen. Das reichte von gewerkschaftsnahen Aktivist_innen in der Unterstützung der Kollektivverhandlungen der Metaller_innen über die Frage prekärer Carearbeit, gegen Rassismus bis hin zu Feminismus und den Rechten der LGBTQ-Bewegung. Anlässlich des Klimagipfels in Katowice bewegte sich die Demonstration am Donnerstag, den 6. Dezember 2018, am Klimaministerium vorbei, schon bevor die Schüler_innen von Fridays for Future erstmals öffentlich auftraten. Die Organisator_innen der Donnerstagsdemonstrationen und ihre Unterstützer_innen gründeten im

Jänner 2020 die Initiative Links, um zu den Wienwahlen anzutreten (vgl. unten).

Am 17. Mai 2019 wurde ein zwei Jahre zuvor aufgenommenes Video veröffentlicht, das Heinz-Christian Strache dabei zeigt, wie er einer vermeintlichen lettischen Oligarchennichte in einer Villa auf Ibiza anbietet, die *Kronenzeitung* zu übernehmen, ihr gegen an Vereine gehende Parteispenden Bauaufträge zu verschaffen und nebenbei erwähnt, welche Firmen an die FPÖ und andere Parteien spendeten und spenden. Strache musste zurücktreten. Am folgenden Tag feierten Tausende am

Heldenplatz seinen Abschied. Auf der folgenden Donnerstagsdemo wurde „Kurz muss weg!" gefordert, eine Woche später spielten die Vengaboys vor Zehntausenden *We're Going to Ibiza*.

ÖVP-Kanzler Sebastian Kurz weigerte sich, Herbert Kickl als Innenminister zu akzeptieren, rief Neuwahlen aus und wurde durch einen Misstrauensantrag gestürzt. Bundespräsident Van der Bellen ernannte eine Übergangsregierung unter der Verfassungsrichterin Brigitte Bierlein.

Am 29. September 2019 verlor die FPÖ 10% der Stimmen (16,17%) und war nicht mehr bereit, nochmals mit dem Sieger Sebastian Kurz von der türkisen ÖVP (37,46%) zu regieren. Die Grünen zogen mit fast 14% (13,90%) wieder ins Parlament ein, sie gewannen die Stimmen der Liste Pilz zurück und profitierten von der Klimabewegung (vgl. unten), Lösungen für die ökologischen Probleme wurden doch am ehesten von den Grünen erwartet.

Nach einer Sondierungsphase der ÖVP begannen Mitte November Koalitionsverhandlungen mit den Grünen. Kein Kompromiss, sondern „das Beste aus beiden Welten" war das angebliche Ergebnis. Die Grünen haben zur Migrationspolitik nichts zu sagen, weiter werden „gut integrierte" Kinder abgeschoben, umgekehrt sind sie zumindest theoretisch für ökologische Fragen und den Klimaschutz zuständig. Am 7. Jänner 2020 wurde die Regierung Kurz II angelobt, am 4. Jänner 2020 stimmten 93,18 Prozent der Delegierten des grünen Bundeskongresses für die Koalition mit Türkis.

Seit dem Frühjahr 2021 ermittelte die Wirtschafts- und Korruptionsstaatsanwaltschaft (WKStA) gegen die ÖVP, das engste Umfeld von Sebastian Kurz und schließlich gegen ihn selbst, im Oktober 2021 musste er schließlich als Bundeskanzler zurücktreten. Am 7. Oktober feierten Tausende vor der ÖVP-Zentrale seinen Rücktritt. Die Grünen führten die Regierung mit dem bisherigen Innenminister Karl Nehammer als Bundeskanzler fort. Türkis-Grün blieb.

Regionale Linke

Die Annäherung der Grünen an die Konservativen (auch unter Kurz) war keine Überraschung. Bereits 2003 verhandelte Wolfgang Schüssel mit dem damaligen grünen Parteivorsitzenden Van der Bellen über eine Koalition, und auf Länderebene (Oberösterreich 2003, Tirol 2013, Vorarlberg 2014) funktionierte die schwarz-grüne Zusammenarbeit schon seit längerem recht gut.

In den Städten präferierten die Grünen wegen mancher inhaltlicher Nähe eine Koalition mit der Sozialdemokratie, so stellten die Grünen in Wien von 2010 bis 2020 die Vizebürgermeisterin Maria Vassilakou. Als sie sich im Herbst 2018 zurückzog, wurde in einer parteiinternen Wahl die als links geltende Birgit Hebein Parteichefin. Als Spitzenkandidatin gewann sie bei den Wienwahlen am 11. Oktober 2020 mit 14,8% weniger Stimmen als erwartet. Bürgermeister und Wahlsieger Michael Ludwig entschied sich für eine Koalition mit den Neos,

Hebein musste ihren Posten als Vizebürgermeisterin räumen. Aufgrund des mangelnden Rückhalts in der Partei verzichtete sie auf ihr Gemeinderatsmandat und legte den Parteivorsitz zurück. Im August 2021 trat sie aus der Partei aus, weil die Grünen auf Bundesebene zu nachgiebig gegenüber dem Koalitionspartner ÖVP seien.

In einer Phase rechtspopulistischer Aufschwünge und der Diskussion um die Präsidentenwahl mit Norbert Hofer als Kandidat der FPÖ, versuchten sich Linke neu zu organisieren. Für den 3. und 4. Juni 2016 lud eine Initiative Aufbruch zu einer

Aktionskonferenz ein. Statt der erwarteten 300 beteiligten sich an die Tausend an den Diskussionen über eine neue linke Organisation. In den Bundesländern und mehreren Bezirken bildeten sich Ortsgruppen. Eine Programmdiskussion wurde vertagt und der politische Inhalt auf die Parole *Wir können uns die Reichen nicht mehr leisten* beschränkt. Jede inhaltliche Spezifizierung hätte zwangsläufig eine Spaltung bedeutet, auch weil sich programmatische Organisationen wie die trotzkistische SLP (Sozialistische Linkspartei) beteiligten. Schon nach einem halben Jahr hatten sich viele Orts- und Teilgruppen wieder aufgelöst. Zu den vorverlegten Nationalratswahlen im Oktober 2017 trat der Aufbruch nicht an, was schließlich das Ende der Initiative bedeutete. Einige Vertreter_innen kandidierten gemeinsam mit der KPÖ als KPÖ Plus.

Nach der völligen Marginalisierung der KPÖ begann sie auf regionaler Ebene wieder Fuß zu fassen. Während sie bei der Wiener Gemeinderatswahl 2010 an Prozenten verlor, ergänzte ein weiteres in der Bezirksvertretung von Margareten die Mandate in den Bezirken Leopoldstadt und Landstraße. In der Leopoldstadt gewann die KPÖ unter dem in der Mieter_innenberatung aktiven Josef Iraschko die meisten Stimmen dazu. Am

11. Oktober 2015 vermehrte das Wahlbündnis Wien anders, an dem sich die KPÖ beteiligte, ihre Mandate auf Bezirksebene um Rudolfsheim-Fünfhaus und Ottakring.

Aus ähnlichen Zusammenhängen wie dem Aufbruch und den Organisator_innen der Donnerstagsdemonstrationen entstand im Jänner 2020, schon während der Covid-19-Pandemie, die Initiative Links, um zu den Gemeinderatswahlen am 11. Jänner 2020 in Wien anzutreten. Das von einzelnen Bezirkspolitiker_innen von SPÖ und Grünen unterstützte Bündnis von Links und KPÖ konnte zwar nicht in den Gemeinderat einziehen, erreichte aber mit 2,06 % einen Achtungserfolg. Den Anteil an Bezirkssitzen erhöhten Links und KPÖ von fünf auf 23 Mandate.

Bei der Gemeinderatswahl am 10. März 2019 in der Stadt Salzburg erreichte die Liste KPÖ Plus mit dem vorherigen Vorsitzenden der Jungen Grünen, jetzt Jungen Linken, Kay-Michael Dankl als Spitzenkandidaten 3,8 Prozent und den erstmaligen Wiedereinzug in den Gemeinderat seit 1962.

Diese regionalen Erfolge[92] der letzten Jahre hatten nicht nur mit der linken Enttäuschung über die Grünen und die SPÖ zu tun, sondern mit der konkreten politischen und sozialen Arbeit der gewählten Kommunist_innen und anderer Linker auf regionaler Ebene. Eine politische Linie oder die Bezeichnung „kommunistisch“ spielte dabei kaum eine Rolle.

Die praktische Arbeit galt als das Erfolgsrezept der Grazer und steirischen KPÖ. Ernest Kaltenegger war als Unterstüt-

92 Weitere regionale Erfolge waren im Gemeinderat von Linz: 2009: 1,7% (1 Mandat), 2015: 2,37% (1 Mandat), 2021: 3,3% (2 Mandate) und im Gemeinderat von Krems: 2022: Kremser Linke Stadtbewegung (KLS): 7,1% (3 Mandate)

zer von Mieter_innen in der Stadt bekannt, gewann aber auch Sympathien, weil er einen Teil seines Einkommens an Sozialinitiativen spendete. 1998 zog er an der Spitze der KPÖ in Graz mit 7,8 Prozent und vier Mandaten in den Stadtsenat ein. 2003 steigerte die Partei ihre Stimmen weiter (20,8%, zwölf Mandate). Gestützt auf die starke Position in Graz erreichte die KPÖ bei der steirischen Landtagswahl am 2. Oktober 2005 mit vier Mandaten das erste Mal nach Jahrzehnten den Einzug in einen Landtag. Nach dem Wechsel von Kaltenegger zu Elke Kahr erlitt die KPÖ 2008 bei der Gemeinderatswahl in Graz eine Niederlage (11,18% und nur mehr sechs Mandate), danach begann der neuerliche Aufstieg. 2012 wurde die KPÖ zweitstärkste Partei hinter der ÖVP (19,86%) und blieb das auch nach der Gemeinderatswahl in Graz 2017 (20,34%, 10 Sitze).

2021 wurde die KPÖ durch „Zufälligkeiten der Arithmetik" (wie Anarchist_innen sagen) mit 28,84% stärkste Partei in Graz. Meinungsumfragen hatten der KPÖ Stimmengewinne vorhergesagt, aber nicht das Ausmaß des Absturzes der ÖVP (von 37,79% auf 25,91%). Die KPÖ unter Elke Kahr wurde nicht nur wegen ihrer konsequent sozialen Politik Siegerin, sondern auch wegen geplanter, aber unbeliebter Großprojekte (einer U-Bahn) der vorherigen Regierung aus ÖVP und FPÖ. Die KPÖ, die ebenso gestärkten Grünen und die SPÖ bildeten eine Regierung, Elke Kahr wurde die erste kommunistische Bürgermeisterin von Graz.

Feminismus

Im Oktober 2017 wurde bekannt, dass der Filmproduzent Harvey Weinstein Hunderte Frauen sexuell belästigt, einige vergewaltigt und viele aus seiner Machtposition heraus zu Sex gezwungen hatte. Die Schauspielerin Alyssa Milano rief dazu auf, wenn „du sexuell belästigt oder angegriffen wurdest, schreibe #metoo als Antwort auf diesen Tweet".[93] Die erfolgreiche feministische Kampagne *#metoo* machte die männlichen Machtverhältnissen sichtbar und zeigte, wie selbstverständlich und wie weit verbreitet sexuelle Übergriffe sind. Zehntausende Frauen schrieben von ihren Erfahrungen, von Belästigungen bis hin zu Vergewaltigungen.

Auch in Österreich stellten Frauen* sexualisierte Machtausübung in vielen Bereichen in Frage. Am 20. November 2017 machte die österreichische Schifahrerin Nicola Werdenigg öffentlich, dass Schisportkollegen sie mit 16 Jahren vergewaltigten, und wie weit verbreitet sexualisierte Gewalt und systematischer Machtmissbrauch im Schibetrieb sind. Ende Mai 2019 beschuldigte Raphaela Scharf ihren Chef Wolfgang Fellner, den Betreiber einiger Boulevardmedien, sexueller Übergriffe und wurde sofort entlassen. Sie klagte vor dem Arbeitsgericht. Erst 2021 machten deutsche (!) Medien diese Auseinandersetzungen öffentlich. Im Anschluss meldeten sich weitere von Fellner belästigte Frauen. Im Juni 2022 machte die Wiener Regisseurin und Drehbuchautorin Katharina Mückstein Übergriffe und Demütigungen aus ihrer eigenen Ausbildungszeit in der österreichischen Film- und Theaterszene öffentlich. Im September 2022 nahm vera*, eine „Vertrauensstelle für Betroffene von Gewalt, Belästigung und Machtmissbrauch in Kunst, Kultur und Sport", ihre Arbeit auf.

Das Ausnutzen männlicher Machtpositionen wurde noch nie so häufig in Frage gestellt und die patriarchale Geschlech-

93 Schon 2006 verwendete Tarana Burke den Begriff Me Too („Ich auch"), um sexuelle Übergriffe auf afroamerikanische Frauen und Mädchen öffentlich zu machen.

terordnung von großen Teilen der Bevölkerung zumindest thematisiert. „Wir wissen, sobald über etwas geredet wird, passieren auch viel weniger Übergriffe – im Sport sogar bis zu 50 Prozent weniger“, sagte Nicola Werdenigg 2022 im *Standard*.[94]

Am 3. Juni 2015 demonstrierten 200.000 Frauen unter dem Hashtag *#NiUnaMenos* („Nicht eine weniger“) vor dem argentinischen Kongresspalast in Buenos Aires, um gegen Femizide, die Ermordung von Frauen, zu protestieren. Bei den Kundgebungen ging es gegen sexuelle Übergriffe überhaupt, aber auch für das Recht auf Abtreibung und gegen die Lohnschere zwischen Männern und Frauen.

Die Bewegung breitete sich im folgenden Jahr auf andere Länder Lateinamerikas aus. Nach einem weiteren Frauenmord riefen Feministinnen in Argentinien für den 19. Oktober 2016 erstmals einen Generalstreik von und für Frauen aus. Die Hauptstadt Buenos Aires kam für einige Stunden zum Stillstand – das war der Beginn der weltweiten Frauen*streikbewegung!

2016 konnten Frauen* in einem „schwarzen Protest“ (Demonstrationen in schwarzer Kleidung) im katholischen Polen die Verschärfung der Abtreibungsgesetze abwenden. Auch im katholischen Irland mobilisierten Frauen* gegen ein Abtreibungen verunmöglichendes Verfassungsgesetz und waren damit erfolgreich. Die Massendemonstrationen in Irland und Polen waren neben den lateinamerikanischen Erfahrungen und riesigen Demonstrationen in Spanien, Italien und den USA Auslöser für die Ausrufung des ersten weltweiten Frauen*streiks, an dem sich am 8. März 2017 Frauen* aus über 50 Ländern beteiligten. Von Jahr zu Jahr verbreiterte sich die Bewegung. 2018

94 https://www.derstandard.at/story/2000139976499/raphaela-scharf-es-brauchte-wen-von-aussen-der-sagt-das

waren allein in Spanien Millionen auf den Straßen. 2019 beteiligten sich auch in Österreich und Deutschland Zehntausende Frauen, in einigen Randbereichen streikten sie auch.

In Wien vergrößerten sich am 8. März die (queer-)feministischen Kundgebungen neben der kleineren radikal-feministischen Demonstration von Jahr zu Jahr, sogar während der Corona-Pandemie (2019: 2100, 2020: 3200, 2021: 5000, 2022: 5000).

In Österreich besteht die einmalige Situation, dass mehr Frauen* ermordet werden als Männer, meistens begangen von Ehemännern, Partnern oder Ex-Partnern. Nach bereits 15 Frauenmorden bis Mitte 2020 protestierten im Juli 2020 erstmals einige hundert Demonstrant_innen gegen Femizide in Österreich. In den letzten beiden Jahren werden Frauen*morde auch in der Öffentlichkeit mehr und anders beachtet, regelmäßig gehen Protestierende auf die Straße. Selbst die Berichterstattung änderte sich, niemand erlaubt sich mehr, bei Frauen*morden von „Beziehungsproblemen" zu schreiben. Das fragwürdige Verhalten von Polizei und Justiz wird jetzt öfter besprochen, aber noch immer werden viele Gewalttäter freigesprochen.

Klimabewegung

Das österreichische Bündnis System Change, not Climate Change (SCnCC) konstituierte sich 2015 anlässlich der Klimakonferenz in Paris. Seither protestiert SCnCC gemeinsam mit Umweltaktivist_innen aus dem 22. Bezirk gegen eine geplante Autobahn durch die Lobau, ein Augebiet am Stadtrand von Wien, und gegen den Ausbau des Flughafens Schwechat, die „dritte Piste".[95] Für SCnCC war „Klimaschutz" kein singuläres Problem, sondern immer eines der kapitalistischen Gesell-

95 Deren Bau ist wegen der Corona-Pandemie vorerst vertagt.

schaft. Jährlich organisiert SCnCC Klimacamps, das erste im Sommer 2016 in der Nähe des Schwechater Flughafens.

Ab August 2018 setzte sich die damals 15-jährige Greta Thunberg jeden Freitag mit einer Tafel „Schulstreik" vor den schwedischen Reichstag, um gegen die Ignoranz von Politik und Gesellschaft gegenüber der Klimaerwärmung zu protestieren. Sie löste damit eine weltweite Bewegung von Schüler_innen aus. Fridays for Future (FfF) wurde innerhalb weniger Monate zu einem Massenphänomen, bei dem sich über den ganzen Globus Millionen an Schulstreiks und Demonstrationen beteiligten. Am 21. Dezember 2018 begann die erste, noch kleine Kundgebung der von da an wöchentlichen Schulstreiks in Wien. Im Laufe der nächsten Monate breitete sich die Bewegung bis in kleine Städte und Orte Österreichs aus.

Motiviert durch die Anwesenheit Greta Thunbergs beteiligten sich am 31. Mai 2019 Zehntausende Demonstrant_innen in Wien. Aktivist_innen des Klimacamps („Ende Geländewagen") blockierten die Kreuzung vor der Urania und konnten erst nach drei Stunden von der Polizei entfernt werden. Die Polizei nahm fast hundert Menschen fest, zahlreiche Handyaufnahmen dokumentierten die Brutalität des Polizeieinsatzes (Einprügeln auf am Boden fixierte Menschen).

An der größten weltweiten Klimamobilisierung in der Woche zwischen dem 20. und dem 27. September 2019 beteiligten sich wieder weltweit Millionen von Menschen, in Wien waren es zwischen 25.000 und 35.000, aber auch in den Landeshauptstädten waren viele auf den Straßen, in der Tiroler Landeshauptstadt Innsbruck (130.000 Einwohner) sollen es an die 20.000 gewesen sein.

Die im Herbst 2018 in Großbritannien gegründete Organisation Extinction Rebellion (Rebellion gegen das Aussterben, XR) bezieht sich auf die großen gewaltfreien Bewegungen des 20. Jahrhunderts, auf Mahatma Ghandi in Indien und die Bürgerrechtsbewegung der 1950er und 1960er in den USA. In vielen Städten, allerdings fast ausschließlich im Globalen Norden, blockierte XR in einer globalen Aktionswoche vom 7. bis zum 14. Oktober 2019 und auch in den Monaten danach Straßen und Verkehrsmittel.

Die Klimabewegung schien in ihrer globalen Ausdehnung und ihrer Breite erfolgreich zu sein. Noch nie diskutierte die Öffentlichkeit so viel über die Klimakatastrophe, Politiker_innen loben die protestierenden Jugendlichen für ihr Engagement. Aber es bleibt auf einer verbalen Ebene. Es wird über einen *Green New Deal* geredet, dass Klimaschutz Wirtschaftswachstum bringe und uns unrealistische technologische Entwicklungen der nächsten Jahrzehnte retten werden. Den „Klimakindern werden Märchen erzählt". Und natürlich dass Klimaschutz gesetzlich verankert werde, was noch nicht passiert ist.

Selbst gegen diese unrealistischen Vorstellungen des Klimaschutzes wehren sich Vertreter_innen des ganz normalen Kapitalismus. Die Unternehmen würden die Kosten des Klimaschutzes nicht stemmen können und die Bevölkerung wolle nicht verzichten,[96] sie wolle Auto fahren, jährlich in den Ur-

96 Selbst der „Verzicht" ist zum Teil Lüge. Die Geschäftsinhaber an der Mariahilferstraße wehrten sich gegen die Einschränkung des Autoverkehrs, nachträglich erkannten sie, dass ihre Umsätze gerade deswegen zunahmen. Die Autofahrer_innen wehren sich gegen Geschwindigkeitsbegrenzungen, obwohl das nicht einmal eine Einschränkung wäre und nichts kostet (unabhängig von der Verringerung des Lärms und der Unfalltoten). Ich als Nicht-Autofahrer muss schon immer auf Lebensqualität in der Stadt verzichten! Mit meinen Steuern finanziere ich den Bau von Parkplätzen und Autobahnen!

laub fliegen, viel Fleisch essen und Schi fahren, notfalls mithilfe von Schneekanonen. Am real existierenden Kapitalismus darf sich nichts ändern: Die Sachzwänge ...

Resignation und Wirkungslosigkeit führten dazu, dass sich ein Teil der jungen Aktivist_innen zurückzog und weniger Menschen sich an den wöchentlichen Klimastreiks beteiligten. Die Covid-Pandemie tat das Ihrige dazu, vielleicht auch die Grünen an der Regierung.

Die aktiv Gebliebenen sprechen nicht mehr allein von der Katastrophe, sondern von „Klimagerechtigkeit“. Sie wissen, dass

die Folgen der Klimaerwärmung die Menschen im Globalen Süden tödlicher treffen wird, so wie ärmere Menschen überhaupt, während die Reichen um ein Vielfaches mehr an CO_2 ausstoßen. Sie übernehmen die Positionen, die SCnCC vertritt, dass der Kapitalismus das Problem ist und bleibt.

FfF erkannten die Fruchtlosigkeit von Demonstrationen und verbalen Appellen und wollte konkreten Widerstand gegen zerstörerische Projekte leisten. Am 27. August 2021 besetzten die schon lange bestehenden Initiativen „Hirschstetten retten“ und „Rettet die Lobau“, der neu entstandene Jugendrat, FfF Wien, XR und SCnCC, unterstützt von etablierten Organisationen wie Greenpeace, die Baustellen für die Lobauautobahn.

Schon mehr als ein Jahrzehnt protestierten lokale Bürger_inneninitiativen gegen die Lobauautobahn. Im November 2006 besetzten sie erstmals eine Baustelle für eine Probebohrung, einen Monat später zwangen finanzielle Klagen die Besetzer_innen zur freiwilligen Räumung.

Am 27. August 2021 begann das vorerst für wenige Tage geplante Klimacamp in der Donaustadt (22. Bezirk). Am 30. August 2021 besetzten die Teilnehmer_innen eine erste Baustelle der Stadtstraße, einer Zufahrt zur Lobauautobahn. Zur Überraschung der Aktivist_innen räumte die Polizei dieses Grätzel 1 nicht. Am 6. September blockierten sie eine weitere Baustelle in der Hausfeldstraße, wegen ihres Charakters „Wüste" genannt. Anrainer_innen unterstützten die Bewohner_innen des Camps mit Nahrungsmitteln und der Möglichkeit, zu duschen. Viele Aktivist_innen blieben nur tage- oder wochenweise, andere zeigten ihre Solidarität durch den Besuch von Workshops, Konzerten und anderen Veranstaltungen. Im September besuchten zwei Mal Zapatist_innen auf ihrer Europatour das Camp, um mehr über die Besetzung zu erfahren und über ihre Probleme in Chiapas, in Mexiko und im Globalen Süden zu sprechen. Die Besetzung der Baustellen der Lobauautobahn dauerte fast ein Jahr, die längste in Österreich.

Leonore Gewessler, die grüne Ministerin für Klimaschutz, Umwelt, Energie, Mobilität, Innovation und Technologie, verkündete am 1. Dezember 2021 das Aus des Lobautunnels und der Lobauautobahn. Die Gemeinde Wien (SPÖ und Neos, mit Unterstützung von ÖVP und FPÖ) besteht weiter auf dem in ihrer Kompetenz liegenden Bau der Stadtstraße, einer vierspurigen Straße ohne Rad- und Gehwege. Die Gemeinde hofft wohl, dass sich die Lobauautobahn längerfristig durchsetzen werde.

Im Dezember verschickte ein SPÖ-naher Anwalt Klagedrohungen an einige Dutzend Aktivist_innen, darunter Minderjährige und Wissenschaftler_innen, die nichts mit der Besetzung zu tun hatten. Am 31. Dezember gefährdete ein Brandanschlag auf einen Unterstand des Grätzel 1 die darin Schlafenden. Am 1. Februar 2022 wurde schließlich die „Wüste" geräumt, einige Wochen später, am 5. April, auch das Grätzel 1. Weitere Räumungsdrohungen zwangen die Besetzer_innen des legalen Camps, am 5. September 2022 auch von dort abzuziehen.

Am 16. November 2022 besetzte die Initiative Erde brennt den Hörsaal C1 im Campus des Alten AKH, um die Klima-Proteste gemeinsam mit Forderungen gegen Unterfinanzierung der Universitäten fortzusetzen.

Aktivist_innen einer Letzten Generation kleben sich schon seit Monaten an vielbefahrenen Kreuzungen fest (Gürtel oder Verteilerkreis), um den Verkehr zu blockieren, und sie schütten Farbe oder Lebensmittel auf das Schutzglas berühmter Kunstwerke, um auf die Klimakatastrophe aufmerksam zu machen. Inzwischen wird die Letzte Generation wie eine terroristische Organisation behandelt. Die Medien schreiben von einer Klima-RAF, in Bayern nahmen die Beamt_innen einige Aktivist_innen in Präventivhaft. Nach einer Aktionswoche Mitte Jänner 2023 verlangen Politiker_innen härtere Strafen, wenn sich Aktivist_innen auf der Straße festkleben. Dabei sind diese nicht nur gewaltfrei, sie begehen keine Sachbeschädigungen, sondern stellen so gemäßigte Forderungen wie Tempo 100 auf den Autobahnen.

Die „Sachzwänge" des Kapitalismus lassen eher den Untergang der menschlichen Zivilisation zu, als verzweifelte Menschen ihr System der Profitmaximierung in Frage zu stellen!

Von einem Krieg zum nächsten

Die Jahre 2018 und 2019 waren Jahre des Aufbruchs, nicht nur wegen der Klimabewegung und des Feminismus. Weltweit erinnerte einiges an 2011 (oder war es die Fortsetzung von 2011?, vgl. Foltin 2020, S. 21f): In Chile demonstrierten die Massen gegen die neoliberale Regierung, im Irak fegte eine Bewegung um soziale und demokratische Forderungen die ethnischen und religiösen Spaltungen weg. In Frankreich demonstrierten die Gelbwesten gegen ihre sozialen Lage, und in Österreich stand der Sozialbereich vor einem Streik.

Von meinem historischen Wissen her sollte ich gewarnt sein: Die Herrschenden beantworteten große Bewegungen immer mit Kriegen. Zuerst aber kam die Pandemie.

Corona

„*Die einen glauben daran* [DIE Wissenschaft] *und eine lautstarke Minderheit glaubt einen noch größeren Unsinn.*"
(Schandl 2022, S. 30)

Am 16. März 2020 verhängte die Regierung einen Lockdown mit Ausgangssperre, das bedeutete die Stilllegung sozialer Auseinandersetzungen und die Absage letzter Demonstrationen und Streiks im Sozialbereich. Die Gewerkschaft stimmte im Angesicht der Pandemie am 1. April 2020 einem Abschluss zu: eine geringe Lohnerhöhung, im dritten Jahr eine Stunde weniger arbeiten und eine Verlängerung des Vertragszeitraumes.[97]

Solange Covid-19 nur China betraf, wurde die Krankheit wenig beachtet. Im Februar erreichte sie Italien und verbreitete sich in einigen Regionen rasend schnell. Die Medien zeigten Militärlastwagen in Bergamo, die Massen von Leichen transportierten, von Menschen, die an oder mit Covid gestorben waren.

Am 11. März 2020 erklärte die Weltgesundheitsorganisation (WHO) die Epidemie zur Pandemie. Der Tourismusort

Ischgl in Tirol wurde zu einem Hotspot der Seuche. Erst sehr spät sperrten die Après-Ski-Lokale zu: Der Wintertourismus musste weiter gehen! Die Behörden verhängten einen Lockdown über die Region und schickten die Tourist_innen einfach weg, die Corona über ganz Europa verteilten.

Am 16. März verfügte die Regierung einen Lockdown über ganz Österreich, verbot alle öffentlichen Veranstaltungen und schloss die Grenzen des Landes und der Bezirke. Die offiziell „Ausgangsbeschränkungen" genannte Ausgangssperre erlaubte nur lebensnotwendigen Geschäften (Lebensmittelhandel, Apotheken), offen zu halten. Das Betreten öffentlicher Orte war verboten, die Wohnungen durften nur zur Betreuung unterstützungsbedürftiger Personen verlassen werden, zur Deckung von Grundbedürfnissen (Supermärkte, Ärzt_innen, Apotheken), aus beruflichen Zwecken und „wenn öffentliche Orte im Freien alleine, mit Personen, die im gemeinsamen Haushalt leben, oder mit Haustieren betreten werden sollen, gegenüber

97 Ich war empört über die lange Laufzeit, habe mir aber damals nicht vorgestellt, dass die Pandemie so lange dauert. Im Herbst 2022 sind die Lohnforderungen im Sozialbereich dann doch relativ hoch (vgl. unten).

anderen Personen ist dabei ein Abstand von mindestens einem Meter einzuhalten."[98] Diese letzte Bestimmung bezog die Regierung auf Spazierengehen. „Spazierengehen" und Abstandsregelung öffneten der Willkür Tür und Tor. Selbst wenn ich den Gesetzgeber_innen zugute halte, dass sie wirklich zu wenig wussten, waren die Einschränkungen im Freien völlig sinnlos. In Wien sperrten die Parks zu, obwohl die Ansteckungsgefahr im Freien gering ist, aber Seilbahnen und Schilifte blieben offen (der Wintertourismus!). Die Polizei kontrollierte die Abstandsregeln im Freien und ahndete sie bis hin zu Schüssen. Beamte schikanierten Spaziergänger_innen, spielende Kinder, alleinerziehende Mütter, ein besonderes Ziel waren „ausländisch" aussehende Menschen.

Der Lockdown war sicher nicht im Sinne des Kapitalismus. Unternehmen wollten möglichst geringe Einschränkungen. Die Reaktionen auf die Pandemie waren wahrscheinlich so überschießend, weil im Gegensatz zu Malaria, Ebola oder anderen tödlichen Krankheiten des Globalen Südens auch die kapitalistischen Eliten betroffen waren, nicht umsonst stand am Anfang der Luxustourismus (Kreuzfahrtschiffe, Après-Ski) im Zentrum der Ausbreitung.[99] Das erzwungene Verhalten marginalisierte jede Opposition nicht nur durch Repression, ein großer Teil der Bevölkerung akzeptierte die „Sachzwänge" der Einschränkungen. Es war wirklich Angst da, die von der Sensationsberichterstattung und den katastrophischen Äußerun-

98 https://de.wikipedia.org/wiki/COVID-19-Pandemie_in_Österreich

99 Wie bei allen Krankheiten ist die arme Bevölkerung von Tod und Schäden durch Covid-19 wesentlich stärker bedroht und betroffen, besonders in den Ländern und Regionen, die die Gesundheitsversorgung privatisiert und kaputt gespart haben.

gen einiger Politiker_innen, in Österreich an erster Stelle Sebastian Kurz, geschürt wurde.

Die Medien waren verglichen mit dem normal kapitalistischen Alltag praktisch gleichgeschaltet. Die Diskurse waren einheitlich, obwohl sie nicht einmal konsistent waren. Als am Freitag, den 13. März 2020, in den sozialen Medien Meldungen über eine Ausgangssperre auftauchten, wurde das von Innenminister Nehammer als Fake News abgetan. Am Dienstag, den 16. März, wurden „Ausgangsbeschränkungen" mit polizeilicher Überwachung und Bestrafung eingeführt, sicherheitshalber nicht „Ausgangssperre" genannt.

Vor dem 30. März 2020 dominierten Berichte, die die Sinnlosigkeit von Schutzmasken zu erklären versuchten. Wahrscheinlich weil zu diesem Zeitpunkt einfach nicht genug Masken greifbar waren. Die Diskussion drehte sich innerhalb von wenigen Tagen (vielleicht sogar Stunden), als geplant wurde, eine Maskenpflicht einzuführen.

Die Berichterstattung über Schweden ging bis hin zu der Falschmeldung, die schwedische Politik sei für eine „Durchseuchung" der Gesellschaft, um die Ausbreitung des Virus zu beenden. Der Unterschied zu Österreich war, dass in Schweden nicht mit Zwangsmaßnahmen und Verboten gearbeitet wurde, sondern mit Empfehlungen.[100]

100 Das Argument für den schwedischen Weg, dass sich ein harter Lockdown nicht auf Dauer durchhalten lasse, hat sich als realistisch erwiesen. Werden die Todeszahlen über eine längere Zeit verglichen, schneidet Schweden ungefähr gleich ab wie Österreich. Schweden hatte aber im Frühjahr 2020 sehr viele Tote zu beklagen (auch durch Fehler wie der Verlegung von Covid-Kranken zurück in ihre Altersheime). Österreich mit dem Hin und Her zwischen hartem Lockdown, Lockdown light und Öffnungen war längerfristig stärker betroffen.

Die Einheitsberichterstattung wurde auch dadurch gefördert, weil die Gegner_innen kaum ernst zu nehmende Argumente vorbrachten, wie Covid-19 sei nicht mehr als die jährliche saisonale Grippe oder Corona sei von den Herrschenden geplant oder erfunden worden. Beide Seiten führten einen Glaubenskrieg, Zwischentöne waren nicht mehr möglich. Trotz der Widersprüchlichkeiten glaubten die einen alles, was die vorherrschenden Medien brachten und behaupteten wissenschaftliche Wahrheit. Die linke Kritik an Gesundheitswesen und Pharmaindustrie bedeutete nichts mehr. Jeder, der nicht glaubte, wurde zum „Schwurbler". Wie die einen den Schrecken von Covid-19 aufbliesen, so die anderen angebliche Impfschäden.[101] Für die Gegner_innen wurde das Maskentragen zur Glaubensfrage, eine aus meiner Sicht sinnvolle Maßnahme in Innenräumen, in denen sich viele Menschen aufhalten.

Fünfzig Linke und Feminist_innen demonstrierten am 29. März 2020 als erste im Prater gegen das Ausgangsverbot, übrigens mit Masken und Abstand, obwohl es noch keine Maskenpflicht gab. Am 17. April 2020 untersagte die Polizei eine antirassistische Kundgebung der Seebrücke und löste sie auf. Erst am 24. April 2020 wagten sich zweihundert Maßnahmengegner_innen und Rechtsextreme auf die Straße.

Ab dem Mai 2020 begannen vorsichtige Lockerungen der Beschränkungen, Geschäfte sperrten wieder auf, der öffentliche Raum durfte wieder betreten werden, ab dem 15. Juni durfte die Gastronomie mit gewissen Regeln wieder besucht werden.

101 Natürlich gibt es die Impfschäden wirklich, aber im Vergleich zu den meisten Medikamenten oder anderen Impfungen war die Zahl der Covid-Impfschäden minimal.

Die nächste Welle im Herbst schien die Regierung zu überraschen, am 3. November 2020 verhängte sie einen Lockdown light, der am 17. November verschärft wurde, ab dem 7. Dezember wurde er wieder gelockert, um das Weihnachtsgeschäft nicht zu stören. Vom 26. Dezember bis zum 18. Jänner 2021 wurde neuerlich ein harter Lockdown verhängt. Welche Geschäfte während der Lockdowns offen halten durften (Baumärkte) und welche nicht, hing von der Stärke der jeweiligen Lobby ab. Inzwischen nahmen viele die Lockdowns nicht mehr ernst und Verstöße wurden auch nicht mehr so unerbittlich verfolgt.

Ende 2020 wurde erstmals eine Impfung zugelassen, ein Gamechanger, wie Kanzler Kurz behauptete. Im Laufe des Jahres 2021 galt ein Grüner Pass zum Besuch von Veranstaltungen und Lokalen, dessen Status zuerst von Corona-Tests und danach von den Impfungen abhing. Eine Diskussion um eine Impfpflicht begann, die zum roten Tuch für die Gegner_innen der Maßnahmen wurde. Sie wurde im Februar 2022 eingeführt, bald wieder ausgesetzt und schließlich ignoriert.[102]

Ab Jänner 2021 wurden die Demonstrationen gegen die türkis-grüne Regierung groß, über zehntausend Demonstrant_innen waren jeden Samstag in Wien unterwegs, Tausende ließen sich am 31. Jänner 2021 trotz eines Verbotes nicht davon abhalten, die Straßen zu füllen. Die Kundgebungen waren „rechtsoffen“, der Einfluss der organisierend eingreifenden Rechtsextremen nahm von Woche zu Woche zu, und auch die FPÖ unterstützte die Proteste. In den Bundesländern demonstrier-

102 Die Testpflicht bestand, weil auch symptomlose Menschen Covid übertragen können; waren sie aber geimpft, bestand keine Testpflicht mehr, obwohl Geimpfte genauso Träger des Virus sein können.

ten noch mehr Menschen im Verhältnis zur Bevölkerung als in Wien. Die größten Kundgebungen waren mit Unterstützung der FPÖ im November und Dezember 2021. Eine neue Impfgegner_innenpartei, die MFG (Menschen – Freiheit – Grundrechte), konnte bei den Landtagswahlen in Oberösterreich am 26. September 2021 noch 6,23% gewinnen.

2022, nach dem Beginn des Ukraine-Krieges Ende Februar, aber auch mit dem Auslaufen der meisten Einschränkungen, reduzierten sich die Versammlungen auf einige hundert. Wahrscheinlich wenden sich jetzt viele Impfgegner_innen der FPÖ als Protestpartei in Opposition zu.

Eine linke Minderheit stellte sich auf die Seite der Maßnahmenkritiker_innen. Viele Linke waren im Gegensatz dazu gegen jede Kritik an den Maßnahmen und befürworteten das Vorgehen der Regierung. Antifaschist_innen versuchten die Corona-Aufmärsche zu blockieren, viele linke Veröffentlichungen konzentrierten sich auf die Entlarvung der rechtsextremen Beteiligung bis hin zu Forderungen nach einem härteren Vorgehen der Polizei. Am 1. Mai 2021 fiel das der linken Mayday-Demonstration auf den Kopf. Die Polizei ging hart gegen linke Demonstrierende vor und verteilte willkürlich Anzeigen wegen Nicht-Einhaltung des Mindestabstandes.[103]

Die in der Linken einflussreiche Initiative Zero Covid forderte weitere Verschärfungen (unter „Arbeiterkontrolle"?). Das Ziel wäre ein kurzer, absoluter Lockdown, um die Über-

103 Die Mayday-Demonstration endete mit Reden und Musik im Sigmund-Freud-Park. Als ein Transparent auf der Votivkirche aufgehängt wurde, versuchte ein Zivilpolizist die Täter_innen zu stellen. Er wurde als vermeintlicher Rechtsextremer von den Demonstrant_innen behindert und mobilisierte einen Polizeieinsatz zur Räumung des Parkes.

tragungen auf die völlig unmögliche Null-Ansteckung zu drücken. Um Zero-Covid ist es inzwischen still geworden, nach Unruhen gab China im November 2022 eine diesem Konzept angenäherte Politik auf. Auch die Maßnahmengegner_innen verliefen sich bis auf einen reduzierten Haufen, die wenigen Gebliebenen demonstrieren heute gegen „Ausländer_innen".

Ukraine

In der Regierungserklärung vom 27. Februar 2022 sprach der Bundeskanzler Deutschlands, der Sozialdemokrat Olaf Scholz, von einer „Zeitenwende". In derselben Rede verkündete er ein Sondervermögen in der Höhe von 100 Milliarden Euro für die Bundeswehr. Diese Zeitenwende bedeutete die Verschiebung der Abschaltung der Atomkraftwerke und des Braunkohleabbaus. Um unabhängig vom russischen Erdgas zu werden, wird wieder Fracking gefördert und werden Verträge mit Öldiktaturen ausgehandelt. „Zeitenwende" heißt Militarismus und Krieg und Gleichgültigkeit gegenüber ökologischen Katastrophen, weil Wladimir Putins Russland am 24. Februar 2022 die „demokratische" Ukraine überfiel.

In der Ukraine herrscht seit 2014 Krieg. Nach dem Maidan-Aufstand und dem Sturz des russland-freundlichen Präsidenten Wiktor Janukowytsch entwickelte sich in den Gebieten von Donezk und Luhansk eine Anti-Maidan-Bewegung der russischsprachigen Bevölkerung. Als Antwort darauf und wegen der folgenden Annexion der Krim stellte die Ukraine eine Nationalgarde auf, deren erste Angriffe auf die östlichen Gebiete zurückgeschlagen wurden, auch weil sich Menschen auf beiden Seiten gegen den Krieg wandten. Ein prekärer Waffenstillstand, das Abkommen von Minsk, legte die Auseinandersetzungen vorerst bei. Russland beteiligte sich nicht offiziell am

Krieg und wollte die von den dortigen Kriegsherren ausgerufenen unabhängigen Republiken nicht anerkennen, sondern unterstützte sie nur durch „Freiwillige".

Seit Anfang Februar 2022 sprach die US-Regierung von Kriegsvorbereitungen, Putin machte sich noch darüber lustig. Am 21. Februar eskalierte Russland die Situation, indem es die Unabhängigkeit der Republiken Donezk und Luhansk anerkannte. Am 24. Februar marschierten russische Streitkräfte auf breiter Front in die Ukraine ein.[104] Offiziell war das Ziel dieser „militärischen Spezialoperation" die „Denazifizierung und Entmilitarisierung" der Ukraine. Die russische Armee war schlecht vorbereitet und stieß auf überraschend starken Widerstand der ukrainischen Armee und der Zivilbevölkerung.

Die Ukraine verbot die Ausreise aller Männer zwischen 18 und 60 Jahren. Hunderttausende, die Mehrheit Frauen und Kinder (natürlich auch Oligarchen, die es sich leisten können), flüchteten in den Westen der Ukraine oder weiter in die Staaten der EU. Dort, auch in Österreich, war ihre Aufnahme unbürokratisch, Ukrainer_innen wurden nicht als „Flüchtlinge" gesehen, sondern als Vertriebene. Ihr Status ist anders als der von Syrer_innen und Afghan_innen, nicht nur weil sie Europäer_innen sind, sondern auch weil sie in die Kriegspropaganda des Westens passen.[105]

104 Ich war, wie wohl die meisten Beobachter_innen, darüber überrascht, dass sich der russische Einmarsch nicht auf die umkämpften Gebiete im Osten und Süden beschränkte.

105 Die vielen Freiwilligen, die sich zur Unterstützung der Ukrainer_innen fanden, unterstützten wahrscheinlich bereits 2015 und 2016 die Geflüchteten. An der Behandlung der Ukrainer_innen zeigt sich, dass die Aufnahme einer relativ großen Zahl von Geflüchteten kein so großes Problem ist, wie es oft dargestellt wird.

Ende März 2022 musste Russland die Umklammerung von Kyjiw/Kiew aufgeben und zog seine Truppen zurück, Charkiw/Charkow wurde in monatelangen Kämpfen zerstört. Erfolgreich war die russische Armee im Süden, sie eroberte einige Städte wie Cherson, belagerte monatelang Mariupul und nahm die Stadt Mitte Mai ein, es gelang ihr aber nicht, weiter in Richtung Odessa vorzudringen. Nach dem russischen Rückzug aus dem Gebiet um Kyjiw/Kiew konzentrierten sich die Kämpfe auf den Donbass, der Krieg erstarrte zu einem Stellungskrieg mit wenig Vorteilen auf beiden Seiten. In einer ukrainischen Gegenoffensive konnte im November 2022 Cherson zurückerobert werden.

Der Westen, die USA und die EU, stellte sich bedingungslos auf die Seite der Ukraine, massiv wurden Waffen geliefert, so viel wie in keinem anderen Stellvertreterkrieg der letzten Jahrzehnte. Kriegspropaganda dominiert auch in Österreich.[106] Die EU verbot russische Berichterstattung wie jene von Russia Today wegen prorussischer Propaganda. Fast jeden Tag hören wir im Radio die neuesten Verlautbarungen von Wolodymyr Selenskyj. Manchmal erreicht die Propaganda peinliche Höhepunkte, wenn behauptet wird, „die Russen" hätten das von ihnen besetzte Atomkraftwerk Saporischschja selbst beschossen oder die eigene Pipeline in die Luft gesprengt. Dabei wäre das

106 Kriegspropaganda bedeutet, die Verbrechen des Gegners zu übertreiben, die eigenen zu verschweigen und, wenn dies nicht mehr geht, waren es Fehler oder Kollateralschäden. Alles, was von der anderen Seite kommt, ist Propaganda, wenn nicht die eigene Position vertreten wird, heißt es, der Bericht sei nicht objektiv. Aus diesem Grund würde ich gerne beide Seiten erfahren, was durch die Zensur erschwert wird und wegen der sozialen Medien nicht mehr ganz gelingt.

gar nicht notwendig, weil die russische Armee (wie jede Armee) genug Verbrechen begeht.

Die Vertreter_innen der Staaten des Globalen Südens können sich nicht so für den Krieg der Ukraine begeistern wie die westlichen Staaten, weil sie von den ignorierten Kriegen in ihrer Nähe wissen, auch von der Doppelmoral des Westens direkt betroffen sind. Sie erkennen, dass Treibstoffe, teilweise auch Nahrungsmittel teurer werden, weil sie der finanzstarke Westen überall außerhalb von Russland aufkauft. Darum nehmen die Anstrengungen westlicher Medien zu, der „russischen Propaganda" in Afrika und Lateinamerika entgegenzuwirken.

Die EU und die USA führten sofort erste Sanktionen gegen Russland ein, die Beschränkung des Zahlungsverkehres und das Verbot des Handels mit staatlichen oder staatsnahen Oligarchen gehörenden Betrieben. Weil gerade Europa von russischem Erdöl und noch mehr vom Erdgas abhängig ist, stiegen die Preise. Als Putin den Gasdurchfluss nach Europa wenige Tage, angeblich aus technischen Gründen, stoppte, wurde er beschuldigt, Europa erpressen zu wollen. Dabei ist doch eher verwunderlich, warum das Erdgas vertragsgemäß durch die feindliche Ukraine geliefert wird. Selbst dem härtesten Feind gegenüber muss der normale Kapitalismus funktionieren.

Um vom russischen Erdgas unabhängig zu werden, schlossen die EU-Staaten, auch Österreich, neue Gaslieferverträge. Fracking ist wieder im Spiel. Die Firmen reduzierten es nicht wegen der massiven Umweltzerstörungen, sondern weil es, im Gegensatz zu russischem Erdgas, teuer war. Der Transport von Flüssiggas verbraucht immens viel Energie, um es für den Transport zu kühlen.

Der russische Angriff auf die Ukraine nützt der Militarisierung und Aufrüstung des Westens. Die neutralen Staaten Finnland und Schweden stellten einen Aufnahmeantrag in die NATO. Weil sich die Türkei quer legte, lieferte Schweden Linke („Terroristen") an die ach so demokratische Türkei aus. Die Rüstungsindustrie liefert nicht nur Waffen an die Ukraine, sondern profitiert auch von der Aufrüstung der westlichen Staaten. Im Dezember 2022 verlautbarte die Verteidigungsministerin Klaudia Tanner, dass Österreich als „Beschaffungsoffensive" des österreichischen Heers doppelt so viele Kampfhubschrauber kaufen werde (36 statt 18).

Im Februar und März 2022 begannen Friedensdemonstrationen, am 27. Februar beteiligten sich über Zehntausend an einem Lichtermeer. Das Blau-Gelb der ukrainischen Fahne dominierte die regelmäßigen Kundgebungen, die meisten längerfristig Teilnehmenden waren hunderte Vertriebene (oder Geflüchtete) aus der Ukraine. Nur am 13. März 2022 demonstrierten einige hundert Linke unter dem Motto „Die Waffen nieder", ohne Nationalismus und ohne Partei für eine Seite zu ergreifen.

In der Linken positionierten sich nur wenige auf Seiten Russlands. Ich kenne niemanden, nur Erzählungen, dass es Austritte aus der KPÖ gegeben habe, weil Russland zu wenig unterstützt werde. Mehr Linke sehen den Krieg der Ukraine gegen Russland als „gerechten Krieg". Sie finden es richtig, dass der Westen („wir") Waffen liefern. Wenn Kritiker_innen die Doppelmoral des Westens und die Ausdehnung der NATO Richtung Osten oder nationalistische und rechtsextreme Tendenzen in der Ukraine ansprechen, wird das als Whataboutismus abqualifiziert („Wie würdest du denn die Ukraine gegen den Überfall Russlands verteidigen? Darüber willst du nicht reden.")[107] Kriege ziehen immer mehr oder weniger große Teile der Linken wie der Bevölkerung auf die Seite der Herrschenden.

Eine Perspektive in Richtung Frieden entwickelte eine Gruppe linksliberaler Intellektueller aus Deutschland, die Verhandlungen um einem Friedensschluss verlangte und dass der Westen Druck in diese Richtung auf beide Kriegsparteien ausüben solle. Sie werden natürlich von denen, die auf einen „Siegfrieden" der Ukraine setzen, als „Putinfreund_innen" angegriffen.

Gewaltfreie Anarchist_innen kritisieren alle kriegführenden Parteien und vertreten die Unterstützung aller Deserteure, die von den vorherrschenden (Kriegs-)Meinungen ignoriert oder abgelehnt werden, weil sie entweder „Russen" sind oder „Vaterlandsverräter".

Kriege ohne Blitzsiege haben die Tendenz, sehr lange zu dauern. Jede Partei brachte bereits so viele Opfer, dass sie vor einem Sieg nicht aufhören kann. Kriege werden erst beendet, wenn Soldat_innen die Regierung bedrohen. Die herrschenden Oligarchien müssen sich vor den eigenen Soldaten mehr fürchten als vor einem Frieden mit dem Feind.[108]

107 Sollen „wir" jetzt Waffen an alle angegriffenen Nationen schicken? Aserbaidschan griff 2022 Armenien an, Saudi-Arabien kämpft seit Jahren im Jemen, die Türkei überfällt regelmäßig die Kurd_innen im Irak und in Syrien. Als wir in den Golfkriegen den Angriff der USA auf den Irak kritisierten, wären wir nie auf die Idee gekommen, an diesen Diktator Waffen zu liefern (wir sind ja keine Waffenfirmen). Aus linken Zusammenhängen heraus wurde der Berichterstatter des ORF, Christian Wehrschütz, als Putinfreund angegriffen (weil er als FPÖ-nahe gilt). Er berichtet sympathisierend aus der Ukraine, weigert sich aber, jede plumpe Propaganda nachzuplappern.

108 Druck von außen durch die Großmächte beendete oft regionale Kriege. Das ist derzeit kaum zu erwarten, weil der Krieg in der Ukraine bereits

Schluss

Der Ukrainekrieg beschleunigt die ökologische Katastrophe. Schon der normale Kapitalismus funktioniert als System einer „kreativen Zerstörung", alte Dinge müssen vernichtet werden, um wieder neue zu verkaufen (Foltin 2020, S. 21). Krieg bedeutet Zerstörung und die Möglichkeit, noch mehr zu verkaufen, den alten (Waffen-)Krempel mit dem Feind zu zerstören und neue Waffen zu produzieren. Der Kapitalismus braucht den Krieg oder die Kriege.

Wenn die Konzerne weiter Gewinne machen wollen, der Krieg die Staaten aber sehr viel kostet, muss das „Geld" (keine echten Werte) irgendwoher kommen. In den kriegführenden Staaten entsteht der Wert aus Überausbeutung bis hin zu Zwangsarbeit, aber auch durch die Abschöpfung der Ersparnisse einer Mittelklasse durch „Kriegsanleihen" und Inflation. Irgendwer muss auch die vielen neuen Waffen finanzieren, die jetzt in der EU, in Deutschland und in Österreich gebaut und gekauft werden. Die Inflation hier entstehe durch „Lieferengpässe" und die Verteuerung des russischen Erdgases („Putin ist schuld"). Tatsächlich ist es auch der „Kriegskeynesianismus",[109] die Staaten finanzieren Waffen und danach den Neuaufbau und Reparaturen während und nach dem Krieg, Wirtschaftswachstum! Wirtschaftswachstum! Ein allerdings unproduktiver „Aufschwung"!

den Charakter eines „Weltkriegs" hat und mehr als ein Stellvertreterkrieg ist.

109 Keynesianische Elemente waren bereits Teil der Krisenbekämpfung während der Corona-Pandemie, von Kurzarbeit über Finanzausgleich für Unternehmer_innen, denen Umsätze und Gewinne entgingen, aber auch Geld oder Mittel für die Bevölkerung. Die Menschen konnten während der Pandemie weniger ausgeben und sparten. Jetzt wird das durch die Inflation enteignet.

Im letzten Jahr scheint es, als sei nach Corona der Klassenkampf wieder angekommen, riesige Streiks, meisten um Lohnforderungen, in Frankreich, Belgien, Großbritannien und Portugal. In den USA wird seit 2021 von einem Trend zum „Großen Kündigen" (Great Resignation) gesprochen. Angeblich wollen die Jungen nicht mehr arbeiten. Auch in Österreich wird über einen angeblichen oder wirklichen Arbeitskräftemangel diskutiert. Manche spekulierten, die Arbeiter_innen hätten in der Kurzarbeit während der Pandemie kennengelernt, wie angenehm es ist, weniger (oder im Home Office) zu arbeiten. Der Hauptgrund dürfte aber sein, dass nach der Pandemie und erst recht nach Beginn des Krieges in der Ukraine Arbeitskräfte durch das Nachholen des Konsums und durch die Kriegsproduktion tatsächlich knapper werden. Wenn es zu wenige Arbeitskräfte gibt, der Druck durch Arbeitslosigkeit gering ist, können die Gewerkschaften, aber auch die einzelnen Arbeiter_innen mehr fordern. Die Empörung über die Preissteigerungen von Mieten und Lebensmittel ist so groß, weil das nur am Rand mit angeblichem Energiemangel zu tun hat. Die Preise stiegen sinnlich erfahrbar von den Mieten bis zu Lebensmitteln, unabhängig von der Energieabhängigkeit.

Im Vorfeld der Tarifverhandlungen mit den Metaller_innen im Herbst 2022 kündigte der ÖGB für den 17. September 2022 eine Großdemonstration an. Die Beteiligung war enttäuschend, auch wenn die Zahl der Teilnehmer_innen vom ÖGB mit 32.000 übertrieben wurde (gegen den 12-Stunden-Tag protestierten 2018 über Hunderttausend).

Aber in diesem Herbst wurde von ÖGB-Organisationen so viel (wenn nicht mehr) mit Streik gedroht und gestreikt wie zuletzt 2003. Die Pflege und der Sozialbereich waren wegen der

Verschärfung der Arbeitsbedingungen während der Pandemie die ersten, die Forderungen stellten. Im März 2022 demonstrierte das Kindergartenpersonal, am Tag der Pflege am 12. Mai 2022 waren über Zehntausend aus dem Sozialbereich auf der Straße. Sie holten den verschobenen Konflikt von der Zeit vor Corona nach. Die Beschäftigten im Sozialbereich drohten mit Streiks, demonstrierten neuerlich, forderten 15% mehr Lohn und schlossen im Herbst 2022 mit 10,2% ab, über der über das Jahr gerechneten Inflationsrate.[110]

Die Metaller_innen drohten mit Streiks und bekamen 8,9% mehr Lohn. Die Eisenbahner_innen legten am 28. November für 24 Stunden die Arbeit nieder und schlossen mit 8,44% ab. Sogar die Handelsangestellten mit allgemein niedrigen Löhnen und wenig gewerkschaftlicher Organisierung drohten mit Streiks an den langen Einkaufssamstagen vor Weihnachten mit einem Ergebnis von 7,3% mehr Lohn. Auch die Brauereiarbeiter_innen streikten und schlossen mit 7,4% ab.

Die prozentualen Ergebnisse wirken im Vergleich zu den Abschlüssen der letzten Jahren hoch, wegen der hohen Inflation bewegen sie sich aber immer noch in einem gemäßigt sozialpartnerschaftlichen Rahmen.

Die ökologische und die drohende Klimakatastrophe würden eine radikale Wende erzwingen. Während der Covid-Pandemie reduzierte sich für einige Wochen der Auto- und der Flugverkehr. In Wien war es möglich, die Straßen zu überqueren, ohne von Autos bedroht zu werden. Die Menschen hätten die

110 Meistens sind die ausgehandelten Verträge kompliziert („Der Kollektivvertrag […] in Österreich ist eine eigene Wissenschaft"), die Angaben über Prozente stimmen nur ungefähr. Hier nehme ich die in den Medien kolportierten Prozentzahlen.

gestiegene Lebensqualität erkennen können, wenn nicht die Einschränkungen durch die Pandemie gewesen wären. Die Menschen im zerstörerischen normalen Kapitalismus machen weiter wie bisher. Im Gegenteil, durch den Krieg verlieren selbst die vorsichtigen Ansprüche eines eigentlich unzureichenden *Green New Deal* an Bedeutung. Wenn die Verschärfung der Vielfachkrisen vielleicht oder hoffentlich die Aufstände gegen den Krieg oder die Kriege auslöst, ist es wahrscheinlich zu spät, erst recht weil der Krieg die ökologische Vernichtung beschleunigt. Gegen die sozialen Verwerfungen positioniert sich jetzt schon die Rechte. Durch das Abseitsstehen der Linken konnten die FPÖ und Rechtsextreme die Corona-Proteste majorisieren. Ich kann nur hoffen, dass sie noch nicht genug Vertrauen gewonnen haben, wenn es zu schärferen sozialen Auseinandersetzungen kommt.

Was bleibt der Linken, organisiert oder in den Bewegungen, noch übrig? Der linke intellektuelle Diskurs hat sich verändert. Bis zur Wirtschaftskrise 2007/2008 war das Problem der Neoliberalismus, eine Spielart des Kapitalismus. Jetzt wird wie selbstverständlich vom Kapitalismus gesprochen. Aber was ändert die Art dieses Diskurses durch eine linke Minderheit, außer dass er richtig ist?

Eine „Linke“ an der Regierung passt sich an die kapitalistischen Sachzwänge an. Selbst wenn es nicht so wäre, eine Linke, die in Österreich mit regionalen Erfolgen begonnen hat, wäre viel zu „langsam“ in einer Machtposition, um etwas erreichen zu können.

Mitte Jänner 2023: Die Letzte Generation klebte sich in einer Aktionswoche auf Straßenkreuzungen fest, um „die Politik“ zum Umdenken in der Klimakatastrophe zu bringen. Diese Politik fordert härtere Strafen gegen sie!

In Nordrhein-Westfalen räumte die Polizei das von Klimaschützer_innen besetzte Dorf Lützerath für den Abbau von Braunkohle, obwohl oder gerade weil die Grünen sowohl im Bundesland wie in Deutschland an der Regierung sind. Zehntausende protestierten vor Ort und versuchten weiter den Braunkohletagebau zu blockieren. Auch Greta Thunberg ließ sich festnehmen. Die deutschen Grünen führen inzwischen nicht nur einen Propaganda-Krieg in der Ukraine, sondern auch gegen die Klimabewegung.

Literatur

Alkin, Ömer/Geuer, Lena (Hg.) (2022): Postkolonialismus und Postmigration. Münster: Unrast.

Autengruber, Peter/Mugrauer, Manfred (2017): Oktoberstreik. Die Realität hinter den Legenden über die Streikbewegung im Herbst 1950. Sanktionen gegen Streikende und ihre Rücknahme. Wien: ÖGB Verlag.

Baier, Walter (2009): Das kurze Jahrhundert. Kommunismus in Österreich. KPÖ 1918 bis 2008. Wien: Edition Steinbauer.

Bauer, Otto (1923/1965): Die österreichische Revolution. Wien: Wiener Volksbuchhandlung.

Baumgartner, Gerhard/Perchinig, Bernhard (1995): Vom Staatsvertrag zum Bombenterror. Minderheitenpolitik in Österreich seit 1945. In: Sieder et. al. (Hg.): Österreich 1945–1995. Wien: Verlag für Gesellschaftskritik, S. 511–524.

Birkner, Martin (Hg.) (2022): Emanzipatorische Wissenschaftskritik in Zeiten von Klimakrise & Pandemie. Wien: Mandelbaum.

Bojadžijev, Manuela (2002): Antirassistischer Widerstand von MigrantInnen in der Bundesrepublik Deutschland. In: Bratic (Hg.): Landschaften der Tat. St. Pölten: Sozaktiv, S. 13–31.

Botz Gerhard/Brandstetter, Gerfried/Pollak, Michael (1977): Im Schatten der Arbeiterbewegung. Zur Geschichte des Anarchismus in Österreich und Deutschland. Wien: Europaverlag.

Brandstetter, Gerfried (1977): Sozialdemokratische Opposition und Anarchismus in Österreich 1889–1918. In: Botz, Gerhard/Brandstetter, Gerfried/Pollak, Michael (1977): Im Schatten der Arbeiterbewegung. Zur Geschichte des Anarchismus in Österreich und Deutschland. Wien: Europaverlag, S. 29–97.

Bratic, Ljubomir (Hg.) (2002): Landschaften der Tat. Vermessung, Transformationen und Ambivalenzen des Antirassismus in Europa. St. Pölten: Sozaktiv.

Bratic, Ljubomir (2010): Politischer Antirassismus. Selbstorganisation, Historisierung als Strategie und diskursive Interventionen. Wien: Löcker.
Brenner, Eva (Hg.) (2019): Den Bruch wagen. Texte von und über Peter Kreisky. Wien: Mandelbaum.
Buttinger, Josef (1953/1972): Am Beispiel Österreichs. Ein geschichtlicher Beitrag zur Krise der sozialistischen Bewegung. Frankfurt: Neue Kritik.
Die österreichische Frauen-Friedensbewegung vor und im ersten Weltkrieg. In: Forum Alternativ (1982): Widerstand gegen Krieg und Militarismus in Österreich und anderswo. Wien: Forum Alternativ, S. 88–96.
Danneberg, Bärbel/Keller, Fritz/Machalicky, Aly/Mende, Julius (Hg.) (1998): die 68er. eine generation und ihr erbe. Wien: Döcker.
Duczynska, Ilona (1975): Der demokratische Bolschewik. Zur Theorie und Praxis der Gewalt. München: List.

Ebner, Paulus/Vocelka, Karl (1998): Die zahme Revolution. ´68 und was davon blieb. Wien: Ueberreuter.
Foltin, Robert (2004): Und wir bewegen uns doch. Soziale Bewegungen in Österreich. Wien: edition grundrisse.
Foltin, Robert (2011): Und wir bewegen uns noch. Zur jüngeren Geschichte sozialer Bewegungen in Österreich. Wien: Mandelbaum.
Foltin, Robert (2019): Revolution und Rätebewegung in Österreich 1918/1919. In: Anna Leder/Mario Memoli/Andreas Pavlic: Die Rätebewegung in Österreich. Von sozialer Notwehr zur konkreten Utopie. Wien: Mandelbaum, S. 12–34.
Foltin, Robert (2020): Vor der Revolution. Das absehbare Ende des Kapitalismus. Wien: Mandelbaum.
Friesenbichler, Georg (2021): Verdrängung. Österreichs Linke im Kalten Krieg 1945–1955. Innsbruck/Wien/Bozen: Studien Verlag.
Geiger, Brigitte/Hacker, Hanna (1989): Donauwalzer, Damenwahl. Frauenbewegte Zusammenhänge in Österreich. Wien: Promedia.
Gratz, Wolfgang (2016): Das Management der Flüchtlingskrise. Never let a good crisis go to waste. Graz: Neuer Wissenschaftlicher Verlag.
Gürses, Hakan/Kogoj, Cornelia/Mattl, Sylvia (Hg.) (2004): Gastarbajteri. 40 Jahre Arbeitsmigration. Wien: Mandelbaum.
Hanloser, Gerhard (2022) (Hg.): Identität & Politik. Kritisches zu linken Positionierungen. Wien: Mandelbaum.

Haumer, Peter (2015): „Bitte schicken Sie uns einige Maschinengewehre und Zigaretten.“ Leo Rothziegel (5.12.1892 – 22.4.1919). Jüdischer Proletarier und Revolutionär. Wien: Institut für Anarchismusforschung.

Haumer, Peter (2016): Der Anarchosyndikalismus und der Buchdruckerstreik 1913/14 in Österreich. Wien: Institut für Anarchismusforschung.

Hautmann, Hans (1971): Die verlorene Räterepublik. Am Beispiel der Kommunistischen Partei Deutsch-Österreichs. Wien: Europaverlag.

Hautmann, Hans/Kropf, Rudolf (1976): Die österreichische Arbeiterbewegung vom Vormärz bis 1945. Wien: Europaverlag.

Heiss, Gernot/Rathkolb, Oliver (Hg.) (1995): Asylland wider Willen. Flüchtlinge in Österreich im europäischen Kontext seit 1914. Wien: Dachs.

Historische Kommission beim Zentralkomitee der KPÖ (1987): Die Kommunistische Partei Österreichs. Beiträge zu ihrer Geschichte und Politik, Wien: Globus.

Keller, Fritz (1978): Gegen den Strom. Fraktionskämpfe in der KPÖ – Trotzkisten und andere Gruppen 1919–1945. Wien: Europaverlag.

Keller, Fritz (1983): Wien, Mai 68 – Eine heiße Viertelstunde. Wien: Junius.

Keller, Fritz (1983b): „Neue“ Linke und Sozialdemokratie 1968–1982. In: SPÖ – Was sonst? S. 149–165.

Keller, Fritz (1985): Ein neuer Frühling? Sozialistische Jugendorganisationen 1945 bis 1965. Wien: Europaverlag.

Koller, Christian (2009): Streikkultur. Performanzen und Diskurse des Arbeitskampfes im schweizerisch-österreichischen Vergleich (1860–1950). Wien, Berlin: Lit Verlag.

Konrad, Helmut (1976): Nationalismus und Internationalismus. Die österreichische Arbeiterbewegung vor dem Ersten Weltkrieg. Wien: Europaverlag.

Krcal, August (1895/1907/1985): Zur Geschichte der Arbeiterbewegung Oesterreichs. Eine kritische Darlegung von August Krcal. Wien: Monte Verita.

Kulemann, Peter (1982): Am Beispiel des Austromarxismus. Sozialdemokratische Arbeiterbewegung in Österreich von Hainfeld bis zur Dollfuß-Diktatur. Hamburg: Junius.

Leser, Norbert (1985): Zwischen Reformismus und Bolschewismus.. Der Austromarxisms in Theorie und Praxis. Wien: Böhlau.

Löw, Raimund (1984): Der Zerfall der „Kleinen Internationale“. Natioanlitätenkonflikte in der Arbeiterbewegung des alten Österreich (1889–1914). Wien: Europaverlag.

Luža, Radomír (1983): Der Widerstand in Österreich 1938–1945: Wien: Österreichischer Bundesverlag.

Maderthaner, Wolfgang/Mattl, Siegfried (1986): „...den Straßenexcessen ein Ende machen." Septemberunruhen und der Arbeitemassenprozeß 1911. In: Stadler, Karl R. (1986): Sozialistenprozesse. Politische Justiz 1870–1936. Wien: Europaverlag, S. 117–150.

Maderthaner, Wolfgang (1996): Die Entstehung einer demokratischen Massenpartei: Sozialdemokratische Organisation von 1889 bis 1918. In: Maderthaner, Wolfgang/Müller, Wolfgang C. (1996): Die Organisation der österreichischen Sozialdemokratie 1889–1995. Wien: Löcker, S. 21–92.

Maderthaner, Wolfgang/Müller, Wolfgang C. (1996): Die Organisation der österreichischen Sozialdemokratie 1889–1995. Wien: Löcker.

Maderthaner, Wolfgang/Musner, Lutz (1999): Die Anarchie der Vorstadt. Das andere Wien um 1900. Frankfurt/New York: Campus.

Makomaski, Erich (2001): Die Freie Österreichische Jugend. (Ehemalige) Mitglieder erzählen ihre Geschichte. Wien: Eigenverlag.

Müller, Reinhard (2016): „Wer pessimistisch in die Zukunft blickt, offenbart seinen schwachen Willen." Anarchistischer Kampf während des Austrofaschismus in Graz 1937. Wien: Institut für Anarchismusforschung.

Neugebauer, Wolfgang (2015): Der österreichische Widerstand 1938–1945. Wien: Edition Steinbauer.

N.N. (1976): Die Entwicklung des österreichischen Gewerkschaftskonfliktes bis zum internationalen Sozialistenkongress 1910 in Kopenhagen. In: Konrad, Helmut (1976): Nationalismus und Internationalismus. Die österreichische Arbeiterbewegung vor dem Ersten Weltkrieg. Wien: Europaverlag, S. 105–203.

Prager, Theodor (1975): Bekenntnisse eines Revisionisten. Wien: Europaverlag.

Reitter, Karl (2022): Von der „Klasse an sich" zur „Klasse für sich", von Haupt- und Nebenwiderspruch und anderen Seltsamkeiten. Identitätspolitik als soziale Praxis. In: Hanloser, Gerhard (2022) (Hg.): Identität & Politik. Kritisches zu linken Positionierungen. Wien: Mandelbaum Verlag, S. 130–144.

Schandl, Franz (2022): Die toteste Kontinuität oder: Der Fetischismus der Fakten. In: Birkner, Martin (Hg.) (2022): Emanzipatorische Wissenschaftskritik in Zeiten von Klimakrise & Pandemie. Wien: Mandelbaum, S. 18–31.

Schindel, Robert (1998): Über das Marxverständnis der Studentenbewegung. In: Danneberg et. al. (Hg.): die 68er. eine generation und ihr erbe. S. 68–81.

Sieder, Reinhard/Steinert, Heinz/Tálos, Emmerich (Hg.) (1995): Österreich 1945–1995. Gesellschaft, Politik, Kultur. Wien: Verlag für Gesellschaftskritik.

Spira, Leopold (1979): Ein gescheiterter Versuch. Der Austro-Eurokommunismus. Wien: Jugend und Volk.

Stadler, Karl R. (1986): Sozialistenprozesse. Politische Justiz 1870–1936. Wien: Europaverlag.

Staudacher, Anna (1988): Sozialrevolutionäre und Anarchisten. Die andere Arbeiterbewegung vor Hainfeld. Wien: Verlag für Gesellschaftskritik.

Steiner, Herbert (1964): Die Arbeiterbewegung Österreichs 1867 – 1889. Beiträge zu ihrer Geschichte von der Gründung des Wiener Arbeiterbildungsvereines bis zum Einigungsparteitag in Hainfeld. Wien: Europaverlag.

SPÖ – Was sonst? Die Linke in der SPÖ – Geschichte und Bilanz (1983). Wien: Junius.

Svoboda, Wilhelm (1986): Revolte und Establishment. Die Geschichte des Verbandes Sozialistischer Mittelschüler 1953–1973. Wien: Böhlau.

Svoboda, Wilhelm (1990): Franz Olah. Eine Spurensicherung. Wien: Promedia.

Svoboda, Wilhelm (1998): Sandkastenspiele. Eine Geschichte linker Radikalität in den 70er Jahren. Wien: Promedia.

Waldrauch, Harald/Sohler, Karin (2004): Migrantenorganisationen in der Großstadt. Entstehung, Strukturen und Aktivitäten am Beispiel Wien. Frankfurt/New York: Campus.

Weber, Fritz (1986): Der Kalte Krieg in der SPÖ. Koalitionswächter, Pragmatiker und Revolutionäre Sozialisten 1945–1950. Wien: Verlag für Gesellschaftskritik.

Weihsmann, Helmut (2022): Das Rote Wien. Sozialdemokratische Architektur und Kommunalpolitik 1919–1934. Wien: Promedia.

West, Franz (1978): Die Linke im Ständestaat Österreich. Revolutionäre Sozialisten und Kommunisten 1934–1938. Wien: Europaverlag.